高职高专

会展策划与管理
专业系列教材

U0623284

高职高专会展策划与管理专业系列教材

会展旅游 第2版

主　编　许　欣　万红珍
副主编　陈艳艺

重庆大学出版社

内 容 提 要

全书围绕会展旅游策划的基本过程，按高职教育教学要求，结合企业岗位技能需求，采用模块式结构编写，每个模块由若干个项目组成，每个项目又分成若干个任务。全书共5大模块，包括会展旅游综述、会议旅游、展览旅游、节事旅游、奖励旅游。

本书特色体现在3个方面：以素质培养为基础、以能力培养为核心，紧密联系会展旅游相关发展前沿，构建"工学结合"的课程教学体系；以职业发展为导向，采取"任务驱动、项目导向"方式，设计职业情境，融理论于实践操作，体现学生自主学习的精神与能力；以会展旅游策划工作职能的完成为载体，实行"教、学、做"一体化教学，全程融入创新企业育人模式，突出学生实践能力的培养与创新意识的塑造。

本书可作为高职高专会展策划与管理专业和旅游管理类专业使用，也可作为会展行业职业技能鉴定的培训用书。

图书在版编目(CIP)数据

会展旅游／许欣，万红珍主编. -- 2 版. -- 重庆：
重庆大学出版社，2022.9
高职高专会展策划与管理专业系列教材
ISBN 978-7-5624-9088-3

Ⅰ．①会… Ⅱ．①许… ②万… Ⅲ．①会展旅游—高
等职业教育—教材 Ⅳ．①F590.75

中国版本图书馆 CIP 数据核字(2022)第 033122 号

会展旅游
（第 2 版）
主 编 许 欣 万红珍
副主编 陈艳艺
责任编辑：王智军　版式设计：王智军
责任校对：邹 忌　责任印制：张 策

*

重庆大学出版社出版发行
出版人：饶帮华
社址：重庆市沙坪坝区大学城西路 21 号
邮编：401331
电话：(023) 88617190　88617185(中小学)
传真：(023) 88617186　88617166
网址：http://www.cqup.com.cn
邮箱：fxk@cqup.com.cn (营销中心)
全国新华书店经销
重庆长虹印务有限公司印刷

*

开本：787mm×1092mm　1/16　印张：15.5　字数：360 千
2015 年 8 月第 1 版　2022 年 9 月第 2 版　2022 年 9 月第 4 次印刷
印数：6 301—8 300
ISBN 978-7-5624-9088-3　定价：45.00 元

本书如有印刷、装订等质量问题，本社负责调换

版权所有，请勿擅自翻印和用本书
制作各类出版物及配套用书，违者必究

总序

进入 21 世纪以来,随着中国社会经济的飞速发展,综合国力的不断增强,国际贸易发展的风驰电掣,会展经济随之迅速成为中国经济的新亮点,在中国经济舞台上扮演着越来越重要的角色,正逐渐步入产业升级的关键时期。这一时期,会展业持续快速发展的关键是大量的优秀专业人才作为支撑,而目前市场还存在很大的会展专业人才供给缺口。为了适应国内对会展人才需求日益增长的需要,我国各类高校纷纷开设了会展专业或专业方向。据统计,截至 2021 年,全国共有 280 所高等院校开设了会展专业,涵括专业方向的高校(包括本科、高职高专院校)则更多,这在一定程度上缓解了我国会展人才紧缺的现状。但是由于我国会展教育起步较晚,在课程体系设计、教材建设和师资队伍建设等方面还有待完善,培养出来的学生在知识结构、职业素养和综合能力等方面往往与市场需求不对称。尤其是目前国内会展教材零散、低层次重复并且缺乏系统性的状况比较突出,很大程度上制约了我国会展教育和会展业的发展。因此,推出一套权威科学、系统完善、切合实用的全国高职高专会展策划与管理专业系列教材势在必行。

中国的会展教育起步较晚,但经过分化发展,已经形成了学科体系的基本雏形。如今,会展专业已经形成中等职业教育、高职高专、普通本科和研究生教育这样完整的教育层次体系,展示了会展教育发展的历程和成果,同时也提出了学科建设中的一些迫切需要解决和面对的问题。其中最重要的一点,就是如何在不同教育层次和不同的教育类型上对会展教育目标和教育模式进行准确定位。为此,重庆大学出版社策划组织国内众多知名高等院校的著名会展专家、教授、学科带头人和一线骨干教师参与编写了这套全国高职高专会展策划与管理专业系列教材,以适应中国会展业人才培养的需要。本套教材的修订出版旨在进一步完善全国会展专业的高等教育体系,总结中国会展产业发展的理论成果和实践经验,推进中国会展专业的理论发展和学科建设,并希望有助于提高中国现代会展从业人员的专业素养和理论功底。

本套教材定位于会展产业发展人才需求数量最多和分布面最广的高职高专教育层次,是在对会展职业教育的人才规格、培养目标、教育特色等方面的把握和对会展职业教育与普通本科教育的区别理解以及对发达国家会展职业教育的借鉴基础上编写而成的。另外,重庆大学出版社推出的这套全国高职高专会展策划与管理专业系列教材,其意义将不仅仅局限在高职高专教学过程本身,而且还会产生巨大的牵动和示范效应,将对高职高专会展策划与管理专业的健康发展产生积极的推动作用。

在重新修订出版这套教材的过程中,我们力求系统、完整、准确地介绍会展策划与管理专业的最新理论成果,围绕培养目标,通过理论与实际相结合,构建会展应用型高职高专系列教材特色。本套教材的内容,有知识新、结构完整、重应用等特点。教材内容的要求可以概括为"精、新、广、用"。"精"是指在融会贯通教学内容的基础上,挑选出最基本的内容、方法及典型应用;"新"是指尽可能地将当前国内外会展产业发展的前沿理论和热点、焦点问题收纳进来以适应会展业的发展需要;"广"是指在保持基本内容的基础上,处理好与相邻及交叉学科和专业的关系;"用"是指注重理论与实际融会贯通,突出职业教育实用型人才的培养定位。

本套教材的编写出版是在教育部高等学校旅游管理类专业教学指导委员会的大力支持和具体指导下,由中国会展教育的开创者和著名学者、国内会展旅游教育界为数不多的国家级教学成果奖获得者和国家级精品课程负责人,教育部高等学校旅游管理类专业教学指导委员会副主任、中国会展经济研究会创会副会长马勇教授担任总主编。参与这套教材编写的作者主要来自上海旅游高等专科学校、上海工程技术大学、上海新侨职业技术学院、湖北大学、武汉职业技术学院、湖北经济学院、湖北职业技术学院、浙江旅游职业学院、桂林旅游高等专科学校、广西国际商务职业技术学院、金华职业技术学院、昆明冶金高等专科学校、昆明学院、沈阳职业技术学院、广东交通职业技术学院、顺德职业技术学院、深圳职业技术学院等全国40多所知名高校。在教材的编写过程中,重庆大学出版社还邀请了全国会展教育界、政府管理界、企业界的知名教授、专家学者和企业高管进行了严格的审定,借此机会再次对支持和参与本套教材编审工作的专家、学者和业界朋友表示衷心的感谢。

本套教材的第一批选题已于2007年7月后陆续出版发行了21本,多本教材入选"十二五"职业教育国家规划教材,被全国众多高职院校以及会展企业选作学生教材和培训用书,得到广大师生和业界专家的广泛认可和积极使用。这套教材中一部分已被列选为国务院国资委职业技能鉴定和推广中心全国"会展管理师"培训与认证的唯一指定教材,以及全国会展策划与管理专业师资培训用书,等等。本套教材的作者队伍大多是国内会展学科领域的带头人和知名专家,涉及的专业领域十分广泛,包括了经济学、管理学、工程学等多方面;参与编写的会展业界人士,不仅长期工作在会展管理领域的第一线,而且许多还是会展业界精英。另外,作为国内高校第一套全国高职高专会展策划与管理专业系列教材,在选材内容和教材体系方面都是动态开放的。随着中国会展业的持续健康发展,为确保系列教材的前沿性和科学性,我们也会不断对该套教材进行再版修订,以及增补新的选题,欢迎各高校会展学科的学术带头人和骨干教师积极申报选题并参与编撰。

本套教材由于选题涉及面广,加之编写修订时间紧,因而不足和错漏之处在所难免,恳请广大读者和专家批评指正,以便我们不断完善。最后,我们期待这套新修订出版的全国高职高专会展策划与管理专业系列教材能够继续得到全国会展专业广大师生的欢迎和使用,能够在会展教育方面,特别是在高职高专教育层次的人才培养上起到积极的促进作用,共同为我国会展业的发展做出贡献。

高职高专会展策划与管理专业系列教材
编 委 会
2021 年 2 月

前　言

　　会展旅游是会展策划与管理专业的重要课程。本书的编写根据课程要求,以工作过程为主线组织教学内容,根据职业行动体系教学要求,实行"教、学、做"一体化教学,充分体现真实的职业情境,满足教学过程中技能和职业素质培养要求。本书内容充分体现会展专业人才培养目标定位,大胆创新,教学内容紧密结合企业实际,使学生的综合素质和能力得到全面提高。

　　本书面向高职高专学生,以模块为单位,共分为5个学习模块,每个模块的教学内容由具体的项目与任务组成。详细结构如下。

　　教学目标:每个教学模块设置该模块的教学目标。为充分体现高职特点,教学目标包括能力目标、知识目标、素质目标3类。

　　重点与难点:体现本模块的重要之处,有利于学生在全面把握的同时有所侧重,加深对知识与能力的纵深理解与掌握。

　　案例引入:通过先导案例引入本模块学习的项目知识点,启发学生思考,进行教学预备。

　　教学内容:各模块由项目及相关细分的工作任务组成。

　　案例分析:精选有代表意义的相关案例,穿插在各模块知识点之中,深入浅出地进行分析,并组织学生进行讨论与评价。将理论与现实案例结合,化抽象的理论为直观的操作,帮助理解,加深印象。

　　知识拓展:结合模块教学内容进行相关知识延展,拓宽学生视野,进一步加强学生职业技能与职业素质的培养。

　　思考训练:在每个案例结束,对所讲的内容及学生思考训练的要求作简要归纳,让学生对所思考训练的项目进行自我总结,并由指导教师完成评价。

　　本书由广东轻工职业技术学院许欣老师担任主编,负责全书框架设计、全文修订与统筹定稿,并负责模块1、模块2的撰写;广东轻工职业技术学院万红珍老师担任第二主编,并负责模块3、模块4的撰写;广东轻工职业技术学院陈艳艺老师担任副主编,并负责模块5的撰写。本书在编写过程中,参考和引用了许多国内外作者的成果及互联网资料,在此深表谢意。特别感谢去哪儿网文旅营销中心总经理尹一女士和原广之旅国际旅行社质量总监王国红女士提供的行业建议及教学素材。

本书将采取动态修订的方式及时更新内容,争取每 3 年进行一次修订。由于编者水平有限,如有不足之处,敬请各位专家、同行与广大读者指正赐教。

编　者

2022 年 2 月

目 录 CONTENTS

模块 1
会展旅游综述

【教学目标】

能力目标	知识目标	素质目标
■具备会展旅游市场调研能力 ■具备会展旅游行业发展分析能力 ■具备会展旅游发展趋势判断能力 ■具备会展旅游策划与服务能力 ■具备会展旅游流程操作与管理能力	◆掌握会展旅游的概念、特点、类型等系统知识 ◆认识会展旅游的产业集群和综合效应等外延知识 ◆了解会展旅游的发展历史与现状 ◆把握国内外会展旅游的发展趋势 ◆了解会展旅游的策划综述	▲团队合作精神好、协调性高、管理能力强,具备较高的分析与策划能力 ▲具备主动学习的精神,积极参与课堂教学活动,按要求完成教学准备 ▲具备严谨、勤奋、求实、创新的学习精神

【重点与难点】

本模块内容学习的重点在于掌握会展旅游的概念、特点、类型等系统知识,掌握会展旅游的功能意义、产业集群和综合效应等外延知识,了解会展旅游的发展历史与现状,把握会展旅游的发展趋势。

【案例1】

2017 中国(杭州)会议与奖励旅游产业交易会在杭州召开

2017 年,中国(杭州)会议与奖励旅游产业交易会在杭州国际博览中心召开。此次交易会以"凝聚智慧力量,打造一流国际会议目的地"为主题,旨在联合国内外行业组织、行业精英,推动杭州乃至华东地区的会奖产业与国际会议目的地建设。

会奖旅游,包括 4 个组成部分:会议(Meeting)、奖励(Incentive)、大会(Convention)、展览(Exhibition),国际上简称为 MICE。其以规模大、时间长、档次高和利润丰厚等突出优势,被认为是高端旅游市场中含金量最高的部分。杭州会奖产业发展起步早、基础扎实。随着 2016 年 G20 杭州峰会的举办,杭州再一次华丽亮相,得到了国际国内会奖机构的关注和会议主办者的青睐,杭州城市美誉度进一步提升。自此,杭州会奖乘势而上,推出了"峰会杭州"品牌,提出"打造国际会议目的地城市、建设世界名城"的目标。

会议现场,全球最佳会议城市联盟执行董事 Paul Vallee、亚太会奖及活动协会主席 Nigel Gaunt 等嘉宾就国际会奖目的地建设、行业发展趋势及中国面临的机遇等方面做了主题发言。其中,Nigel Gaunt 认为越来越多中国企业通过激励、会议和活动意识到员工和销售渠道的利益,而国际公司也越来越多选择中国作为目的地。此外,在线注册、3D 互动、资源展示与互动等先进会议技术在各个环节被广泛应用,展示了杭州会奖的智慧化水平。

杭州市人民政府副秘书长张文戈在会上说,杭州大力推进"会议与奖励旅游"工作,已形成树品牌、强营销、推产品、兴产业的发展模式。未来,杭州还将举办一系列国际会议和赛事,持续吸引全球目光并成为世界的焦点。

杭州有西湖有运河,整个城市就是大景区,发展会议会展旅游优势明显。同时,杭州市旅委正在策划出台会议会展扶持政策,助力杭州打造国际会议目的地。杭州市旅游委员会副主任赵弘中接受采访时如此表示。

据主办方介绍,本次交易会邀请到专业会议会奖买家122人,供应商159家,包括杭州本地及外地的会奖企业、会奖机构等,本次会议交易项目将不低于200个,未来涉及来杭参会人数将在6万人以上。

据了解,接下来两天主办方还将组织参会单位考察杭州新的会奖设施及资源,感受博大精深的佛教、戏剧、金石篆刻文化,领略杭州传统手工工艺的匠心独具,体验刺激的水陆竞技运动项目。

(资料来源:中国新闻网)

思 考:

1.会展旅游包括哪些内容?

2.结合案例,分析杭州如何将会议与旅游结合起来?

项目1 会展旅游的内涵

会展活动作为人类物质文化交流的重要形式,种类丰富多彩,涉及范围广泛,并以其鲜明的特点,影响着人类社会的各个领域。会展旅游就是受会展发展影响而产生的一个新兴行业。在我国,会展旅游业已经成为国民经济发展中的一个亮点。为了推动会展旅游的持续健康发展,更好地扩大会展旅游的正面效应,我们要从会展活动入手,掌握会展旅游的内涵。

1.1.1 会展旅游的概念

1)会展

会展是各种会议、展览等活动的简称。具体是指在一定的地域空间,人们聚集在一起形成的传递和交流信息的社会活动,包括各种类型的博览会、展销会、文化交流、节日庆典等。我国会展业自20世纪90年代以来,每年以20%左右的速度递增。

2)会展旅游

国内外许多学者对会展旅游作出了各种界定,但目前仍未有统一的内涵。国外以研究事件旅游而闻名的学者盖茨(Getz)认为,展览会、博览会、会议等商贸及会展事件是会展业(Meeting Industry)的最主要的组成部分。同时,有许多学者主张将会展旅游概念泛化,即对应发达国家所指 MICE 细分事件旅游市场的概念,即 Meeting(会议)、Incentive(奖励)、Convention(大会)、Exhibition(展览),并包括节日庆典和体育赛事为主题的节事(Events)在内的旅游形式,如图1.1所示,即会展旅游是指借助举办的各种类型的会议、展览会、博览会、交易会、招商会、文化体育、科技交流等活动,吸引游客前来洽谈贸易、观光旅游,进行技术合作、信息沟通和文化交流,并带动交通、旅游、商贸等多项相关产业发展的一种旅游活动。

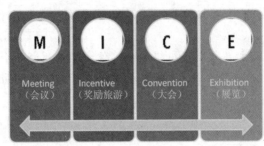

图1.1 会展旅游概念的泛化

国内学术界对会展旅游概念的界定基本上与国外的 MICE 相对应。但在明确会展旅游所包括的具体内容时,也难以统一。比较有代表性的定义有:周春发提出的"会展旅游意指包括各类专业会议、展览会与博览会、奖励旅游、大型文化体育盛事等活动在内的综合性旅游形式",以及应丽君提出的"会展旅游就是通过会议、博览、展览、文化体育、科技交流等各类举办活动而开发的一种新型旅游产品"。

结合旅游的定义,我们可尝试从技术上给会展旅游下定义:会展旅游是指以各种类型的会议、展览、博览会、文体、节事庆典等活动为主要目的,离开常驻国(或常驻地)到其他国家(或地方),暂时停留时间不超过一年,在这些活动前后直至返回出游地所产生的参观、休闲、娱乐、购物、度假等活动。

3)会展、旅游、会展旅游的关系

尽管会展业和旅游业是两个独立的产业部门,但是会展与旅游的相互介入是经济活动发展普遍联系的外在表征。会展业和旅游业同属于第三产业,具有较强的产业关联性,举办会展不仅使当地的展览馆、饭店、餐饮服务业受益,而且对相关的电信、交通、购物、旅游服务及城市市政建设都有积极的促进作用。开发会展业是旅游业多元化战略之一,而会展业则可以利用旅游业提供的各种资源和服务,两者紧密相连、相辅相成、互为补充。

(1)会展对旅游的促进作用

会展本身具有行业性、产业性以及组办规模大等特点,这势必将吸引政府、民间组织的会展团、参观团、旅行社组织的观光团队。会展由于会议规格高,参会人员一般有较强消费能力、较高文化素质,其消费档次、规模均比普通旅游者要高。一个大型或知名展会的举行,对本地旅游业中的酒店、旅行社、景区、旅游交通、购物均会产生较大的促进和带动作用。同时,对于一般旅游团队或旅游者来说,若在旅游过程中恰逢举办会展,由于会展所带来的强烈的气氛,使其旅游兴趣大增。

会展旅游还具有时段不受气候和季节影响的特征,从而消除了观光旅游时段性明显的缺点。会展活动大多数安排在城市的旅游淡季,会展旅游的发展有利于提高城市旅游设施和服务的使用率。会展为城市提供了一次旅游资源、旅游产品展示的良机,有利于

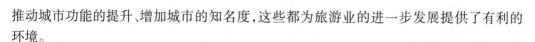

推动城市功能的提升、增加城市的知名度,这些都为旅游业的进一步发展提供了有利的环境。

（2）旅游对会展的辅助作用

无论从会展业的发展历史沿革,还是从会展的具体活动内容来看,旅游业所涉及的六大要素都与会展的举办形影相随。会展的构成要素及圆满完成所需的服务正是旅游业在发展过程中积累的优势。在会展旅游的发展过程中,旅游业为会展的举办提供相应服务,协助会展树立品牌,成为会展旅游实现集约型发展的关键因素。会展的成功举办除了参会者的规模或专业性等因素之外,一定程度上还有赖于旅游业的参与程度。开展分工协作建立完善的利益共享机制是实现会展业接待专业化分工的前提。如果旅游企业与会展公司进行专业化分工,会展公司负责展会的招募、宣传、布展和会场内的组织管理工作,旅游企业则向参展商和参观者提供场外的"六要素"服务,各司其职、各展所长,通过专业化的服务令参展商、参观者和当地居民均感便利且满意,从而吸引更多的参与者,获得更多的、持久的支持,树立展会的品牌,使会展的带动作用得以充分发挥。最终,形成以会展带动旅游、以旅游完善会展的互动互惠的新局面。

（3）会展、旅游、会展旅游的关系

旅游业以其服务对象的异地流动、异地消费特征和受季节更替的影响,被形象地称为"候鸟经济",而会展活动也因为商品的流动、贸易与交换具有同样的特征。会展旅游是旅游属性结合会展活动的特点而衍生出来的产品。

在世界范围内,会展和旅游的互动是不乏成功案例的,如达沃斯论坛、亚布力中国企业家论坛、博鳌亚洲论坛等。会议、展览及文化活动等均扮演着"旅游吸引物"的角色,试图把"眼球"吸引过来,其实质是希望通过展览展示来扩大知名度、吸引投资和创造持续消费等,尤其是会展的商务特性和其产生的关注度,以及集中的、高档次的消费是其他公共服务产品难以比拟的。会展与旅游的互动性可以更充分地利用当地的旅游资源,全面地展示所在地的经济、文化和社会风貌,扩大对外的影响力,提升知名度,促进当地经济的繁荣与发展。在会展与旅游的互动发展中,旅游是会展旅游发展的基础,旅游业的繁荣必将为会展活动提供更为完善的服务,加速会展业的发展。会展业的进步可以优化社会资源的组合,带动其他行业更快发展,也为旅游业带来更多的客人、更多的消费,延长客人的逗留期,提高旅游业淡季时设施设备的利用率。

优化会展业与旅游业之间的关系,建立新的发展模式,发展会展旅游是中国会展业、旅游业协调发展的必由之路。会展旅游的发展离不开会展业和旅游业的良性互动。因此,我们应该注重会展业与旅游业的互动性,利用它们的放大效应谋求会展旅游的更快发展。

【案例2】

以会展为媒助推三亚旅游业提质增效

冬日三亚暖意融融。12月11日,2017第二届三亚国际文化产业博览会、第八届海天盛筵展会双双落幕,三亚极具特色而又丰富的会展资源吸引来自五湖四海的客人,通过展览、论坛、品牌推介、互动体验、科技表演等尽显文化艺术与生活相融的方式,助推"会展+旅游"的交流与合作。

会展产业凭借超强"吸睛"能力，被称为区域经济的探测器、助推器和风向标。"近年来，得益于得天独厚的自然优势、丰富资源与政策引导，三亚会展业发展势头迅猛，被誉为与亲子游、婚庆产业齐头并进的'三驾马车'。随着越来越多的大型会展活动在三亚举办，三亚会议与会展旅游也正在步入一个全新的发展时期。"三亚市旅游委主任樊木如是说。

会展为三亚旅游提供持续动能

10.3 万人次进主会场观展，累计签约金额约 13.6 亿元。12 月 11 日，历时 4 天的 2017 第二届三亚国际文化产业博览会圆满落幕，交出一份沉甸甸的成绩单。

同是 12 月 11 日落幕的第八届海天盛筵展会不仅为观众完美呈现了一场艺术与生活相融的海陆空盛宴，更助力三亚会展、游艇、航空等产业的质效升级。

三亚，自海南获批建设国际旅游岛之后便大力发展会展产业，三亚市政府每年都会举办各种活动，但有些活动属于外来品牌。外来品牌活动有流动性举办的属性，给人的印象只是这个品牌的影响力，而不是一座城市的影响力。直到 2010 年 4 月，第一届海天盛筵展会的举办，让更多的世界知名高端旅游产业了解三亚及海南的投资环境，特别是对提高三亚游艇产业经济发展具有前所未有的影响，为三亚及海南带来不可估量的城市推广和营销效应。

三亚"兰博会"、目的地婚礼博览会、海南国际旅游贸易博览会、三亚国际文化产业博览会等大型会展纷纷落户三亚，会展业方兴未艾。

"三亚气候舒适、环境优美，具有发展会展产业无可比拟的优势。发展会展产业，将有助于推动国际经济、文化、旅游等方面的交流与合作。"希腊驻华使馆旅游商务参赞迪米特里斯·米哈斯说。

今年以来，三亚会展产业发展迅速，仅 12 月，便先后举办了 2017 三亚目的地婚礼博览会、第八届海天盛筵展会、第二届三亚文博会、第二十一届中国·三亚天涯海角国际婚庆节等一系列本土品牌活动，三亚以会展为媒，为中外来宾展示了独具中国特色的科技、文化、时尚产品，积极打造东方品牌的国际展示窗口，助推三亚会展品牌的影响力不断提升。

樊木表示，围绕三亚近年来在"国际化"文章上所著的笔墨，借力世界小姐总决赛、沃尔沃帆船赛等国际大型节庆赛事活动在三亚成功落地举办的成果，助推三亚会展旅游产品的产业链下沉升级，带动三亚"会展+"产业融合，为世界级滨海旅游城市建设提供持续动能。

让"会"在三亚成时尚

"经过近十年的发展，依托得天独厚的优势，三亚走出了一条极具地方特色的会展旅游之路，如今国际高端品牌会议遍布全市，现已经成为国内高端会展旅游的目的地。"市旅游协会秘书长赵宽介绍，目前，三亚已形成了海棠湾、亚龙湾、大小东海、三亚湾 4 个较为成熟的度假湾区和会议接待酒店群落。其中，瑞吉、丽思卡尔顿、希尔顿、红树林等国内、国际品牌酒店 50 多家，高星级酒店会议场地总面积超过 10 万平方米，同声传译、可视会议、电子白板等专业会议设施齐全完备。海棠湾、凯宾斯基、逸林希尔顿、三亚湾红树林、大东海山海天万豪等多家酒店均拥有单体面积超 1 000 平方米无柱多功能宴会大厅，为大型会展活动在三亚举办提供了有力的竞争条件。

"过去由于大型展览场所的缺乏,三亚会展旅游呈现'会多展少'的局面,现在这种局面有了显著改变。"赵宽表示,随着三亚湾红树林国际会展中心、亚龙湾国际会议中心的全面启用,以及海棠湾广场、三亚体育中心、美丽之冠等面积超过1万平方米的大型展览场地,为三亚会展进一步发展提供了有利条件。

据市旅游协会不完全统计,三亚近年来着力推进旅游业转型升级效果显著,接待千人以上规模的会议从2015年的48场猛增到2016年的139场,其中,去年10月至今年11月期间,各类会议活动同比增加约30%。会展活动的快速增加,促进企业会展营销接待专业团队的形成。三亚各大酒店、旅行社都纷纷设置会展活动营销专门机构。目前,三亚有专门从事会展服务的企业近30多家。

"尤其是在今年三亚举行的MICE采购大会上,推出的产品实现了从以往单一的酒店会奖产品,到联动湾区酒店、景点景区、演艺公司、邮轮游艇、康体养生、会议服务商等涉旅相关产业组合打包销售的跨越,三亚近100家卖家参与其中,共同推动会奖相关上下游产业链协同发展。"赵宽说。

不仅如此,作为三亚重点发展的产业之一,市委、市政府高度重视会展业的发展。市商务局已更名为市商务会展局,并设置专门的科室负责会展业发展,切实加强管理队伍建设。三亚还将按照每一个主要湾区都配套建设一个会展中心的目标进行布局,加强会展场馆建设,加快推进会展业发展。

此外,《三亚市加快旅游业发展扶持奖励办法》的实施细则已经出台,到2018年底,来三亚举办大型会议以及在境内、境外进行会奖旅游相关市场推广活动的,均可获得奖励补助。该《细则》还明确了三亚会奖旅游在"走出去""请进来"等市场推广工作方面的奖励标准和计算方法,并以会议规模及地区为主要奖励参考依据。据悉,到2018年底,境内会奖旅游相关市场推广活动最多可获得10万元奖金,境外活动可获得15万元奖金。

"随着海棠湾红树林度假酒店的开业,亚特兰蒂斯、梦幻不夜城等重点项目的加速推进,三亚会展产业市场的潜力未来可期。"樊木对三亚的会展产业充满信心。

(资料来源:三亚日报)

思　考:

1. 试述会展,旅游,会展旅游的关系。
2. 三亚如何将会展和旅游相结合?

1.1.2　会展旅游的特点

与常规旅游相比,会展旅游具有以下5个方面的特点。

1) 组团规模大

会展本身具有行业性、产业性及组办规模大等特点,这势必会吸引众多政府、民间组织的会展团、参观团和旅行社组织的观光团队。根据国际大会和会议协会的界定,大型国际会议的与会人数应在300人以上。庞大的游客数量成为较高旅游消费的基础,从而保证了较高的旅游收入。1970 年的大阪世博会吸引了 6 421 万参观者,给日本带来了 1.56 万亿日元的收入,占当年日本 GDP 的 2.1%;2010 年的上海世博会吸引了包括 190 个国家、56 个国际组织在内的 246 个官方参展者,累计接待参观者达到 7 308.4 万人次,平均每天约 39.7 万人次,旅游收入超过 800 亿元人民币。

2) 消费档次高

会展由于其规格普遍较高,参加会展旅游的旅游者一般具有较高的社会地位和收入水平,并且有相当一部分是在进行公务活动,产生的费用由所就职的单位或公司承担。因此,会展旅游的参与者一般对价格的敏感度较低、消费水平较高。据香港旅协的统计数字,香港会展活动的人均消费额为 24 826 港元,是度假旅游的 3 倍。

【案例 3】

2018 年重庆举办 506 个展会 拉动消费 1 575.7 亿元

记者从重庆市商务委获悉,2018 年,全市共举办各类展会活动 506 个,拉动消费 1 575.7 亿元,全市会展业迎来蓬勃发展的良好机遇。

高规格会展纷纷落地重庆

来自重庆市商务委的数据显示,2018 年,全市共举办各类展会活动 506 个,同比增长 2%;展览面积 913 万平方米,同比增长 4.1%;会展市场化率达 91.5%,一批高规格的展会落地重庆。

2018 年 8 月,重庆市成功举办首届中国国际智能产业博览会,展览面积 18.6 万平方米,并且智博会将永久落户重庆,每年举办一届。西洽会更名升级开创新格局,成为中西部地区重要的对外经贸交往和招商引资平台。

随着高规格会展的落地,高端会议也纷至沓来。根据《中国会议蓝皮书》暨《中国会议统计分析报告》权威发布,目前重庆的国际会议数量排名全国第 5(前 4 名依次是北京、上海、广州、南京)。

全市会展直接收入 181.6 亿元

2018 年,全市会展直接收入 181.6 亿元,同比增长 18.9%;拉动重庆市餐饮、住宿、旅游、娱乐和购物消费约 1 575.7 亿元,同比增长 33.4%。

以智博会为例,首届智博会期间超过 50 万人次观展,主城区重点监测的住宿、餐饮、零售企业营业额同比分别增长 72.6%、10.8%、0.7%。

占据地利的渝北区和江北区更是直接受益。智博会期间,渝北区重点监测的住宿、餐饮企业营业额同比分别增长 119.3%、20.9%;江北区重点监测的住宿、餐饮企业营业额同比分别增长 23.8%、17.7%。渝中区充分利用网红打卡资源,推出渝中红店、玩味渝中等平台提供游玩渝中攻略,五斗米餐饮、李子坝餐饮等特色美食上座率及营业额均稳步增长。南岸区充分利用其城市最佳观景平台优势,吸引大量来渝客商前往观景消费。

展览面积全国排名前十

2018 年,除了一批高规格会展落地重庆外,一大批专业展览也纷纷入渝开展。比如,2018 智能装备军民两用论坛暨博览会永久落户我市,并引进一大批军民融合项目落户重庆。中国—新加坡金融峰会、第 16 届中国畜牧业博览会、第 75 届全国摩配交易会、全国制药机械博览会、立嘉国际机械展览会、第 20 届中国重庆汽车工业展等一批品牌专业会展在重庆成功举办。

2018年,重庆国际博览中心实施展览项目46个,同比增长35%,展览总面积190万平方米,同比增长46%,展览面积全国排名前十。重庆国际会展中心实施中小型展览项目90个,同比增长37%,展会直接收入达到65.1亿元,对全市经济拉动约260亿元,展馆利用率达60%。

（资料来源:重庆晨报）

思　考:

1. 有哪些品牌专业会展在重庆成功举办?
2. 结合案例,分析2018年重庆会展业取得了怎样的佳绩。

3）客人停留时间长

对于一般旅游团队或旅游者来说,若在旅游过程中恰逢举办会展,由于会展所带来的强烈节日气氛,其旅游兴趣大增。会议、展览、大型文化体育盛事等活动一般持续时间较长,这在一定程度上延长了游客的停留时间。例如,一般游客在新加坡的逗留时间为3.7天,人均消费710新元,而会议客人则逗留7.7天,人均消费1 700新元。

4）受季节影响小

由于会展旅游与观光旅游、休闲旅游等传统旅游项目相比,季节性不明显,会展活动的举办一般不受季节的约束,从而消除了观光旅游时段性明显的劣势。会展旅游对完善旅游产品结构,平衡旅游淡旺季的营业差额,充分利用闲置资源,在淡季中寻找新的效益增长点十分有利。比如,在北方地区,通过在冬季举办一些竞技体育活动、节庆活动等,可形成一个新的旅游旺季。

5）经济联动效应强

会展业对相关产业的拉动效应,国际上公认的比例是1:9,因此,举办会展不仅为城市带来场租、办展费、施工费、运输费等直接收入,使当地的酒店、餐饮业受益,而且对相关的电信、交通、物流、广告以及城市建设都有积极的促进作用。以湖南省省会长沙市为例,2019年长沙举办展览活动275个,实现展览面积343万平方米,500人以上会议总数431个,国际性会议26个,参会总人数182万,成交金额1 242亿元,同比口径下,展览和会议主要指标均为中部省会城市第一名,提前实现三年行动计划目标,并有力带动交通、旅游、住宿、餐饮、物流等相关产业发展。同时,会展旅游还能够提供大量的就业机会,2018年马来西亚会展产业创造16 720个就业机会,2019年在德国汉诺威举办的世界博览会创造了10万个就业机会。研究表明,每增加1 000平方米展览面积,就可以创造近百个就业机会。

表 1.1 2011—2017 年香港旅游收入

年份	会展访问人数/人	旅游收入/百万美元
2011	1 845 140	33 238
2012	1 726 693	37 304
2013	1 839 424	42 663
2014	1 945 993	46 349
2015	2 000 000	42 487
2016	2 200 000	37 837
2017	2 389 000	38 175

(资料来源:根据 CEIC Data 及香港展览会议业协会网站公布数据测算整理所得)

1.1.3 会展旅游的类型

从大类上分,会展旅游的类型包括会议旅游、展览旅游、奖励旅游、节事旅游 4 大类。

1) 会议旅游

会议旅游是指人们聚集在一起围绕一个共同关心的话题,使会议与旅游交互进行的有组织的活动。它常以考察的形式出现,有会前、会中和会后考察 3 种。考察旅游活动既有会议组织者组织,也有参会者自行旅游。因此,一个参会者在参加会议过程中的主要支出包括会务、交通、住宿、餐饮、旅游娱乐、会议资料及纪念品等费用。励展博览集团 CBITM 2005 项目组所做的《国内大型 MICE 及商务差旅采购商采购模式调查报告》显示,会议中支出的 92% 花费在交通、住宿、餐饮、旅游、娱乐等旅游产业领域内。

2) 展览旅游

展览旅游是通过展览活动聚集旅游者,促使参展商和参观者进行旅游活动的一种形式。展览被视为会展旅游的一部分,是因为它们促使参展商和参观者旅行,并由此对旅行服务、餐饮和住宿等方面产生了更大的需求。展览旅游同样可分为展前、展中、展后旅游,参展商组织买家进行有组织的旅游以及参展商和参观者借参展和参观的机会自行旅行是两种主要的旅游活动方式。一般来说,展览会对旅游业的带动效应主要取决于外地参展商比例的高低。据统计资料显示,外地参展商花费在"吃、住、行、游、购、娱"6 个方面的开支占到参展全部支出的 24.6% 。

3) 奖励旅游

按照国际奖励旅游协会的定义,奖励旅游是现代管理的法宝,目的在于协助企业达到特定的企业目标,并对该目标的参与人员给予一个非比寻常的假期,同时也是大公司安排的以旅游为诱因,以开发市场为最终目的的客户邀请团。

奖励旅游是企业的一种重要的激励手段,它通过特殊的旅游经历来激励员工更加努力地工作或借以承认员工的突出工作表现,以便实现企业的各类目标。据统计资料显示,目前美国约有 50% 的公司采用旅游方式来激励员工;在法国和德国,一半以上的奖金也是通过旅游方式发给员工;在中国香港地区和中国台湾地区,奖励旅游已成为企业的主要奖励形式之一。由于文化差异和经济的原因,我国内地奖励旅游还处于起步阶段。

4) 节事旅游

节事旅游是指以各种旅游节日、庆典、盛世、国际体育比赛活动的庆祝和举办为内容的专项旅游活动,国外也称"事件旅游"。我们可从 4 个方面来理解这一旅游活动。从目的来看,节事旅游的主要目的是吸引旅游者,树立旅游形象,提高知名度,促进旅游业的发展并以此带动经济的发展。从内容来看,节事旅游从旅游者的角度出发,根据游客需求设计。因此,节事旅游活动内容的文化性和地方性表现特别突出。从形式来看,由于许多旅游者的目的是通过参加节事旅游活动获得特殊的娱乐经历,因此活动的表现形式活泼、亲和力强。但作为一个整体的旅游产品,节事旅游产品又有组合形式严谨、环环相扣、围绕主题开展的特点。从功能来看,节事旅游活动兼具文化价值和经济价值,是地区文化现象与经济内容的载体。

项目 2　会展旅游的外延

1.2.1　会展旅游的综合效应

伴随着素有"经济奥林匹克盛会"之称的世博会在上海顺利闭幕,会展旅游以其参加人数多、消费水平高、停留时间长、涉及行业广、季节影响小、利润丰厚等特点,引起了越来越多人的关注。目前会展旅游已占据了商务旅游市场中的较大份额,并以其对住宿、餐饮、交通、广告、金融等相关行业强劲的拉动力,给举办城市带来巨大的效益。通过参考已举办的大型会展活动,我们将会展旅游的正面效应和负面效应归结如下。

1) 正面效应

(1) 经济效应

会展是都市旅游的一个重要组成部分。发展会展旅游,可以为当地旅游业开辟新的旅游领域,培育新的旅游增长点,拓展旅游业的发展空间,发展专项旅游。随着社会经济、科技和文化的发展,商贸、奖励、会议、展览、体育、考察等活动日益繁荣,发展会展旅游提升了旅游服务功能,带动了交通、住宿、餐饮、商业、金融、文化艺术等行业的发展,创造了巨大的经济效益。

随着会展业办展数量和办展面积的快速增长,会展经济产值也实现大幅增长。2011年我国会展业经济直接产值为 3 016 亿元,2016 年我国会展业经济直接产值增加到5 612亿元。目前,中国会展业在区域分布上,基本上形成了以北京、上海、广州、大连、成都、西安、昆明等会展中心城市为代表的环渤海会展经济带、长三角会展经济带、珠三角会展经济带、东北会展经济带及中西部会展经济带等五大会展经济产业带框架。中国会展业将进入发展的快车道,我国会展业将有大的发展。

会展旅游消费主要包括交通、住宿、餐饮、购物、娱乐、旅游方面的消费,而无论是国内数据还是国外数据都已证明,商务会展游客是不同旅游细分市场中消费能力最强的群体。他们的消费注入会展举办城市,很大地增加了城市交通通信、住宿餐饮、旅游娱乐各个行业的收入,进而促进城市经济的发展。

同时,会展旅游的发展不仅会使会展业、旅游业的就业机会增加,也为相关行业创造大量的就业机会,从而有利于缓解会展举办城市的就业压力。据世界旅游组织统计,旅游业每增加1个直接从业人员,全社会的就业机会就会增加5个。发达国家每增加1 000平方米的展览面积,就可以创造出近百个就业机会。

（2）社会综合效应

①提高举办城市的知名度。

大型会展活动的举办往往能够引起世界的关注,极大地提高一个城市的知名度和美誉度。会展或者大型活动对举办地来说就像是举办地的外交活动,会展活动在短时间内将人流、物流、资金流、信息流聚集到举办地,成为当地、全国乃至世界关注的亮点。

位于海南省东部的博鳌,2001年之前还是一个默默无闻的海边小镇,但随着亚洲论坛在该地的举办,使它一夜之间成为媒体关注的焦点。亚洲论坛永久会址最终确定后,博鳌更是凭借着秀丽的自然风光和亚洲论坛会址的吸引力,迅速成为举世瞩目的旅游胜地,会展业也成为海南经济发展新的增长点。瑞士东南部的小城达沃斯被世人所熟知的原因是每年的一月末,世界经济论坛年会在这里召开,年会每年可以给达沃斯带来高达7 000万美元的利润,同时它还吸引了70万游客前来度假。

②加快城市基础设施建设。

会展旅游对举办城市提出了比较高的要求,例如,现代化的会展设施、便捷的交通、较高规格的住宿条件等,这为城市面貌的全面改善提供了一个很好的机会,对城市建设和发展产生深远的影响。

1967年加拿大政府为筹办蒙特利尔世博会,加速建造了新的地铁系统,扩充了城郊高速公路网,改建了圣劳伦斯河边的废地,使该市成为世界上公共交通系统最好、最适宜居住的城市之一。昆明为主办1999年世界园艺博览会,对世博园区及相关设施进行投资建设,并相继建成近20家星级饭店,使昆明及周边区域的建设至少加快了10年。希腊政府为举办2004年雅典奥运会,对场馆和相关设施投资超过60亿欧元,欧盟也为希腊的通信和基础设施工程提供了20亿欧元的资金,大规模的基础设施建设使雅典的城市面貌焕然一新,雅典建成了长达40千米的市郊铁路和25千米的电车线路,使城市拥有了一个现代化的交通系统。雅典原计划需要20~30年才能实现的城市建设工程,在筹备奥运会的几年中便提前完成了。

③改善城市环境面貌,提高市民素质。

会展活动的举办,往往可以改善城市的生态环境,提高市民的素质,使人文环境更趋于国际化。

1988年汉城奥运会,韩国为防止大气污染,减少了煤的使用量;为改善水质,对汉江进行了长达8年的治理。北京在筹办奥运会期间,秉承绿色奥运的理念,将生态环境建设放在了首要位置,在节能减排、污水处理、城市绿化等方面都作了专项规划,使城市的环境得到了很大改善,真正提高了城市的可持续发展能力,也为北京塑造了良好的城市形象。

另外,会展活动增加了当地居民接触多元文化的机会,使市民的环境意识、道德观念、对待游客的态度都发生了一定程度的改变,对提高当地居民的文明素质发挥着重要的作用。

④增加国际和地区交流,加快科技进步,文化繁荣。

作为一种有明显聚合性特征的知识性活动,会展旅游能集中和直观地展现出人们的创造性劳动成果,这些创造性的劳动成果一经现代通信手段与媒介的传播和宣传,便在社会当中造成浩大的声势和广泛的影响,使新知识和新观念传播开来,从而加快科技进步,文化繁荣。

以世博会为例,每一届世博会都集中展示了人类在某一阶段创造性的劳动成果或人类社会共同面临的问题和挑战,通过通信和媒介的传播与宣传,形成广泛的影响,从而开拓了人们的视野,转变了人们的观念。同时,大型会展活动还能留下许多传世佳作,其中一些可能成为著名的文化旅游资源和城市的标志性建筑,如伦敦的水晶宫,巴黎的埃菲尔铁塔、奥德赛宫,北京的"鸟巢"等。表1.2为部分世博会名称、重要事件及主题。

表 1.2 部分世博会回顾

举办年份	博览会名称	重要事件或世博会主题
1851 年	伦敦世博会	宣告人类进入工业时代
1873 年	维也纳世博会	开启电气革命
1876 年	费城世博会	爱迪生发明的电报机首次展出
1878 年	巴黎世博会	展出了爱迪生发明的话筒、留声机和白炽电灯
1893 年	芝加哥世博会	柯达产品成为照相用品的代名词
1904 年	圣路易斯世博会	"世博会的牛角"——蛋筒冰激凌诞生
1933 年	芝加哥博览会	第一个确定主题的世博会——一个世纪的进步
1958 年	布鲁塞尔世博会	科学、文明和人性
1962 年	西雅图世博会	太空时代的人类——揭开太空时代的序幕
1970 年	大阪世博会	人类的进步与和谐
1974 年	斯波坎世博会	引发全球对环境问题的关注
1993 年	大田世博会	新的起飞之路
2005 年	爱知世博会	大自然的睿智
2010 年	上海世博会	城市让生活更美好
2015 年	米兰世博会	滋养地球,生命能源
2020 年	迪拜世博会	心系彼此,共创未来

（3）空间辐射效应

①区域集聚。

会展活动的举办可以提升主办城市所在区域的集聚力和辐射力。1998 年法国世界杯期间吸引了 250 万人次到场观看，由此激发的旅游热，惠及毗邻的比利时、卢森堡、意大利、西班牙等国。1999 年的昆明世博会也起到了很好的辐射作用。游客在参观了园艺世博会之后，往往会前往石林、大理、丽江、中甸（香格里拉）和西双版纳等地继续游览，使拥有怪石、湖泊、古城、雪山、森林和热带风光的滇西传统旅游景点再度升温，游客的增长幅度在 30% 以上，其中迪庆藏族自治州游客数量增加了 3 倍多。同时，楚雄、保山、怒江等新兴旅游景点也显示出了较好的发展势头。

②区域合作。

会展活动的开展可以强化周边地区的经济合作。1970 年的大阪世博会带动了整个关西地区的发展，它以整个亚洲的生产和消费市场为背景，开展贸易活动，形成了以大阪为中心、半径约 50 千米的世界六大城市圈之一的关西经济带，使大阪从原先的重工业逐渐转向高科技、物流、商贸、会展、金融、环保等产业，经过 10 年的迅猛发展，促进了整个日本经济的增长。同样，为举办 1992 年的塞维利亚世博会，西班牙建成了马德里—塞维利亚高速铁路，促进了发达的中部地区与南部地区的经济合作，带动了落后的南部地区的经济增长，促进了全国经济的平衡发展。

2）负面效应

会展活动的开展，在带来良好的经济效应和社会效应的同时，也带来了一定的风险和负面效应。

（1）低谷效应

在会展活动，特别是大型会展活动结束之后，由于消费需求骤减，会展场馆出现闲置，当投资与需求不能保持平稳增长时，就有可能形成所谓的"低谷效应"。永久性场馆如果得不到有效的后续利用，由于投资巨大且建成后每年都需要高昂的维护和保养费用，将给投资方造成很大的经济负担。同时，为了迎合会展活动而修建的酒店、餐饮等设施也可能面临客源不足的状况。另外，大型会展活动的举办，还可能助推房地产泡沫的形成，如巴塞罗那奥运会引发房地产业的过度发展（1986—1993 年，巴塞罗那住宅价格增长 250% ~ 300%），奥运会后用了 6 年的时间才得以扭转。

（2）经济亏损

会展活动如果组织不力，可能给举办城市带来经济损失。1984 年在美国新奥尔良举办的世博会，仅仅吸引了 730 万游客，由于亏损严重，几乎到了中途关门的境地，在美国政府采取补救措施的前提下，才勉强维持了 6 个月的展期。世博会的组织者宣布破产后，政府不得不出面收场，并承担其 9 000 多万美元亏损额中的近 40%。之后，路易斯安那州 1986 年的国民地区生产总值出现负增长，经济总量直到 1989 年才恢复到 1984 年的水平。这次世博会的失败，浇灭了美国政府和民众延续百年的世博热情，美国自此以后再也没有举办过世博会。

（3）挤出效应

会展旅游可能造成举办地的交通拥挤、物价上涨、犯罪率上升等一系列问题。由于大量外来游客的涌入，交通拥挤和安全隐患成为可能；同时，为了获取更大的利润，商家也会大幅提高产品价格，这一点在住宿业和餐饮业表现得尤为明显。由于受到这些负面作用的影响，当地居民和一些原本打算到访的旅游者可能为了躲避不利因素而取消或改变行程，即形成所谓的"挤出效应"。例如，雅典奥运会举办前，对市民进行的调查显示，有40%的人希望在奥运期间离开雅典外出度假。

（4）排挤效应

大型会展可能对非举办地产生抑制影响。保继刚基于非举办地的视角，分析研究认为，北京奥运会在前期和中期对阳朔非但没有促进作用，反而抑制了阳朔的入境旅游市场。奥运会替换了非举办地原有的客源结构，排挤了非举办地拥有的非观赛游客群体。尽管非举办地十分重视从重大事件的效应中获益的可能性，但由于缺乏科学的理论和经验指导，这种本应理性对待的可能性往往沦落为盲目的乐观。

【案例4】

上海世博会：在新中国会展七十年中的价值

在庆祝新中国成立70周年之际，笔者也和原世博局的同仁们考虑在2020年纪念上海世博会10周年。对我们来说，在国庆背景下思考世博会，有特别的意义。

成功精彩难忘的上海世博会

在上海世博会之前，很多国人对世博会的了解不多。早在1851年，英国维多利亚女王为了炫耀工业革命的成就，组织了现代意义上的第一届世博会。进入20世纪，中国开始放眼看世界，清朝政府及以后的北洋政府也参加了几届世博会。新中国成立后，1979年中美建交。卡特政府邀请中国参加1982年在美国诺克斯维尔举办的主题为"能源"的世博会。从那时起，中国贸促会开始牵头中国的世博会项目。

1999年11月18日，国务院批复了上海市政府提出的申办2010年世博会的请示。2002年12月3日，国际展览局投票表决，在5个申办城市中选择了中国上海作为2010年世博会举办地。

在中央政府的有力领导下，在全国各省区市大力支持下，2010年上海世博会取得了巨大的成功。作为参与者，个人认为上海世博会的成功主要体现在以下3个方面。

一是参展规模创历史之最。官方参展者中，几乎全球所有的主权国家都参加了，非官方参展者中，上海世博会创造性地开设了城市最佳实践区，吸引了全球80余个优秀城市来参展；中国台湾地区也在离开世博会舞台40年后，重新回到世博大家庭。

二是参观人次创历史之最。超过7 000万的人次进入上海世博会园区，单日最大客流量达103万人次，这个纪录，可谓前无先例、后难超越。与这个人次规模相关，园区内的活动、服务也是创纪录的。比如，超过1 200个中外演出团体来园演出，节目总数超过1 100个，上演各类文化演出活动22 900余场；发放1亿份世博导览图；园区内交通累计运送游客约1.83亿人次；设休息坐凳11万个座位；设饮水点117处等。

三是搭建了中外公共外交、民间交流的平台。上海世博会接待国际贵宾5 000多批、近10万人次；接待外国重要贵宾团组872批，其中国家元首和政府首脑98位，副总统、副总理、部长、政党领袖等贵宾 360 多位；中国国家领导人先后在沪出席了 70 多场双边和多边外事、外交活动；举行了 191 个国家和国际组织馆日和国际组织荣誉日活动，几乎每个馆日（荣誉日）活动都有上海民众对接参加；接待了 18.6 万人次的中外记者；世博会高峰论坛深入探讨了一系列与城市发展有关的问题，并发表了《上海宣言》，这为 2013 年联合国设立世界城市日奠定了基础。

上海世博会对会展业的意义

毫无疑问，上海世博会具有重大的政治、经济、文化和社会意义。世博会对现代服务业，特别是对会展行业所发挥的推动作用，笔者认为有以下几个方面。

首先是提高了会展业的地位。

信息技术的发展，引出一种说法，认为互联网时代，人际沟通可以在网上实现，线上交易完全可以取代线下交易，会展活动已无必要。实际上，人与人的面对面交流是虚拟空间不能替代的。人们在特定的时空范围内举办的大型会展活动，对于人们相互交流情感、信息，增进相互了解，促成政治、经济、文化方面的合作，具有网络无法达到的效果。西方国家曾热衷于举办世博会，以至于需要签署一个国际展览公约，来规范举办行为。第二次世界大战以后，他们意兴阑珊，而发展中国家，以及日、德等战败国开始热衷于举办世博会。日本从 1970 年起，迄今已举办了 5 届。2000 年以后的世博会，有 6 届在亚洲举办：2005 年在日本，2010 年在中国，2012 年在韩国，2017 年在哈萨克斯坦，2020 年在阿联酋，2025 年在日本。

世博会在中国成功举办，让会展行业广大从业者切身体会到自己所从事职业的价值，提高了职业敏感性和职业吸引力。因此，2010 年之后，中国的会展行业在现代经济结构中的地位得到提高，会展教育专业对青年学子的吸引力大大增加，并非偶然。

二是提升了会展企业综合实力，促进了会展策划水平。

会展业地位的提升，不仅是理念方面的，也是知识和技术层面的。上海世博会的展览，不是为了推销商品，而是国家形象、世博会主题、现代展示技术三者的结合。因此，上海世博会是主题展策划水平的大比拼。这对中国会展企业是很大挑战。举个实际例子，中国作为东道国，有六个主要展馆（中国馆和五个主题馆），经过招投标，其中三个馆由中国一流的三个展示策划机构（中央美院、中国美院、上海博物馆）中标，另外三个馆由国外知名展览公司中标。在这个过程中，中国会展企业和国外一流会展企业相比，差距还是比较明显的。从另外一个角度看，上海世博会为中国会展企业在家门口创造了参与国际竞争的机会，也有不少中国企业得到了其他国家馆策展项目。因此，上海世博会之后，中国会展企业的眼界更为开阔，增强了他们日后参与国外世博会项目竞争的勇气和实力。总之，上海世博会的举办，提高了中国会展企业的策展水平和综合能力。

三是丰富了会展活动理论。

上海世博会是展览、活动、论坛的集合。上海世博会的成功，是一个超大型国际项目，从申请立项，经过精心筹备，到实际运行的全过程，每个环节都遵从客观规律的结果。上海世博会所面临的很多挑战，可以说是会展行业在发展过程中很常见的。大致来说，诸如立项时的必要性和可行性分析，筹备时的运行体制、主题策划、宣传推介、资源保障、硬件建设、基础管理等，举办时的常规管理和应急管理、参观者和参展者服务，举办之后的场地再开发、成果推广等，上海世博会都有很丰富的实践，也有很艰难的探索。总结这些成果,分析其中的经验教训,能够大大深化中国的会展理论,提高会展教育水平,为今后的会展行业发展从必然王国走向自由王国夯实道路。

举办大型国际会展活动,对本地有巨大的促进作用

回顾总结上海世博会和会展行业的关系,不是为了"发思古之悠情",也不仅仅为了可能举办下一届世博会——毕竟世博会是难得的机遇,不很常见。个人认为,今天我们讨论世博会对会展行业的带动,以下几点值得注意。

一是继续积极参与国际会展项目的竞争。

经过上海世博会的洗礼,中国会展企业的综合竞争力,特别是展示策划能力有了很大的提高。我们不仅要继续拓展国内的会展市场,更要积极走出去,展示中国形象;要充分运用上海世博会积累的会展理念和技术,积极参与国际会展市场的竞争,特别是各国的主题展,比如科技展、文化艺术展,还有各国举办的世博会里的中国馆、其他国家展馆等。2015年4月国发〔2015〕15号文件,即《国务院关于进一步促进展览业改革发展的若干意见》指出,要配合实施国家"一带一路"等重大项目及多双边和区域经贸合作,用好世博会等国际展览平台,培育境外展览项目。

二是要把可持续发展理念融入大型国际会展活动的筹办、举办中。

现在,很多政府领导都意识到,举办大型国际会展活动,对本地有巨大的促进作用。因此,难免会盲目申办、无准备申办。上海世博会的成功,不仅在于申办成功之后的精心筹办和举办,更是在申办时,就考虑到后续利用,从主题设计、硬件规划、管理长效化等方面,都坚持了可持续发展的理念。

会展业既要吸取上海世博会的经验教训,更要与时俱进,在新的基础上研究大型国际会展活动立项依据。2012年,国际标准化组织发布了ISO 20121:2012 Event sustainability management systems-Requirements with guidance for use。这个标准适用于对公共赛事(如奥运会)、各类展览、演出及庆典等大型活动的管理。我国已将其转化为国家标准GB/T 31598—2015《大型活动可持续性管理体系-要求及使用指南》,2015年6月2日正式发布,2016年1月1日正式实施。希望大型国际会展活动的主管部门能结合之前的实践,包括上海世博会的实践,在今后的推进指导工作中,逐步纳入可持续发展规则。

三是政府和企业互动,逐步形成有利于会展业发展的宏观环境

上海世博会是中央项目地方承办,国家项目企业承办。上海世博会的成功,也是PPP模式的成功。在上海世博会的整个申办、筹办、举办、后续开发过程中,政府为企业创造环境,实际运作由企业根据市场规律来进行。政府如何对世博会这样的超大型国际项目进行宏观管理,如何提供公共服务,这是个新课题;对企业来说,更是从来没有做过这样的大型国际项目。因此,上海世博会的成功,也必然伴随着新的探索。今天我们需要研究的是:这些探索中,哪些是能够机制化、常态化,政府如何为会展行业的发展创造良好的宏观环境。

关于中国是否需要申办、举办2030世博会或者以后的世博会,会展界见仁见智。从行业发展来看,我们不能就事论事,就世博会谈世博会。今天,当我们在庆祝新中国成立70周年的时候,要从会展业的长期发展来谈世博会。因为会展业是现代服务业中的重要组成部分,是实体经济发展的助推器。所有的努力,都与"两个一百年"目标有关,与"中国梦"有关。会展行业的从业人员,必须从这个角度来思考自己承担的历史责任。

(资料来源:中国经济网)

思 考:

1. 上海世博会给中国会展业带来哪些影响?

2. 结合案例,分析我们要吸取上海世博会哪些经验教训?

1.2.2 会展旅游产业集群

1)会展旅游产业集群的概念与特征

在经济社会发展推动和市场需求拉动下,会展业得到快速发展,我国北京、上海、广州等经济发达的大都市出现会展产业集群发展现象。会展旅游是会展业与旅游业的结合,是由于会展活动的举办而产生的一种旅游活动形式,故而会展旅游产业也呈现集群发展态势。然而,到底什么是会展旅游产业集群? 会展产业集群的本质特征是什么? 这是值得我们认识和分析的问题。

(1)会展旅游产业集群的基本内涵

关于产业集群的定义,最为基础和权威的首推美国迈克尔·波特教授的观点,他把产业集群定义为:"产业集群是在某特定领域中,一群在地理上临近、有相互关联性的企业和相关法人机构,并以彼此的共通性和互补性相连接。"从这个定义可以得到产业集群具有 3 个基本内涵,分别是地理边界、产业边界及产业联系。

会展旅游产业是一个高度复合型的产业,围绕着会展活动等核心吸引物,它不仅涉及"吃、住、行、游、购、娱"等旅游内部行业,还与交通运输业、信息服务业、邮电通信业等产业相互依托、共存共荣。因此,会展旅游产业集群是以会议、展览活动等吸引物为核心,会展旅游相关企业在某一特定区域内聚集,为获得规模经济与聚集效应,依据专业化分工和协作需求建立起正式或非正式的关系而形成的一种更具活力的新型企业组合形式。会展旅游产业集群强调会展业与旅游相关企业之间的有序性,是一种柔性的集聚,对市场需求的反应更为灵活,适应经济全球化和集群化发展的必然趋势。

(2)会展旅游产业集群的基本特征

会展旅游产业集群是一个多维度(产业、区域和企业)、多要素构成的复合体,正确认识其本质特征应从以下 5 个方面来把握。

①地理集中。

集群本身就有空间的概念,构成集群的各主体在特定的地域内柔性集聚。至今,对产业集群的地理边界没有明确的界定。波特认为,"集群通常以政治为边界,但它们也可能超越州的边界甚至国界"。事实上,由于经济地理空间具有不同的尺度,大至全球,小至自然村落,因此,产业集群中的地域范围只能是一个相对概念。但在研究产业集群时,特别是针对具体的个案研究中,必须将它纳入合适的地域空间内才有鲜明的意义,才便于把握产业集群的内部结构及其运行机制。由于地方政府的参与,在产业集群研究与实践中,产业集群的地理边界与行政区划往往保持一致。

会展产业集群空间集聚性指的是相关企业和支持机构在市场机制的作用下,在临近的地理区域内集中所表现出来的集中化特征。会展旅游产业中的集聚现象,主要体现在展览场馆设施集中,会展地点集中,众多相关联的行业、部门在同一个地理区域内集聚,共同服务于会展消费者。他们因彼此间的横向、纵向联系,围绕场馆形成会展产业集群。当前,我国会展旅游产业集群主要集中出现在经济发达的大都市,尤其以上海和广州最为典型。会展旅游产业主体在特定的地理空间集聚是会展旅游产业集群的外显特征,是识别产业集群标志的直观依据之一。

②产业关联。

产业关联性反映集群各主体之间的联结模式,构成会展旅游产业集群的各主体之间存在着产业联系,它们只从事某一产业或相关产业的生产和服务,"包括一批对竞争起重要作用的、相互联系的产业和其他实体,如会展场馆、宾馆饭店、景点和旅行社服务等专业化投入的供应商和专业基础设施的提供者。会展旅游产业集群还通常向下游延伸至营销网络和顾客,并从侧面扩展到互补产品的供应商以及通过技能、技术、服务或共同投入品联系起来的业内公司,如广告公司等。最后,会展旅游产业集群包括提供专业化培训、教育、信息研究和技术支持的政府和其他机构如大学、智囊机构、职业培训机构以及贸易机构等"。可见,会展旅游产业集群不仅是企业的集聚,关键是基于精细分工与专业化基础之上的产业链的集聚。

③互动关系。

产业集群的本质还应该揭示构成集群的各主体之间的互动关系。集群内存在前向、后向和水平的产业联系的供应商、生产商、销售代理商、顾客之间,企业与当地政府、大学或研究机构、金融机构、中介服务组织等相关支撑体系之间,通过长期的联系形成本地化网络。网络中的各行为主体之间形成正式或非正式的关系,频繁地进行商品、服务、信息、劳动力等贸易性或非贸易性的交易、交流和互动,相互学习,密切合作,共同推动区域的发展和企业的持续创新。

"一加一大于二",会展旅游产业集群的成员之间广泛联结而产生的总体力量大于其各部分之和。因为集群内各个成员是相互依赖的,某个成员的优质服务将促进其他成员的成功。就功能互补性众多的表现形式而言,有两种最为明显:其一是许多会展旅游服务产品在满足顾客的需求方面相互补充;其二是会展旅游相关企业之间的相互协调可以使它们的集体生产能力得到进一步提高。可以说,最终服务提供商之间或中间服务产品供应商之间存在着明显的既竞争又合作的关系。相互竞争,是为了争夺共同的市场;相互合作,是为了提高集群效应,获取和维护共同利益。同时,会展品牌的建立不仅取决于会展规模的大小和国际化程度,还有赖于互补性商业活动,如酒店、商店和物流的质量和效率。

④环境共享性。

在会展旅游产业集群中,产业或企业共同生存于相同的经济环境、社会环境和文化环境中。会展旅游产业或企业在一定地域内的高度集中,吸引了大量会展服务供应商和会展专业人才,降低了使用专业性辅导性服务和信用机制的交易成本,而且专业人才的流动和知识外溢效应可以促进会展产业集群生存环境的创新;同时,由于大量的会展产品的区域整合集中,可以迅速扩大场馆和城市会展品牌的影响,有利于营造出适合会展产业集群发展的优良环境,促进场馆所在地域的竞争力,形成区域品牌。

⑤创新性。

会展旅游产业集群创新性表现为以专业化分工和协作为基础的会展旅游相关企业通过地理位置上的集中,产生创新聚集。从需求角度而言,强大的市场需求使旅游相关企业更容易发现旅游产品及服务的市场缺口进行创新,而创新所需要的人、财、物都能在区域内解决。从供给方面而言,随着区域内旅游产业的发展,大量相关的原材料和服务提供商在此聚集,便于旅游相关企业取得创新所需要的原料及服务。另外,旅游产业集群也吸引了一系列具有相关专业技术的人员,无形中形成了一个专业化的人才市场,旅游相关企业能够很容易找到所需要的人才,降低成本。此外,旅游产业集群内由于空间接近性,不仅加强了显性知识的传播和扩散,还加强了隐性知识的传播和扩散。而旅游行业是一个十分重视从业经验和实际操作的行业,知识的交流和传播更能够激发对新方法和新思想的应用,促进旅游相关企业的创新。

【案例5】

海口将打造三大会展集群

2019年1月8日下午,海口市会展局与海口观澜湖度假区签订《战略合作备忘录》,双方在创建海口会展多元化、国际化等方面开展合作,确定海口观澜湖度假区为海口国际多元化大会展试点基地,度假区2019年至少策划、组织、举办6场国际大会展活动。海口也将打造西海岸展览会议、东海岸商务会议、观澜湖休闲产业会展三大会展集群。

在积极推进海南自由贸易试验区建设的过程中,海南将被逐步打造成我国对外开放的重要窗口。自去年5月份海南省实施59国人员入境旅游免签政策以来,国际游客入境人数得到显著提升,进一步扩大了旅游业的开放程度。随着越来越多的国际游客赴海南旅游,海口作为海南国际旅游岛省会城市,国际开放度也将得到显著提高。

新的一年,海口在推动全域旅游持续发展的背景下,增强在国际市场的生存力和竞争力,加大力度建设与国际旅游消费接轨的项目。海口西海岸集中了喜来登酒店、新国宾馆、天佑酒店等众多的商务度假酒店和海南国际会展中心等展馆,每年举办大量的重大会议,发展展览会议优势突出;东海岸集中了鲁能希尔顿酒店等,是国际游客青睐的会议之地;观澜湖度假区是会议旅游和商务休闲地,开业至今吸引了NBA、巴萨、徕卡、泰迪熊、狂野水世界等众多国际知名品牌落户海口,极大地促进了海口打造国际旅游消费布局,对海口旅游产业升级发展具有重要的意义。

同时,根据《2018中国MICE消费报告》,会议市场快速崛起,承接在世界范围内拥有较大影响力和较高品牌价值的会展活动,是对承办方和所在地区软硬件设施及环境、氛围等综合实力的肯定,也是对外提升城市品牌形象、打造具有影响力的城市名片的良好机遇。

海口观澜湖度假区相关负责人表示,海口观澜湖度假区已连续成功举办了四届海口高尔夫与旅游主题论坛、泛珠三角省会城市市长论坛、两届中国(海南)电影投资高峰论坛等大型会展交流活动。2019年海口观澜湖度假区将充分发挥桥梁作用,维护和发展项目,助力海口旅游走向高端化、国际化。

(资料来源:海口日报)

思 考:

1. 会展旅游集群的基本特征是什么?

2. 海口如何推动全域旅游持续发展?

2）会展旅游的纵向产业对接

纵向一体化是具有投入、产出关系的相邻几个阶段或企业合为一体的过程。任何一件产品或服务都会经历若干发展阶段：原始投入（原材料）制备、原始投入加工成中间产品、中间产品加工成最终产品、最终产品的批发和零售等。当一个企业同时完成两个或两个以上阶段时，便形成纵向一体化。所以，纵向一体化是指在生产工序上处于上下游关系的两个企业的合并或合作。会展旅游产业集群快速发展过程中，旅游产业自身的特点为其实施纵向一体化战略提供了一个理想的平台。以会展活动为核心，"吃、住、行、游、购、娱"等各个旅游业的组成部分，通过旅游者的消费模式紧密结合在一起。作为会展旅游业价值链组合者的旅游企业，通过纵向一体化战略，可以节省交易费用，消除外部性，取得技术经济优势和范围经济效益，从而为其扩大市场份额、增强竞争力奠定基础。因此，纵向一体化成为会展旅游产业集群发展过程中一种普遍采用的战略。

旅游企业的纵向一体化通常可以采用两种形式：一种形式是通过资本扩张来实施纵向一体化，这种形式的一体化属于纵向集中，即资本实力雄厚的大型旅游运营商通过兼并、收购或合资的形式来控制处于旅游产业链不同层次的旅游企业，从而达到纵向集中的纵向一体化。例如，上海光大会展中心是由中国光大集团出资开发并建造的，集展览、展示、会议、宾馆、公寓、商务、餐饮、健身、娱乐、休闲为一体。另一种形式是通过各种形式的战略联盟来实行纵向一体化，这种形式可称为纵向联合。由于旅游组织的特殊性，各个组织所需要的资本投入不同，纵向集中往往由旅游产业链的高层次向低层次推进，而低层次向高层次的整合往往采取纵向联合的方式。

会展旅游产业链由分别以会展和旅游为主的行业，在产业链上单向延伸生成。这种延伸的基础是行业要素的交叉与互补以及产品、服务、信息等资源的共享。就我国会展旅游的发展现状来看，会展企业往往处于核心和主导地位，相比之下旅游企业则是"滞后接待，被动受益"。但会展旅游产业集群发展需要会展旅游企业一体化发展，针对我国当前会展旅游发展实际，会展旅游一体化以纵向联合和部分纵向集中为主，为此，会展旅游产业纵向一体化着重加强与饭店及餐饮业、旅游景点、旅行社、交通业、娱乐业环节的对接，如图1.2所示。

图1.2　会展旅游产业纵向一体化与各环节的对接

（1）会展业与饭店及餐饮业的产业对接

①会展业对饭店及餐饮业的依赖与选择。

会展活动离不开饭店及餐饮业的支持，饭店及餐饮业永远是会展活动的受益者。无论举办 MICE 中的何种活动，饭店都会被选作活动的主要或辅助目的地，餐饮自然也会从中受益。会展代表团的费用一般有 60%～65% 花费在食宿方面。

当然，会展公司举办会展活动选择接待饭店时有自己的标准，这也对饭店提出了一定的要求。这些要求主要是饭店的区位条件、会议设施标准、及时周到的服务、餐饮的品质、明确的条款、有竞争力的价格、停车场等。另外，有些会展代表还会提出一些个性化要求，饭店必须具备解决的条件或能力，否则难以赢得会展公司的青睐。

②饭店及餐饮业对会展业的关注和针对性营销。

由于会展旅游的蓬勃发展和高额利润空间，因而世界各国饭店行业都热衷于承接会展业务，会展市场成了饭店业共同追逐的目标和依赖的主要市场。美国学者唐纳德·E.兰德博格（Donald E. Landberg）在《饭店与餐饮经营管理艺术》一书中写道："今天，会议宾客用房占美国饭店客房出租率的 1/3，在某些饭店中，会议、事务的销售收入占营业总收入的 90%。"而前些年《会议和奖励》杂志的调查结果也显示，国际大型饭店或饭店集团都十分关注会展市场，并将其纳入自身的细分范围着力开拓。如威斯汀酒店集团全球业务的 30% 来源于会展市场，洲际酒店集团总收入的 18% 来自同样的市场。

会展业务已经日益成为旅游业特别是饭店业的重要目标市场，因而进一步加强对这一市场的针对性研究必不可少。以会议旅游市场和奖励旅游市场为例，同普通的旅游类型相比，典型的会议旅游有以下特点：会议旅游有淡旺季之分，旺季一般在春、秋两季，冬季为淡季；会议规模从几十人到千人以上不等；会议时长一般为 3～5 天，持续一周以上的会议相对较少；欧美国家的会议可以携配偶或其他家属；会议地点的选择提前期很长。因为大量的组织工作都要在决定会议的目的地至会议实际召开这段时间内完成，这个提前期通常很长，规模越大的会议，提前期越长。

同普通的旅游相比，典型的奖励旅游有以下特点：

①必须具有独特性。奖励旅游节目的内容必须独具特色，是一个员工用钱买不到的经历。例如，一个别出心裁的主题晚会，或去一个别开生面的地方，体验一次"令人难忘"的经历，这些经历是一般旅游实现不了的。

②必须带有一定的纪念价值。此类旅游活动的举行，虽然与工作或多或少有着一些联系，但大多在特定的日子举行，使活动本身更加富有纪念意义。

③必须工作和娱乐并举。典型的奖励旅游有"寓教于乐"的意味。一般来说，奖励旅游都是以会议作为开始，然后再开展观光旅游活动，并加入盛装晚宴或主题晚会等。

④必须注重成就感、荣誉感和归属感，这也是奖励旅游主办公司的初衷。主要还是为了从人格上尊重员工，从精神上激励员工，让他们找到成就感、荣誉感和归属感。

因此，饭店业必须采取有力措施，进行针对性营销，才能做到有的放矢，充分把握会展旅游市场上的种种机会，而不是守株待兔，等客上门。

同时，在会展旅游背景下，酒店不再是一幢孤立的建筑，它包括成片的地块和更多的自然环境因素，在建筑外围有一片属于自己的独立空间。酒店将是围绕空间和自然环境因素而展开,而不是作为简单的"栖身之地"。因为作为会展场所的酒店,它应当提供的绝不仅仅是住宿和会议场所,而是一个能够将与会者从他们原本日常熟悉的工作环境中抽离出来的全新环境。东南亚的独岛式酒店、拉斯维加斯沙漠中的酒店,都以与都市环境完全异质的独特自然环境作为其核心资源。因此,采取多种新颖独特的形式,策划和设计能够符合会展组织者和参与者要求的旅游产品,已成为实现酒店业与会展业产业对接的必要条件。

(2)会展业与旅游景点的产业对接

①会展业对旅游景点的支持需求与选择。

会展业对旅游景点的产品需求主要集中在会展活动结束之后,因为此时会展参与者才具备充足的闲暇时间和强烈的出游愿望。但也不能排除有少数旅游项目安排在会展活动进行中,如上海 APEC 会议期间,外国元首夫人们到苏州等地参观游览。

在与会展业对接过程中,我们可以将旅游景点大致分为两种类型:一类是带有度假酒店、度假中心的景点;另一类是不带有上述设施的纯粹景点。之所以作如此分类,是因为这两类景点在接待会展旅游者过程中所处的竞争状态是不一样的。前者因为带有酒店等设施,具备会议方面的功能,既可以在此召开会议,又可以游览休闲,所以在市场竞争中具有明显的优势;而后者只是单纯的景点,除非知名度和美誉度相当高,否则难以赢得会展游客的青睐。

②旅游景点对会展业的关注和针对性营销。

旅游景点关注会展业应该从会展旅游者的需求入手,进而设计出符合需求的旅游产品。总体来说,会展旅游者的产品需求主要包括商务类和休闲类。而休闲类产品虽然是商务类产品的补充,但是我们决不能轻视甚至忽视这一项业务。因为,在会展旅游者的心中,休闲旅游是商务旅游的延伸,本身就是整个会展活动的一个组成部分,休闲旅游不仅不显得多余,有时还会成为会展旅游者评价整个会展旅游活动的标准。

因此,旅游景点开展营销活动应该把握会展旅游兼具商务活动和休闲观光活动的双重目的,不能顾此失彼。

(3)会展业与旅行社的产业对接

①会展业对旅行社的支持需求与选择。

大多数办展机构都倾向于将会展旅游的有关业务委托给专业的旅行社负责,自己专心做好会展的组织和管理工作。这些业务主要是安排住宿、市内交通、餐饮、往返机票、旅游线路设计等。考虑到会展旅游者的经历、感受及所受服务的好坏将直接影响他们对会展活动的整体评价,因而办展机构在确定旅行社时,往往选择那些资质好、信誉高、实力强的公司,以便给会展旅游者留下良好的印象。

②旅行社对会展业的关注和针对性营销。

旅行社要对国际、国内旅游市场[包括专业的会议组织者(PCO)、目的地管理公司(DMC)和竞争对手等]的情况有充分的了解,确定自己的重点目标市场,然后集中力量进行有针对性的促销活动。促销手段多样化,既要组织促销团队到目标市场所在地去面对面地促销,与当地旅游组织和贸易组织携手做广告,也要充分利用现代科学技术所提供的便利条件,如在国际互联网上建立中国会展旅游产品网站。

与传统观光旅游相比,会展旅游在操作过程中涉及不同部门、不同领域,它要求旅行社不仅要会做旅行方案,还要为客户做公关策划方案、会展实施方案、拓展培训方案等,在实际操作中还要掌握演讲、摄影、翻译等多种技能,该市场涉及的业务范围越来越广,行业针对性越来越强,客户要求越来越高。因此,要想拥有赢得市场的能力,必须培训一支专业化的队伍,组建专业的商务会展旅游业务部门。

(4)会展业与交通业的产业对接

①会展业发展对交通业的依赖。

会展经济的发展离不开发达便利的交通运输业支持,国际上会展旅游发达的地区,其交通环境、运输系统建设都首屈一指。可以说,没有交通业的保障,会展产业的发展和兴旺将难以实现。

便捷的交通运输系统提高了会展城市的可进入性。在欧美会展旅游较为发达的国家和城市,其航空运输业同样会有较快的发展。历届世界博览会的参加者中,乘坐飞机赴会参展几乎成为他们出行的首选方式。因此,不少会展名城同样也是航空枢纽。当然,巡航旅行即乘坐轮船以及汽车旅行,也是很多游客的惯常方式。无论哪一种出行方式,都与完善的交通体系密不可分。

通畅的市内交通系统布局能够将各个会展场馆有机联系在一起。有的城市会展场馆布局相对分散,给主办者带来了不小的工作难度。一方面,会展场馆过于靠近城市中心区,每次举办大型会展活动都必然会给周边地区道路交通带来很大压力,造成交通堵塞;另一方面,过于分散的布局也不利于各场馆之间的相互联合与协作、优势互补,难以形成会展业的聚集效应和集约化经营。因此,市内交通的通畅就成了交通管理部门的头等大事。

因此,发展会展产业首先必须规划完善的交通系统,包括空中交通枢纽,水上交通运输,以高速公路、高速铁路为主的高效陆路交通,以及通畅的市内交通在内的交通系统形成合理的分工组合,从而进一步加强与世界各国、各地区的交通联系,为会展旅游的发展提供强大的运输支持。

②会展业对交通业成长的现实促进作用。

交通运输部门在为会展产业提供支持的同时,也为自身发展带来了实惠。会展旅游市场正日益成为许多运输企业的盈利增长点,并且这种状况越来越明显。从国际上看,美国会展名城拉斯维加斯在1997—2001年的旅游市场中,商务和会议旅游的游客比重逐年增长,由1997年占全部游客的11%上升到2001年的16%。"9·11"事件后,日本曾经一度停飞从东京到拉斯维加斯的航班。但是,日本航空公司最终还是在2002年3月1日恢复了这趟航班。可见,像拉斯维加斯这样的会展旅游城市对于大多数航空公司来说应当是其业务增长不可缺少的动力因素。

从国内看,2017年国际旅游外汇收入中,交通部门实现外汇收入449.46亿美元,占全部旅游外汇收入的36.40%。

(5)会展业与娱乐业的产业对接

①会展旅游需要娱乐业的配套与协作。

旅游业是一个综合性产业,包括"吃、住、行、游、购、娱"6大要素,虽然娱乐并不必然是某一次旅游活动的核心目的,但缺少了娱乐项目的旅游活动留给游客的将是一种乏味的体验。因此,国家有关部门制定的《中华人民共和国旅游行业对客人服务的基本标准》规定:文娱活动属于旅游活动中的固定节目安排。游览日程在 3 天以内的,文娱活动一般不少于 1 次;4 至 7 天的一般不少于两次;8 天以上的,一般不少于 3 次。会展旅游作为特定的旅游类型,自然离不开娱乐行业的配套和支持。会展业发达的城市,其会展产业的成功往往离不开各种各样娱乐活动的有力支持。旅游业需要一个完整产业链的配套与支持,任何一个要素的缺乏,都构建不了兴旺的旅游产业。以海南省海口市为例,目前,海口市的娱乐业不是很发达,很多游客都感觉娱乐活动太少,"有钱没地方使",而海口市目前正在朝着会展城市的方向前进。因此,该市提出"要做好娱乐业规划和布局的调整工作,大力发展娱乐业",要建几个上档次、有规模的娱乐中心,把娱乐业做旺,甚至还设想在海口市对博彩业开禁。由此可见海口发展包括会展业在内的旅游综合产业的信心和决心。

②会展旅游使娱乐业在增收的基础上获得进一步的发展。

娱乐业为会展旅游者带来了丰富多彩的体验和享受,会展产业又为娱乐业带来新客源与新的商机,这是一种良性互动。现在的游客不仅仅是局限于观光旅游,更注重于休闲娱乐,以达到放松身心的目的。例如,"浪漫之都"大连在 1999 年确立了城市旅游形象之后,用了 5 年的时间,完成了"浪漫之都"的品牌确立,并在国家工商总局进行了注册。如今,"浪漫之都"这一品牌已叫响全国,并逐步走向海外,这将为大连招徕更多的国内外会展商和游客。海口的会议市场已成为旅游业收入的重要组成部分,会展旅游已经成为海口的主要旅游产品之一,而会展游客的人均消费是团队客人无法相比的。这就反过来为地方娱乐业的发展提供了更多的资金支持。

除了上述涉及旅游产业几大环节的产业部门之外,会展旅游还与其他诸多产业联系密切,如金融、保险、销售代理等。从会展旅游产业链的角度来看,都应该加以充分挖掘,用战略思路来经营。比如,会展活动的举办还与房地产业有着密切的联系。1988 年汉城奥运会后并未出现其他国家所谓的"奥运低谷效应",房地产市场的火热一直持续到 1995 年。1992 年亚特兰大奥运会,房地产行业在奥运会基础设施建设、场馆建设中取得了不菲的经济收益。政府在进行各项工程包括交通整治时,都充分考虑了开发商的利益,从而使此次奥运会的举办成为当地房地产市场充分发展的原动力。2008 年北京奥运会前后,奥林匹克公园周边房地产的升值普遍超过 30%。为迎接奥运会,对市中心的旧城区进行的大规模改造,将不少旧的工业厂房搬到郊区或更远的地方。1992 年,在亚特兰大中心区,写字楼和商业物业得到巨大发展,奥运会后达美航空、南方贝尔等世界级大公司和政府组织纷纷到亚特兰大落户。并且,由于奥运会期间留下的先进的通信设备和宾馆,使很多会议选址于此,亚特兰大成为"会议之城"。同时,政府为举办奥运会大力整改了市区和郊区的交通路线及设施,加上奥运会带来的后续效应,经济持续稳定增长,居民消费信心大增,郊区住宅建设成为热点。目前,亚特兰大郊区住宅已成为当地著名旅游景点之一,号称"全美最漂亮的住宅区"。会展旅游与其他产业之间的密切联系与互动发展由此得以充分展现。

3) 会展旅游的区域横向协作

所谓横向协作,是指彼此相关的企业或经济单位为了共同的利益而自愿建立起来的一种比较稳定的经济关系。在会展旅游产业集群发展过程中,各相关企业为了有效应对日趋激烈的竞争,不断增强彼此间的相互协作,其合作对策体现在以下 3 个方面。

(1)营造统一市场

①统一市场准入标准。

对于区域内各会展城市来说,参与区域会展业一体化发展的目标更多是以获得市场准入机会为代表的经济利益,而市场准入问题一直是阻碍区域实现一体化发展的一大因素。很多地方政府出于自身利益的考虑,会出台许多政策阻止其他地区的进入,因此必须逐步消除各行政区之间的无形壁垒,制订统一的市场准入标准,才能建设统一的大市场。

②加强知识产权保护。

依照国家《展会知识产权保护办法》等相关规定,采取有效措施切实保护会展各方的知识产权。这样,一方面可以营造公平竞争的区域市场环境,避免恶性竞争;另一方面,有利于促进会展要素在区域内的自由流动。

(2)开展错位竞争

区域内各城市在开展会展市场定位时,除了要考虑自身因素外,还要从整个区域全局角度出发,综合考虑区域地位、城市间联系性、经济实力、差异化及会展业发展特色等方面的因素。例如,针对长三角区域内部分主要城市的横向协作,相关部门在对这些城市分层后,对其会展业发展定位如下:

①国际综合会展旅游城市——上海。

国际综合会展旅游城市是指符合以下条件的城市:城市综合实力雄厚,国际化程度高,产业发达,市场辐射力强,有多次著名国际展会经验,具备招徕和接待大型国际会议和展览的能力与人才。在长三角区域内,符合这些条件的,就只有上海了。

②会展旅游名城——杭州、苏州。

会展旅游名城是指基本符合以下条件的城市:内外交通便利,空气清新,自然环境优美,旅游资源丰富,并富有国际知名度,旅游目的地形象明确且深入民心,具备举办国内外大型会展活动的能力或前景。杭州和苏州就属于此列。中国自古就流传着这样一句话:"上有天堂,下有苏杭。"杭州和苏州都是长三角区域内的著名旅游城市,发达的经济及丰富的旅游资源为会展业的发展奠定了坚实的基础。

③国内综合会展旅游城市——南京、宁波。

国内综合会展旅游城市是指基本符合以下条件的城市:往往是省会城市或副省级以上城市,产业发达,市场辐射力在一定的区域内较强,会议和展览规模较大、数量多,有定期知名展会。这样的城市有南京、宁波。

④特色会展旅游城市——义乌、温州。

特色会展旅游城市是指基本符合以下条件的城市:城市主导产业特别突出,在国际或国内范围内拥有较高知名度,市场发达,往往是制造业中心或商品贸易中心。这样的城市有义乌和温州。

⑤一般会展旅游城市。

一般会展旅游城市是指基本符合以下条件的城市：在长三角区域范围内，主导产业相对突出，城市本身具备发展会展业的良好基础，如交通便利，拥有大型会展场馆等条件。这样的城市有无锡、嘉兴、常州、南通、扬州、绍兴、徐州、连云港、台州等。

(3) 鼓励跨地区会展企业合作

要实现区域会展业一体化发展，必须鼓励会展企业尤其是跨地区的会展企业间的合作。这种合作包括在会展业务拓展、关联产业开发上形成有效的战略合作，以及在会展产品创新和服务接待等产业延伸上加强一体化合作。加强不同城市会展企业之间在会展项目开发、会展营销、会展管理等方面的合作，鼓励不同城市会展企业间的并购联合。

具体可采取的措施有两种：第一，减免税收。通过对地区间会展业合作投资实行所得税减免政策，有利于促进跨地区间会展业合作。第二，建立信息共享平台。通过建立区域会展业信息共享平台，可以实现信息的自由流动，有利于加强地区间会展企业合作。

4) 会展旅游产业集群建设

在市场需求的拉动和各级政府政策的促动下，我国会展旅游得到了长足发展，如今，上海、北京、广州等城市会展旅游产业已经形成集群发展的态势，集群内各构成要素之间相互联系，形成了一定的竞争优势。从波特的竞争力理论角度来看，会展旅游产业集群的发展毫无疑问是各城市迅速增强会展产业竞争力的重要手段。为了有效促进会展旅游产业在未来较长时期内健康快速增长，可从宏观、中观和微观3个层面加快会展旅游产业集群建设。

(1) 宏观层面

①做好会展旅游产业集群规划。

上海、北京、广州等城市会展旅游产业集群已过诞生期，正处于成长期的初期，根据会展产业集群的发展阶段理论和城市的区域属性，会展旅游产业集群的成长首先需要政府做好会展产业集群的各个方面的规划工作，才能推动产业集群形态和功能的快速形成。规划工作的开展主要从以下4个方面进行：一是侧重从形态角度做好会展产业集群空间格局规划，对产业集群的各构成要素做好空间上的有机布局和具体用地安排。二是侧重从产业和功能角度做好产业集群内主导产业与相关产业的产业规划。三是做好会展旅游产业集群与城市其他产业基地以及和会展的联动发展规划，并明确城市会展旅游产业集群在整个区域会展业格局中的地位。四是将会展旅游产业集群的发展纳入城市经济发展规划和城市建设规划中，统一规划管理，真正使会展旅游产业集群和谐稳定地发展。

②改善会展产业集群制度环境。

为了改善城市会展旅游产业集群制度环境，增强这方面的竞争力，根据各城市会展旅游产业集群的发展现状、适应的发展模式以及集聚区特性研究制定有力、有效的政策，发挥政策环境的引导力，吸引相关产业企业向会展产业集群集聚。主要从以下3个方面进行推进：其一，加快会展业立法进度。明确展览业的管理部门、管理办法、展览活动主体,以及各方面的权利和义务,增强展览活动的透明度,规范展览市场。制订与国际接轨的区域会展企业行为规范,引导会展经营主体规范经营、公平竞争,维护会展市场秩序。其二,推进公共服务环境建设。重点推进会展行业服务标准建设以及会展业客户满意度体系、会展业诚信企业评估体系及会展业信息统计共享体系的基础性系统开发。通过信息化、系统化和网络化途径整合会展产业集群内各行业的服务和信息,形成公开、便捷、共享的综合服务平台和联动机制,构建会展业健全的政府服务体系和社会化服务体系,发挥服务的集聚效应。其三,建立政策高地,激励会展专业服务公司和人才进入,鼓励相关功能机构向集聚区快速聚集。

③建立城市会展旅游人才高地。

知识经济时代,人力资源作为知识和创新的源泉已经成为竞争的焦点。我国会展旅游产业发展刚起步不久,会展业与旅游业从业人员的素质与国外会展旅游发达城市相比还存在一定差距,如会展业人力资源数量不多、专业结构不全、素质状况不高等。可以说,我国各地会展业人力资源的竞争力水平还较低,这对会展业的发展构成了一定的阻碍,发展会展产业集群需要积极实施有效措施努力改变这一现状。

为了打造城市会展旅游在人力资源方面的竞争力,我们需要通过人才的引进和培育,形成会展旅游产业集群的人才和信息高地。一般来说,主要措施有两个:一是重点引进会展高素质人才和机构聚集到集聚区内,包括专业会展服务商组织者、目的地管理公司、专业会展策划、广告创意人才。二是政府适当投入,尽快培训本土化的会展专业人才,将会展专业人才教育纳入区域教育系统,形成一个规范化的会展专业人才教育机制。将会展专业教育的历史使命赋予各类高等院校,以其坚实的教育基础和丰富的教育资源,加快会展核心人才、辅助型人才、支持型人才的培养。依托高等院校和行业协会等组织,有计划、分步骤开展多层次、多渠道的会展职业教育和培训活动,规范会展职业教育和培训市场,实施会展职业上岗资格认证证书制度,形成各个级别和层次的会展管理和会展技术人才评估机制与专业人员聘用体系。

(2)中观层面

①打造会展产业集群品牌竞争力。

品牌是产业集群获取竞争优势的关键要素。世界上著名的集群,如美国的硅谷和意大利北部的皮具加工区,都有一个共同特点:企业品牌与集群品牌相互辉映、互相促进,创出一个具有全国乃至世界影响力的集群品牌,这是一个现代产业集群成功的重要标志。知名的集群品牌能创造出惊人的综合价值,促进企业的迅速集聚,快速切入全球价值链并从中获取价值增值。

我们要创新,要提高服务质量,打造具有特色知名品牌展,增强整个会展旅游产业集群的竞争力。第一,要瞄准国际著名会展企业,积极吸引国际知名会展品牌项目和会展企业落户。第二,要培育具有自主知识产权的中国展览品牌,利用国际展览的资源,将中国单独展与国际博览会嫁接,实现优势互补。第三,要鼓励国内会展企业以融资的方式直接整合国外展览品牌资源,联合打造中外合作的展览品牌。第四,要鼓励会展企业及会展项目按照 UFI 标准进行运作,争取更多会展企业及会展品牌通过 UFI 认证。

②完善会展产业集群保障体系。

要想发展好会展产业集群,就必须有一定的保障体系做后盾。会展保障体系是指为会展提供配套服务的一系列组织机构,既包括在会展活动中从来都不可或缺的传统服务商,也包括随着会展的繁荣发展而不断衍生出的一系列新型服务商。传统的服务商是为会展项目提供设计搭建、设备租赁、招商代理、广告策划、现场礼仪等服务的组织和人群。伴随分工合作专业化程度的提高,一批以提供行业咨询、管理信息系统、网络信息服务等新型服务商将有较大的发展,他们将与传统服务商一起服务于会展经济产业链中的各个环节,为会展业的发展提供全方位的保障。

要保障会展产业集群整体的和谐发展,不仅要有会展产业和会展企业的迅速发展,还应该有其他相关产业和相关服务企业的联动发展。这主要是靠市场的推动,同时还靠政策的引导,吸引大量相关行业的企业机构入驻会展产业集聚区,是会展旅游产业集群发展的有力保障。

③发展会展产业集群创新能力。

会展旅游产业集群的核心竞争力就是会展产业集群的创新能力。创新能力是会展旅游产业集群和会展产业向前发展的强大推动力,尤其是在同类会展日益增多的今天,创新能力为营造会展的差异性、增强会展的吸引力提供了重要保证。会展产业涉及面广、交易方式多样,区域空间跨度大、时效性强,在其形成和发展过程中通过所使用的技术方法、手段和理论的变革重新组合发展要素,使会展产业资源配置效率显著提高。作为新兴行业的会展产业,成为会展产业集群主导产业的重要基础是其对新技术成果的广泛推广和应用,使会展产业集群成为知识、技术的主要吸纳者。虽然,由于存在产业差异和技术引入差异,会展产业作为会展产业集群的主导产业,并不是在每一个领域都要保持技术主导影响,但在会展产业所涉及的技术领域必须保持主导性影响。因此,会展产业创新能力的发展是整个会展产业集群持续发展的核心保证。

(3)微观层面

①提高会展场馆竞争力。

当前,我国许多城市展馆扩建速度与市场扩展速度不同步,致使展馆供求紧张,而且诸多展馆配套设施和服务还不十分完善。比如,上海新国际博览中心还存在不少问题,如展位布局不够理想,地铁出口处至展馆的600米交通不便,停车位少,外币兑换不方便等。而且各地城市会展旅游业也面临着越来越严峻的竞争压力,近年来,国内很多地方政府越来越重视会展业的发展,纷纷出政策、建场馆。如广州、上海、杭州、南京、苏州、昆山等地相继在建造或计划建造大型展馆。各地都想把本地打造成为一个重要的会展目的地,从而加剧了地区之间尤其是城市之间的市场分流和替代性竞争。

基于市场竞争日趋激烈的发展现状,打造具有较高凝聚力的国际品牌会展产业集群,我们必须提高会展场馆的软硬件竞争力。应当联合政府、企业的力量,利用国内外资源,加大对市政设施和会展基础设施的投入,加快产业集群配套要素建设。在布局规划和政策配套的基础上,针对目前场馆建设进度慢,部分展会排不进档期的突出问题,以及集聚区内的公共交通、停车场、宾馆住宿、会议设施、商务楼、商场购物、聚会场所和公寓楼等功能要素不足的矛盾,着重推进配套要素建设,快速构造以商务会展为主导,包括休闲娱乐服务、购物和文化服务功能相适应的会展综合服务区,形成全面的产业发展和集聚区配套体系,使整个城市会展旅游产业集群在会展场馆的硬件设施和软件服务上都具有相当竞争力。

②加大营销推广和市场开拓力度。

市场是产业和企业生存的基础,营销推广和市场开拓得当,能大大增加市场份额。会展产业集群在这方面的工作应该从以下两个方面着手:其一,以整个城市会展旅游产业集群为载体,在服务承诺的基础上,以优惠政策为杠杆,加大对国际协会性会议以及品牌展览的招商力度,提升整个会展产业产品的等级。其二,以会展产业集群内的某一个著名集聚区或者整个会展产业集群作为一个会展目的地进行整体包装,向国际和国内的会展组织者进行市场营销推介,进而推动会展产业集群进一步融入世界会展大环境。

③加快会展企业信息化建设。

现代信息技术的发展为城市会展旅游产业集群的发展提供了强有力的技术支持,会展旅游产业完全可以利用它缩短同国外发达国家会展产业之间的差距。加快会展单位的信息化建设,可以从以下两个方面入手:第一,在会展企业内部各个环节实施信息化,提高管理效率。信息技术能深入会展企业的组织、扩展、管理及服务等各个方面,企业能通过它提高工作效率,强化监督控制能力,拓宽企业文化构建渠道和手段,实现管理科学化和规范化。第二,构建会展电子商务平台。展馆信息、招展信息、会展信息、参展商和采购商的信息、招展过程和围绕展会各企业相互间的信息沟通都可以通过信息网络来实现。

项目3 会展旅游的发展

在会展业每年为全球带来的近 3 000 亿美元收入中,中国却未能占到应有的市场份额。发展会展旅游需要我们了解会展旅游的发展历史,并把握国内外会展旅游的发展趋势,探索适应新的市场形势和发展环境的中国会展旅游发展道路。

1.3.1 会展旅游的发展历史

1)国际会展旅游的发展历史

会展旅游是随着社会经济的进步和人们地理概念的拓展而发展的。纵观会展旅游的产生,可将其分为萌芽期、发展期、成熟期 3 个阶段。

(1)萌芽期:集市发展阶段(原始社会末期至 19 世纪中叶)

会展旅游的历史可以追溯到几千年前的原始集市,在当时的欧洲大陆,很多城邦都是世界上大的集市贸易中心,来自四面八方的商人来到这里进行交易买卖。丝绸之路就曾经作为交流的纽带对东西方的经济文化产生积极的影响。公元 629 年在巴黎近郊的圣丹尼斯举办的交易会是世界上公认的最早的国际集会交易会。1841 年英国人托马斯·库克(图 1.3)组织了 570 人的团队包租火车从莱斯特去 12 英里以外的拉夫巴罗参加戒酒大会,这不仅标志着世界近代旅游业的诞生,从专项旅游活动的角度看,也开创了会展旅游的先河。

(2)发展期:博览会发展阶段(19世纪中叶至20世纪40年代)

随着生产力水平的不断提高和地区间交流的不断加深,19世纪中叶,英国提出了举办世界性博览会的要求。于是,1851年诞生了第一届伦敦世界博览会(又称万国博览会)。

1896年2月,美国底特律会议局协会成立,标志着会展旅游特别是会议旅游,作为一种专门的经济活动已经引起了人们的注意。1928年,法国发起成立了国际展览局(BIE),31个国家的代表在巴黎开会并签订了《国际展览公约》。截至目前,BIE共有166个成员国。从第一届博览会举办至2010年的上海世博会,共举办了41届世界性博览会。博览会的举办改变了过去单一的商品展示方式,而是采用样品展示,诚邀专业人士参展,同时进行期货贸易,从而达到繁荣商业的目的。

图1.3　托马斯·库克

(3)成熟期:会展旅游阶段(20世纪中叶至今)

第二次世界大战后,特别是从20世纪70年代开始,发达国家掀起了一股兴建大型会展中心的热潮,各种类型的国际展览会不断涌现,国际展览业形成了庞大的产业规模。据不完全统计,目前每年国际会议达40多万个,其中定期举行的大型展览会与博览会有4 000多个。这些展览和会议涉及社会各个领域,与经济生活息息相关,至21世纪初,会展旅游已基本形成规模。欧洲是会展旅游的发源地,也是会展整体实力最强的地区,世界级的会展大国有德国、意大利、法国和英国等,其中德国位居世界会展国家之首。"国际会议之都"巴黎是全球会展旅游最发达的城市,每年接待的大型国际会展有600多个,会展旅游收入连年居全球之首。北美地区是会展旅游的后起之秀,美国、加拿大会展旅游比较发达,而美国作为世界上最大的国际会议主办国,其交通运量的22.4%和宾馆客源的33.8%均来自会展旅游。亚洲的会展旅游规模和水平仅次于欧美地区,主要集中在日本、新加坡和中国香港等国家和地区。其他还有大洋洲的澳大利亚,南美的巴西,以及非洲的南非和埃及等。

从会展旅游的发展历程可以看出,一个国家的会展旅游发展水平与该国的经济发展水平相适应。发达国家凭借其在科技、交通、通信、服务业等方面的优势,在世界会展经济发展过程中处于主导地位。随着全球经济一体化进程的不断加深,发达国家的知名会展公司也会将业务渗透到发展中国家,从而使发展中国家会展的规模和水平得到进一步提高。

2)我国会展旅游的发展历史

我国会展旅游的发展可以分为3个阶段:初始阶段、起步阶段和发展阶段。

(1)初始阶段

初始阶段可以追溯到1851年,在这一年,中国商人徐荣村以私人身份参加了首届伦敦世博会;1873年,英国人包腊代表中国参加了维也纳博览会;1876年,中国政府第一次派代表以国家身份参加费城博览会;1915年,中国政府参加了巴拿马博览会。在中国国内,1926年,中国第一次全国博览会(南洋劝业会)在南京举办;1929年,杭州举办了第一届西湖博览会。

(2)起步阶段

1949年到20世纪90年代,是我国会展旅游发展的起步阶段,虽然这一时期,中国会展的总体水平仍旧很低,但是与初始阶段相比,已经有了较大改善。1951年,中国参加了莱比锡春季博览会。1978年,中国贸促会在北京成功举办了"十二国农业机械展览会"。1982年,中国代表团参加了诺克斯维尔世博会。

(3)发展阶段

跨入21世纪以来,随着我国经济发展水平和开放程度的不断提高,会展业也获得了快速的发展,形成了"环渤海、长三角、珠三角、东北、中西部"5个会展经济产业带。环渤海会展经济带:以北京为中心,以天津等城市为重点,具有起步早、规模大、数量多、专业化国际化程度高、门类齐全、知名品牌展会集中的特点。长三角会展经济带:以上海为中心,以南京、杭州等城市为依托。该产业带起点高、政府支持力度大、规划布局合理、贸易色彩浓厚,受区位优势、产业结构影响大,辐射范围广。珠三角会展经济带:作为改革开放的前沿地带,珠三角会展经济发展迅速。以广州为中心,广交会为助推器,形成了现代化程度高、特色突出、会展地域及产业分布密集的会展经济带。东北会展经济带:以大连为中心,以沈阳、长春等城市为重点的会展经济带,依托东北工业基地的产业优势和东北亚地区的区位优势,形成了长春的汽博会、沈阳的制博会、大连的服装展等品牌展会。中西部会展经济带:以成都为中心,以郑州、重庆等城市为重点的会展经济带,通过不断发展,现已形成了成都西部国际博览会、重庆高交会、郑州全国商品交易会等品牌展会,其发展潜力巨大。

接下来,北京、上海、广州都将制定会展业的单项发展规划,与此同时,许多城市也都把会展业纳入了发展蓝图,除了修建专业化的会展场馆外,还不遗余力地出台相关优惠政策,扶持会展业的发展。因此,虽然我国会展业的总体水平和国际会展业发达国家相比差距仍旧较大,但相信通过学习发达国家的先进经验和自身的努力,会展业最终可以成为我国经济发展新的增长点。

1.3.2　会展旅游的发展趋势

相关统计表明,会展旅游对全球经济的贡献率在8%左右,目前已经成为都市旅游产业的关键组成部分,使会展旅游成为旅游业当今发展的热点问题之一。中国的会展旅游业起步较晚,但随着中国社会经济发展和城市化进程的不断加快,会展旅游迎来了前所未有的发展契机,需要我们准确把握会展旅游的发展趋势和特点,为我国会展旅游的发展创造良好的内外部条件。

1)中国会展旅游的发展趋势

会展旅游的兴起实际上意味着旅游形式的升级换代,在我国越来越多的资本正在流向旅游业,会展旅游成为它们的新增值点。例如,位于京郊的"天下第一城"原为单纯的主题公园型旅游区,但当投资商发现观赏类资源易于类同、利润点低之后,其发展思路便开始向会展旅游转变,原来观赏性的城墙、城楼都被巧妙设计为饭店、会议中心等,并将原来的现代游乐园改为高尔夫球场,建设集吃住行游购娱于一体的"六城",而这种转型已经成为很多旅游集团的模式。企业多元化经营需要走出原有的纯粹旅游框架,变被动为主动、以会展促旅游的会展旅游成为其目标也就顺理成章。

加入世界贸易组织,我国会展旅游已进入一个新的发展阶段,随着会展旅游市场化程度进一步加深,市场竞争更趋激烈,社会经济生活必然也发生巨大变化。

会展业的发展只有适应市场经济的要求,才能实现自身的发展。

(1)国际化

所谓会展业的国际化,是指加强对外交流与合作,借鉴国外先进的经验和管理办法,提高办展水平。

我国在制定规范会展旅游业的法规和政策,促进与会展旅游各相关行业的协作与协调发展的同时,将不断地与世界国际会展协会的专业组织联系,加强交流与合作,学习先进的经验。建立与国际旅游业相适应的管理体制,实行专业化管理,创立会展旅游的品牌,是提高我国会展旅游国际市场竞争力的内在保证。一方面,我们积极与国际会展专业组织合作,吸引外国会展旅游的专业公司来国内举办人员培训、举办展览等,鼓励外资投向会展场馆和综合配套设施建设;另一方面,又可采取补贴、税收减免和免费提供办公地点等方式,鼓励国际会展业协会设立地区总部,吸引国际著名会展公司在国内设立分公司或办事处。

(2)专业化

所谓专业化,是指会展内容应专门化。这样既可以吸引专业厂商参展,又容易形成规模效益,增加主办者的经济效益。专业化展会是国际会展界通行的成功模式,也是加入国际展览联盟的前提条件。

我国的会展公司现在规模相对较小,其主要业务是会展活动的策划与组织,对展会期间的会展接待服务较为看重,今后随着会展业市场化程度的提升,分工更细、更为专业的会展细分企业将会大量产生,会展旅游的发展也将有新的契机。

(3)规模化

所谓规模化,即会展企业要上规模。会展企业要按照市场规律运行,走会展产业化道路,必须靠市场竞争来发展壮大,在竞争中进行跨地区、跨部门的战略重组,组建展览集团,实现资本扩张,提高企业组织规模,增加竞争实力。

目前我国的一些大型旅游企业如春秋旅行社、上海锦江旅行社、中国青年旅行社等已经加入了国际性的会展组织,开始向会展旅游市场发展,但仍有更多的大型旅游企业还没有或者还没有完全介入会展旅游市场。不难想象,随着会展旅游经济效益的日益增显,未来会有许多大型旅游企业以更为丰富的形式进入会展旅游市场。

(4)品牌化

品牌是会展业的灵魂,也是中国会展业在21世纪实现可持续发展的关键。纵观世界上会展业发达的国家,无不拥有自己的品牌展会和会展名城。为增强中国会展业的国际竞争力,品牌化是必由之路。21世纪是创新的世纪,在这样一个追求个性的时代里,一种事物如果不能创新就不能获得持续发展的能力。

针对特定的会展旅游市场进行营销宣传,实行品牌促销,把有限的资金集中使用到几个影响大、效益高的重点市场。根据目标市场需求分级定位,我国将会打造更多的会展旅游品牌,如义乌的小商品博览会、江西的红博会等。作为一种新兴的旅游产品,会展旅游是世界旅游业重要的客源市场和争相竞争的目标市场。从我国现实的经济条件来看,发展会展旅游品牌是一种理想选择,既符合我国各大中城市的特点,又可以提高我国经济整体竞争力。有一种合理的假设:如果一个中小城市每年举办50个各种类型的展览会,每年能够吸引省内外参观者200万人,以每人消费800元计算,会展旅游所带来的收入至少是16亿元。

(5)规范化

随着我国经济体制改革的深入发展,政府不再是直接干预,而是通过法律法规,规范市场,规范企业行为,营造一个有利于会展旅游发展的市场环境。1998年6月由北京市贸会发起,成立我国第一家国际会议展览业的中介组织——北京国际会议展览业协会,之后又有上海、山东省等省市也相继组建了国际会展业协会,制订了国际展览业协会章程,这些组织章程旨在支持公平、平等的竞争,反对不正当竞争及欺诈行为,改善、优化展览业市场环境,更好地协调、管理、规范会展业的市场秩序。同时,为增强各地区会展旅游的竞争,形成强强联合提供了更好的市场氛围。如在2006年,北京市旅游局就与全球最大的展览组织机构——励展博览集团结为合作伙伴,联手举办了中国(北京)国际商务及会奖旅游展览会,大大地促进了会展旅游在中国的发展。

【案例6】

沧州大力打造会展业发展新引擎

沧州市按照政府推动和市场主导相结合、自主培育和申办引进相结合、会展产业和支柱产业相结合,不断提高会展业的市场化、专业化、品牌化、国际化、信息化水平,构筑经济社会发展新优势。到2020年,力争培育1~3个在国内外具有一定影响力的品牌展会,5~10个在国内某些专业领域具有一定影响力的展会,全面提升沧州市会展业的综合竞争力和影响力。

加强会展场馆软硬件设施建设。结合实施城市总体规划,全面提升沧州国际会展中心硬件设施,满足大型会展活动的需要。提高场馆现代化、专业化服务管理水平,为会议和展览组织者、参展商以及与会人员提供便捷、高效的服务。加大对会展业发展的财政支持力度,设立会展业发展专项扶持资金,将所需扶持资金列入每年市本级财政预算。资金主要支持经市会展办认定为市重点扶持的会展项目。

依托特色产业兴会办展。确立会展依托产业、服务产业、提升产业、会展与产业联动的发展思路。立足该市特色产业集群,围绕打造区域经济核心竞争优势发展目标,发挥地理和交通优势,因地制宜,培育与当地产业相关联的展览项目。现已具备条件的产业,每年都要举办一次国际性展览;暂不具备条件的产业,在组织企业参加相关国际性展览会的同时,加快自办有关展览会培育的步伐,从无到有,三年内逐步做到重点产业每年都举办一次国际性展览会。集中优势资源,勇于创新,争创名优会展品牌。确定一批重点会议和展览,出台鼓励政策,引导县域会展集中到沧州国际会展中心举办,不断提高层次。动员全社会力量,广泛开展引会招展活动,利用北京疏解非首都功能外溢一批展会的机会,各相关单位和企业积极同北京对口单位联系,争取更多的全国性或区域性会议和展览活动在沧州市举办。

积极引进和培育会展市场主体。加快引进和培育竞争力强的会展企业,推进会展业市场化建设,培育会展龙头企业,支持各类会展活动由有实力的会展企业或协会来办。大力发展会展配套服务的第三方服务业为会展提供优质、高效的服务。尽快实现会展场馆租赁、广告宣传、展品运输、展位搭建等服务专业化、规范化。餐饮、住宿、交通、旅游等配套服务业要标准化、人性化,提高服务水平。通过举办讲座、加强培训等多种形式,提高会展从业人员的专业化水平。积极鼓励该市大专院校开设会展专业,培养专门人才。积极引进会展活动急需的高级策划人才,加快造就一支高素质的会展人才队伍。

努力优化会展业发展环境。进一步完善会展申办制度。要按照合理利用会展资源,打造品牌会展的原则,对内容重复的大型会展予以协调合并,制止无序办展,多头办展,建立公平竞争、规范有序的会展业市场秩序,营造良好的会展营商环境,打造和提升会展业的声誉和信誉。由市会展办组织专家评估小组,对重点会展的工作方案、会展规模、发展前景等进行评估,会展后要对其经济效益和社会效益进行评估,为打造品牌会展提供科学依据。禁止对会展企业乱收费、乱罚款、乱摊派。对会展的各类检查,有关部门要依照相关法律、法规进行,为会展提供便捷和优良的服务。工商、技术监督、专利等管理部门,要加强对参展商知识产权方面的审核,发现无标、无证、不合格产品,冒充专利产品、伪造他人注册商标、盗用知识产权的产品、展品,以及相关的宣传刊物和行为,依法进行查处,以保护经销企业的合法权益不受侵害。

(资料来源:河北新闻网)

思 考:

1. 中国会展旅游发展趋势的特征是什么?
2. 沧州如何打造会展业发展新引擎?

2)国际会展旅游的发展趋势

美国一位市长曾经这样说:"如果有人在我们的城市开会议、办展览,就好像有人开着飞机在我的头顶上撒美元。"挑战在明天!面对新的市场形势和发展环境,我国的会展旅游必将探索出一条新的发展道路,这对于一些在经济、金融、都市化及整个城市重新构架等方面都在发展的现代化城市来说极其重要。

(1)特色化

所谓特色化,是指会展企业要进行科学合理的定位,要结合本地区的资源优势、特点及本部门的实际情况,确定办展的主题,并围绕主题开展会展活动,使会展富有特色,创名牌会展。

随着标准化服务设施的完善,会展组织者在选择地点时已经开始考虑其他外在因素,如自然景色、文化传统、体育活动、居民好客度、当地专业会议组织者、地方政府是否支持等。而会展旅游持续时间较长,能否给旅游者提供独具魅力的观光游览、团队节事或主题聚会成为吸引他们的内容。对旅游产品与户外主题的结合具有相当的需求,因此,实施别具一格的战略、挖掘地方文化特色、追求时代流行时尚成为取胜之本。

（2）创新化

21世纪是创新的世纪。中国会展旅游作为一种新兴的旅游形式,只有不断创新才能突出自身的特色。会展旅游的旅游者大多具有一定的社会地位或良好的经济条件,要求也会随之提高。因此,要想在国际会展旅游市场中分得一杯羹,就需要在经营观念、旅游产品及服务方式上不断推陈出新,这也是发展会展旅游必须坚持和遵循的一项重要原则。

（3）信息化

现代社会是信息社会,信息化已成为会展旅游与国际接轨,实现科学管理的一个重要衡量标准。信息技术的快速发展和广泛使用,对会展旅游的完善和提高产生了极大的促进作用。当然,这也要求旅游企业加强与国际知名会展企业之间的交流与合作,充分利用信息技术的优势提升会展旅游的吸引力。

（4）生态化

可持续发展是人类社会永恒的话题。无论何种产业,要获得持续、健康的发展,就必须寻求经济效益、社会效益和生态效益的统一。可以预知,生态化将成为会展业发展的必然趋势。

（5）多元化

当前,在会展旅游地选择方面正呈现出多元化趋向,在大城市举办各类大型会展活动的同时,有很多会展活动正向中小城市转移,其中可以考虑的因素无外乎价格、交通、逐步改善的服务设施和弹性模式。因此,会展旅游市场开发是多层面的,而竞争也将更加充分。在很多时候,是否具有直飞航班就可能成为制约下一级城市会展旅游发展的瓶颈。

【案例7】
第七届马来西亚会展局中国路演拉开帷幕

第七届马来西亚会展局中国路演在北京揭开序幕,旨在将马来西亚推广为中国市场的企业会奖首选目的地。路演活动还将于4月20日、4月24日和4月27日分别在上海、成都和广州进行。

第七届中国路演有望进一步加强马来西亚旅游与文化部一直以来进军利润丰厚的中国市场所付出的持续努力,为马来西亚带来更多游客。

这次路演将由MyCEB首席执行官Datuk Zulkefli Hj. Sharif率领,并获得阵容强大的来自马来西亚团队的支持,其中包括槟州会议及展览局（PCEB）、沙巴旅游局、酒店集团、独特的场地提供商、地接社、活动策划供应商和会展中心。

这次路演将展示马来西亚最好、最新的产品和服务项目,以吸引更多中国的企业会议和奖励旅游团队。

"通过过去7年的努力,我们看到了来自中国的企业会议和奖励旅游市场的持续增长。2016年,马来西亚会展局接待了自中国赴马来西亚参加企业会议和奖励旅游团队的29 931位客人,为马来西亚带来了4.36亿马币的经济效益。"MyCEB首席执行官Datuk Zulkefli Hj. Sharif说道。

"马来西亚一些独特的优势成了吸引中国客人的必要条件,其中包括先进的会议场地、广泛的四星级和五星级酒店、迷人的风光、绝佳的服务、世界级的餐饮、免税购物、多样的文化和丰富的文化遗产,"MyCEB首席执行官继续说道,"我很高兴看到中国企业会议及奖励策划人持续给予我们的积极和热烈的反馈。"

在马来西亚的最重要的商务活动计划方面,MyCEB推出了"前所未有的马来西亚(MLNB)"活动,凸显马来西亚五大重点目的地的亮点,即吉隆坡、乔治城(槟城)、兰卡威、哥打京那巴鲁(沙巴)和古晋(砂拉越)。虽然大家已对商务活动的流程谙熟于心,但这项活动却重新定义了现有的目的地,确保客人能享有新鲜、难忘的体验。

MyCEB也会推出极具吸引力的新版"马来西亚双重优惠XP(MTDXP)奖励计划",旨在为客户和企业的奖励与会议策划人带来更多客户。参加活动的企业会议和奖励策划人,不仅将有机会和来自马来西亚的行业合作伙伴进行交流互动,还将有机会赢取幸运大奖,包括4天3晚的激动人心的马来西亚之旅。

除了促进行业参与者之间的直接交流,路演活动期间也会通过目的地培训和研讨会形式来介绍吉隆坡、槟城、兰卡威、沙巴和砂拉越所涉及的新产品和新发展项目。

(资料来源:《会议》杂志官方网站)

思 考:

1. 马来西亚有哪些优势吸引中国客人?

2. 国际会展旅游的发展趋势包括哪些?

项目4 会展旅游的策划

会展旅游的发展包含共同打造会展旅游目的地、增强会展自身的旅游功能与吸引力和扩大会展旅游服务开发会展旅游市场三个层面,因此会展旅游的策划也分别对应地在会展旅游目的地形象策划、会展旅游功能策划和会展延伸旅游策划三个层面上展开。

1.1.4 会展旅游目的地形象策划

会展旅游目的地形象就是该地在人们心目中形成的总体印象,是由若干要素构成的有机整体。会展旅游目的地形象能够影响人们是否前来该地参加会展活动。

1)会展旅游目的地形象构成要素

会展旅游目的地形象是在各个构成要素有机综合的基础上形成的,各个要素相互作用才能成为会展旅游目的地形象的整体表现,形象的整体表现又会对各个要素的发展产生影响。城市会展形象的构成要素分为核心要素和基础要素两部分。核心要素是该城市会展形象的重要组成部分,基础要素是该城市会展形象的基础组成部分,两个方面是相辅相成的。基础要素的完善,能够为核心要素提供支持和保障,使核心要素表现得更加明显;核心要素的不断提升又会相应地促进基础要素的不断改进和提高。

在这个构成体系中,核心要素包括会展场馆、会展行业协会、会展企业、会展人才、会展服务和会展营销手段;基础要素则分别是城市设施、政府的支持与服务、城市精神、城市经济水平和城市支柱产业及旅游资源。

2)会展旅游目的地形象定位

世界上许多著名城市是伴随着会展业的同步发展而闻名于世的,如英国的伦敦、伯明翰,法国的巴黎,德国的汉诺威、多塞尔多夫、莱比锡,意大利的米兰等大城市,都因大型的展览会或国际博览会的巨大影响而提高了城市的国际知名度。每一个会展名城在其成长的过程中都有自己鲜明的会展旅游目的地形象。

(1)形象定位以要素和市场为基础

这里的要素就是指目的地形象要素构成中的核心要素和基础要素。核心要素方面主要是指拥有举办会展的直接前提条件,实际上就是会展业发展的直接相关因素。基础要素则是目的地会展发展的宏观支持因素,是会展旅游目的地形象的基础组成部分。其中的支柱产业更是决定了该地会展发展主体的内容和主题。

会议有时会选择纯粹的旅游区,而大型的会展通常会选择在大都市举行。一般来说,大都市往往人口密集、高楼林立,古老与现代建筑交相辉映,高水准、高品位的博物馆与艺术馆精彩纷呈,有独树风格的城市广场,有舒适现代的星级宾馆,有丰富新潮的购物中心,有新锐时尚的影视音乐,有激情涌动的娱乐体育,有多姿多彩的夜生活,有便捷顺畅的交通、通信,有知书达理的市民,当然完备先进的会展场所更是不可或缺的核心要素。

这里主要谈旅游资源。对旅游资源的分析包括硬性资源分析和软性资源分析。硬性资源需分析旅游资源种类、数量,知名景点及数量,景点风格、气候、地形地貌特点,动植物种类与数量,珍禽异兽数量及种类,矿产资源种类及数量,宾馆饭店的数量档次,旅游企事业单位数量,服务业从业人员数量、收入、学历、性别、年龄,旅游网站数量、服务内容及模式等。软性资源需分析旅游目的地的历史悠久性,当地著名历史名人,高等院校数量,高科技企业数量与总产值,文化艺术团体种类及数量,传统活动的种类与数量,当然更重要的是目的地的文化底蕴。

每个目的地都具有它独特鲜明的个性与魅力。纽约的繁华、巴黎的浪漫、伦敦的传统、罗马的艺术气质、苏黎世的雪域风光、上海的怀旧、香港的自由,有特色的城市往往会有一个别称为其形象明确定位,比如"狮城"(新加坡)、"水城"(威尼斯)、"音乐之都"(维也纳)、"阳光之城"(拉萨)等,不胜枚举。城市形象强调的是在浓郁的文化背景下彰显个性,以此作为宣传促销的卖点,化掌为拳,从而提升某个城市在各种申办竞争中的杀伤力。现代人崇尚注意力经济,一个充满独特形象魅力的城市首先具备的就是引人注目的第一印象,无论是源远流长的历史美名还是新近打造的当代新宠,在开始大张旗鼓地宣传其形象时,就为其成功奠定了一半的基础。因此,城市形象的放大乘数效应是不容轻视的。

会展目的地形象策划可以借鉴区域旅游形象策划中的 RIS 框架,将目的地作为一个整体,对其分别进行理念识别、文化识别、视觉识别、行为识别的策划。

其中理念识别系统(Mind Identity System, MI)在 RIS 包含的四个子系统中扮演着最重要的角色,处于战略地位,MI 策划的任务是提出目的地的核心理念,目的是构建目的地的知名度、信誉度和美誉度,是目的地形象策划的基础,正确的 MI 策划是保证后续研究能有的放矢的关键,核心理念就是在对前述各要素进行分析的基础上,提炼出最能代表本目的地的基本形象和独具特色的价值体系,它是目的地形象的灵魂,其恒久的生命力不会因时间的变化而变化。

文化识别系统(Culture Identity System, CI),是目的地旅游形象策划的精髓,CI 设计的主要任务是对目的地的文化系统进行整合,其目的是突出本目的地地方性的文化,增强目的地的形象感知,同时在旅游开发的过程中运用人类学的方法来保护本土文化,它主要包括民族文化与民俗文化两方面的内容。

视觉识别系统(Visual Identity System, VI),是 RIS 策划具体化的、视觉化的传递形式和展开面,目的地旅游形象的 VI 设计构成要素包括目的地形象标志系统(含 Logo、标准色、标准字体)、目的地形象符号应用系统、会展场馆的视觉识别和活动型因素(如人、交通)的视觉识别规范等。

行为识别系统(Behavioral Identity System, BI),是 RIS 策划的动态表现行为过程,在目的地旅游规划中 BI 策划的重要性下降,目的地越大其制度性的策划越宏观化,BI 设计的主要任务是对目的地行业服务行为、会展企业管理行为、相关政府部门行为等能够体现目的地形象的媒介活动方面进行规范化和制度化。

（2）形象定位要准确

形象定位的最终表述往往以一句主题口号加以概括,要遵循的基本原则主要有优势集中原则、观念领先原则、个性专有原则、多重定位原则等。如何确定主题口号,并不是一件简单的事情。会展旅游目的地形象定位的主题和内容应围绕使目标公众了解区域或国家会展旅游目的地具有举办会展的充分和诱人的条件、多种类极具吸引力的旅游资源,或推广相对内涵广泛一些的主题,如好客的人民、文化的多元性、狂欢的激情等,这些主题可以在目标公众心目中引起相关的联想。

会展旅游目的地形象要充分体现个性。形象的个性是指一个旅游地区在形象方面有别于其他地区的高度概括的本质化特征,是区域自身语种特征在某一方面的聚焦与凸显。这种特征往往是透过文化的深层面折射出来的。它可以是历史的、自然的或社会的,也可以是经济的、政治的或民族的。比如,巴黎城市形象的个性定位是时装之都,维也纳是音乐之城,威尼斯是水上乐园,香港是购物天堂;又比如,瑞士的国家形象定位是钟表之国,埃及是金字塔的所在地。一个地区或城市的多种特征的聚焦和凸显不是以人们的意志为转移的,也不是谁想聚焦什么和凸显什么就可随意决定的。它是历史遗留、自然所有、社会需求等多种因素沉淀的结果。比方说,我们要把工业城市沈阳定为旅游城,则会导致公众都去搞旅游开发,弃工业于不顾,去"捡芝麻丢西瓜",这是危险而错误的。现在国内许多城市因定位不准确,或因某种诱惑而移位,遭受到的磨难教训太多;而像深圳"世纪新城,中华之窗"这样比较准确的形象定位为数不多。

形象定位的语言也要准确。比如,在开发海南省的时候,有人提"把海南岛建设得像夏威夷一样",那就是说海南岛永远超过不了夏威夷;有人说"把万泉河变成南美的亚马孙河",也就是说万泉河目前不如亚马孙河;还有把博鳌亚洲论坛定位为"水城",这会马上让人想到威尼斯水城,等于给别人做广告,得不偿失。

3) 会展旅游目的地形象推广

一般国际大型会议、地方协会年会或是企业产品推介展示等都会将目的地锁定大都市,至少也是较有知名度的城市。因此"知名度"成为吸引众多"眼球"的无形招牌,城市形象则是"知名度""美誉度""提及率"等数字信息等所依附的载体,那么如何将会展旅游目的地的形象进行推广传播呢?

首先,会展目的地形象必须与地区特色相结合,突出地区优势。比如,青岛靠海,海洋资源丰富,据此优越条件,青岛市举办的"青岛海洋节"不仅吸引了大量的海内外游客参与其中,创造了可观的经济效益,而且强化了民族的海洋意识,展示了青岛的实力,塑造了良好的会展旅游品牌。

其次,要加强宣传,通过各种新闻媒体的广泛传播。

形象宣传要抓住表现时机。抓住良机,展现与推广旅游形象往往可取得事半功倍之效果。会展本身就是城市会展旅游目的地形象表现的最佳时段。形象往往是一种心理感知的抽象事物,而重要事件、节庆活动、体育盛事、娱乐演出、重大庆典……都可将其变成可视、可听、有形、有声、有色的具象事物。例如,云南抓住"世博会"良机推出"万绿之宗,彩云之南"的形象定位。夜晚是城市之美和城市特色展现的另一时机,将世界著名建筑景观微缩一园的深圳"世界之窗"若没有夜晚的广场演出则很难传播"世界与您共欢乐"的形象,有湖、河、海等水滨线的城市更应加强夜晚的形象传播。

会展旅游目的地形象策划需要长期投入与持续运作,长远规划也是成功的一个原因。新加坡展览与会展局每三年制订一个推广主题,1998—2000年度的主题为"全球相聚新加坡",其主要内容包括:一是政府按照21世纪的需要加强会展的设施建设和服务;二是促使世界各地会展主办者来选择新加坡。同时还制订了一个"2000年计划",鼓励与会者带太太同来,并为太太们安排了丰富的旅游活动。

会展专业部门应组织力量研究国内外举办过的各种会展的要求和特点,适时推出各种会展旅游项目,加强对会展旅游的调研和推销工作,以与城市结为友好城市为突破口,重点培育核心会展旅游市场。政府部门应致力于城市整体形象的宣传与推广,城市行政领导应充分重视并身体力行,宣传、促销城市会展旅游产品,去赢得一些有影响力的会展举办权。被誉为"会展旅游王国"的法国,如果举行招徕会展的促销性会议,那么促销主管也许就是市长。为了赢得会展主办权,市长会一直参与会展旅游促销活动。

【案例8】

宁波市力推会奖旅游 打造国际会展旅游目的地

由宁波市文化广电旅游局、中国会议产业大会(CMIC)主办的宁波市会奖旅游推广联盟北京站路演活动于 12 月 4 日在京举办。据介绍,本次活动旨在通过路演推介、商务对洽为宁波会奖业者与北京会奖买家搭建了高质量有实效的交流平台,并通过北京辐射全国,向外界传播宁波在会奖旅游发展方面的举措,和宁波优质的会奖旅游资源及接待能力。

据了解,为增加宁波作为会奖目的地的影响力,2019 年宁波市文化广电旅游局正式发布了全新的宁波旅游品牌,诚邀天下客。其中"海丝古港·微笑宁波"的宁波旅游新形象深入人心,体现出宁波作为海上丝绸之路东方始发港和"一带一路"重要节点城市的历史感、厚重感。在文化和旅游结合的大趋势下,宁波旅游资源充分结合文化资源特点,扩大和外延了城市的内涵与品质,这种结合也为推动宁波的会奖旅游发展带来新动力。在宁波旅游形象推广中心、宁波市会奖旅游推广联盟的共同推动下,宁波频频发力,通过多种多样的措施不断提升本地会奖旅游资源的建设与投入,不断拓宽国际视野,强化交流,积极开拓国际会奖市场。

此次路演,宁波市文化广电旅游局联合宁波市会奖旅游推广联盟组织了宁波 13 家国际会议酒店代表参与推广、推介。宁波市文化广电旅游局副局长邱金岳、中国会议产业大会组委会秘书长王青道出席活动并致辞。宁波旅游形象推广中心代表、宁波市会奖旅游推广联盟企业代表、北京市会奖旅游公司、公关公司、企业买家代表及北京行业媒体代表共计 80 人参加了本次活动。

(资料来源:中国经济网)

思 考:

1. 宁波旅游新形象是什么?

2. 宁波通过哪些措施提升本地会奖旅游资源的建设?

1.4.2 会展旅游功能策划

与会展旅游目的地的宏观层次对应,这里主要站在单个会展的微观层次上探讨其旅游功能策划。在会展策划中应遵循的原则有市场导向原则、主题性原则、特色性原则、文化性原则、参与性原则、经济可行性原则等。

1)"联欢"——会展旅游功能策划的本质目标

从空间移动上来说,会展不同于旅游之处在于它不仅仅是空间的移动,而且是一种特殊的移动形式——聚集;会展本质上也是具有享受(愉悦)导向的,相对于旅游追求个人的愉悦,作为一项集体性活动的会展则是一群人的愉悦,即强化了"联欢"的意味。其中,会展的沟通本质是联欢的根本出发点和落脚点。

从社会文化的角度看,会展活动实质上是不同文化背景人群之间的跨文化交流。会展活动让来自不同民族、不同地域、不同社会背景的人们在同一时间内在同一地点最直接地进行交流,其文化交流的广度与深度都很高。因此,在会展旅游策划时要坚持文化交流的战略。在空间上,要考虑不同地区不同国家间文化的交流;从时间上看,要注意不同时期文化的立体再现。通过文化交流达到"联欢"的本质目标。

会展的集中性派生出它的事件性,能够吸引众多新闻媒体,能够产生眼球效应,这是联欢形成的焦点效应。达成"联欢"目标的途径有很多。例如,可以通过广告传播、开幕式、会展布置、气氛营造等来造势联欢,可以借助外部资源如旅游资源和内部资源(如名人名事)等借势联欢,还可以通过确立鲜明主题、充分挖掘主题文化等来融势联欢。

2) 挖掘主题文化——会展旅游功能策划的基本战略

(1) 主题策划

会展应有鲜明的主题,没有主题的会展,是不能够吸引观众的,会展市场也就无法获得拓展。"主题"原指文学、艺术作品中所表现的中心思想,它是作品思想内容的核心。会展主题是会展的精髓,是会展的指导思想、宗旨、目的要求等最凝练的概括与表述,是贯穿于整个会展过程所反映的经济、政治、文化等社会生活内容的中心思想。它是会展的主办者传达给参展者和公众的一个明确的信息,也是社会了解展会的首要方面。

会展主题策划是策划会展主题,并围绕主题策划会展活动的过程。它是一个对于会展的整体的策划过程,贯穿整个会展策划中,统率着整个会展策划的创意、构成、方案、形象等各个要素,并把各种因素紧密地结合起来。会展主题策划通过会展主题信息的传递,刺激并约束参与者的行为,使他们能够依循策划者的信息去完成。

只有确立一个合适的主题,才能为在策划中提升会展的旅游性提供一个明确并丰富的空间。有时,一个鲜明新颖的主题本身就已经大大强化了该主题下会展的旅游性。

无论会展主题具有什么样的特色,会展主题策划都应避免3种倾向:第一,同一化。会展主题与别的主题类似,使公众混淆不清。第二,扩散化。主题太多,多主题意味着没有主题。第三,共有化。策划主题没有鲜明个性,同一主题有时为一个策划服务,有时为另一个策划服务。因此,一个策划必须有明确的主题,策划如果偏离了主题,就成了一些无目的的拼凑。

会展策划的整个过程都是从一个主题出发,并且所有的产品、场景和服务等都围绕这个主题,或者其至少应设有一个"主题道具"(例如,主题区或以主题为设计导向的一场活动等)。这些"主题"并非随意出现,而是会展策划人员依据会展内容、产业特色和顾客的需求所精心设计出来的。对于一些旅游性较强的会展,主题策划应首先从整体的角度出发,把目的地所涉及的经济、文化、科技及社会各方面都纳入主题活动营销策划的框架之中,与会展目的地层次的旅游性策划相结合。

(2) 文化战略

文化战略是旅游业的趋势所在,也是会展要提高自身旅游性的基本战略。只有采取文化战略,才能真正实现人们不同层次的享受(愉悦),才能强化会展活动的体验性,从而提高其旅游性。

本质上,任何文化都是一种价值取向,规定着人们所追求的目标,具有导向的功能。会展策划要达到最佳选择、最佳组合、最佳创意、最佳效益的高度结合,摆脱平庸、出类拔萃,那就必须要有文化战略来指导。

会展的策划者(企业)要通过文化建设,尽可能地调整、提高自己,以便适应公众的情绪,满足顾客不断变化着的需求,跟上社会整体(包括政治、法律等)的前进速度,保证自己的策划方案和社会之间不会出现裂痕,即使出现也会马上弥合。另外,对于策划、举办、经营会展的实体组织来说,即使各自的文化价值观不同,但一旦有了共同的文化战略目标,大家就会相互协调、尽力配合。因此,可以通过共同的文化战略目标把大家凝聚在一起。

文化的传承战略、系统化战略、整合战略及变异战略都可以用来指导会展的策划。文化的传承战略是集中继承和发扬本民族或本地域特色传统文化的战略,它以本民族或本地域的文化特质为优势,民族特色和传统地域文化特色及传统的历史文化特色是其优点,其战略内容必须充分挖掘历史文化的内涵与特点。文化的系统化战略是一种将多种文化系统化的战略,它以文化的多元性为优势。当有多种和多类文化存在,需要加以重新归类、组合,并整治、提升,以崭新的面貌出现。这就需要采取文化的整合战略,但不是简单的归类与组合,必须运用新的理念、新的方式、新的模式加以合并创新。当产品雷同,不能相互合作协调时,就需要整合;或是虽不雷同,但资源少、力量薄、规模小、分布散,形不成"拳头产品",产生不了规模效应时,往往也可以运用文化的整合战略来加以重新组合,并将其提升。文化的变异战略。可以说是文化移入后对原有文化的变革,是跨文化传播后引起的文化变异与融合,是一种文化的变革战略。当一种文化特质无法顺利发展时,必须采取跨文化传播的方式来推动发展。

(3)主题文化开发

只有将主题概念进一步提炼、升华成为形象化、情节化,甚至戏剧化的内容,才能对参会者产生足够的吸引力和感染力,从而提高会展的旅游性。会展主题文化开发的表现是多种多样的,而创新求异是最根本的。只有用新的视角、新的创意、新的表现来设计,才能做到出奇制胜、赏心悦目。在实际设计策划的过程中一般采取选择、突破、重构3种方法。

第一,选择。选择是对事物本质和非本质的鉴别,即对事物特点、亮点的发现,对其中不必要部分的舍弃。例如,展览门票的设计、印刷和制作方式有许多:简单的单色(彩色)纸单色(套色)印刷,铜版纸彩色印刷,美术摄影作品进入门票、烫金、烫银、过塑、激光图案;各种几何形状、联票、套票、凹凸纹图案;书签形式、邮票形式、金卡形式门票;条形码、磁卡、电子卡门票等。如何进行创新选择,就要求展览门票的设计者能够画龙点睛地在不同的门票上体现展览会的不同风格与特色;在展览会门票的内容设计方面,除了必须包含的五大要素(展览会名称、举办时间、地点、主办单位及价值)之外,还必须考虑是否公布组委会的联系方式(如电话、传真、电子信箱、网址等),是否设计观众信息栏,如何印展览会标志;若是国际展不仅要求中英文对照,而且设计人员还必须考虑个别国家和地区、宗教和种族对某些色彩与图案的禁忌。至于门票的背面,是用来刊登广告,还是作展会介绍、参观须知、展览预告、导览图等,都需要进行选择。一张小小的门票,可以反映会展主题文化的内涵,是设计水平艺术性的体现,也是信息化、现代化、国际化的体现,有着深刻的文化内涵。

第二,突破。突破是创造性思维的根本手段。会展策划是否新颖独到,最根本的就看是否对常规有所突破。突破主要包括两个方面:一是传统思维方式的突破;二是表现方法的突破。例如,北京润得展览有限公司为增强企业文化内涵、打造企业品牌,提出了中国会展文化四字真经"文行忠信"的理念。其核心是:视客户为亲朋,不计一时得失,但求宏图共展,创意策划前卫,运作快捷现代,质量一流。创新性的会展策划理念给该公司的发展带来了勃勃生机。

在会展策划中,表现方法的突破常常能带来意想不到的效果。例如,第三届上海"工博会"采用网上开幕式,上海市委原书记黄菊按下电钮,屏幕上的彩球自然落下。在工博会展览期间,30万人次点击工博会网站,"在线工博会"使"工博会"永不落幕。

第三,重构。重新构建是会展策划中的一种基本方式,它通过不断构建或寻找设计环境以及设计元素之间的关系,然后将这些关系重新组合、重新设计,从而创造出新的构思,新的意向。现代会展策划在发展趋势上不断趋于专业化、国际化和科技化,不少展会已成为主要的国际盛事,一些会展的主办者不惜重金创新设计来扩大影响。例如,瑞士日内瓦的国际电信展示会(TELECOM),主办方为吸引买家的注意,耗资9亿美元力邀国际顶尖设计师领衔精心布展。公司产品利用高科技手段进行展示。展览会现场多为复式结构,备有用于面谈的高级会议间和休息厅,与会者可通过电梯与扶梯自由进出,大手笔的策划使得该展会的设计成为经典之作。

近年来,为创展会品牌,会展的策划者纷纷采取整合营销策略对会展设计进行立体策划,大到设计理念的制订,小到安排展台清洁工及展位维护的细节处理,都作为一个整体来考虑。

3) 增强体验性——会展旅游功能策划的关键

体验是当一个人情绪、体力、智力、精神到达某一特定状态在他的意识中产生美好的感觉,这一特定状态是可以设置引导的。增强会展的体验性,使会展也成为参展者可以享受的一种生活方式,从而提高会展的旅游性,这是会展旅游功能策划的关键。

精心策划的展览能为参展者带来一种"体验",也就是给参观者一种心灵的震撼,带给参观者快乐,体验到一种前来参观之前不曾体验到的东西。"体验"是有价值的,人们花钱旅游、看文艺演出、参观博物馆等,都是在寻求一种"体验"。体验价值的开发是目前商业性展览所缺少的,然而这正是从普通的会展到品牌会展,从基础价值到附加价值转化的一个关键。能给参观者带来体验的会展必定有鲜明的主题、独特的风格,必定能够激发参观者从感官到感情再到思考,最终形成行动。

如果能使展会更具特色,使参观展览会的经历更有趣、更激动人心,就能够给参观者带来强烈的体验,就会在参观者心灵上形成一种"极化""磁化"作用,这种作用足够强烈,就可能固化为一种"观念"。而一个会展能够倡导、传播一种观念,就有了自己的"灵魂",就能够左右消费行为,在消费市场上可能引爆流行,在生产资料市场上可能引起生产方式的革命。这是因为消费观念是巨大的消费动力。

在现代会展中,当一个展览办到极致的时候,观众参加展会如同步入高雅的殿堂。这里没有吵嚷的人群,没有专盯展台礼品的闲散人员,有的是精致的展台设计,有的是展商与观众和谐而有序的交流,地域和民族性的文化传统表现得淋漓尽致。我们来看法国巴黎国际运输与物流展的文化氛围。

法国巴黎国际运输与物流展最大的特点是美观、秩序、和谐。美观主要是指展台的布置与设计。几乎没有重复的特装展台,争奇斗艳,即使是标准展位也绝不敷衍了事,声光电灿烂效果自不必说,就是常青树、绿藤蔓、公司椅也可进入展位,与展示内容浑然一体。秩序指的是有人气却无人声嘈杂,数万平方米展会,一张有颜色区分的指示牌,令观众自有目标,来去便捷。有效观众全部经过筛选,分送参观票;不请自来的观众,则应花钱购票入场。因此,到处可见的是清静中的繁忙。和谐是指参展者的亲和力。没有满堂灌式的信息压迫,而是寓"教"于乐。展位个个是社交聚会的场所,案上摆的是可供参观者自由选用的美酒和咖啡,还有各色点心,最普通的,也要有糖果和饮用水,加上吧台与圆椅,让参观者体会到身处酒吧的感觉。在宾主举杯对饮之中,拉近了人们之间的距离。

展会发展到一定阶段,虽说本质上还是推广产品与服务,但是,由于会展策划者的精心立体策划,使得会展提升了境界,宾主之间在全新的体验中不知不觉实现了各自的理想目标,这是会展策划的文化维度。在会展策划中渗透文化因素是增强体验性的必然要求。

此外,我们还可以像旅游体验中教育旅游者一样培训参展者和观众。通常参展者在展会上表现得并不是很好,因为在展览会上的销售不同于面对面的销售,他们不知道如何充分利用这一媒介,从而给买卖双方间的沟通造成了一定程度的困难。适时地推出参展者培训研讨会计划,不仅能增强参展者感受到的体验性,还能提高他们对展会的信心。培训观众,则可以使他们在参观展览前做好计划,更好地在会展活动中实现自己的目标,同时也增加了他们的体验。

【案例9】

智慧展览　让展览更有温度

2019中国会展经济国际合作论坛(CEFCO),昆仑股份首席执行官冯向军重新定义了智慧展览,同时提到2019年一定会是智慧展览的元年,获得广大与会同仁的认同。转瞬2019已过去三分之一,作为智慧展览的倡导者与践行者,昆仑股份又有哪些新的思考与实践呢?

冯向军认为,实体展览是一个有温度、有情怀、有感受的过程,智慧展览不是对实体展览的取代或者颠覆,它是充分运用人工智能、物联网、移动互联网、云计算等新一代技术,打造一个以人为本的线上线下融通的社交、营销平台,用技术的力量提升观众、展商、主办方的观展、参展、办展体验,让人与人之间的交流、交易、交友突破时空的限制,让展览这一社交与营销场景变得更加有温度。

服务展览行业近20年,昆仑股份所有的技术应用与产品研发都是围绕观众、展商、主办三大主体展开的。如何运用科技创新推动展览升级,促进智慧展览的发展,也是其一直以来努力的目标。

观众:高效逛展,提升观展体验

展会场景的核心是与对的人进行有效交流。对观众而言,参展最大的成本是时间,最大的顾虑是没有收获,高效率的逛展就是提升观展体验,增加观展收益。如何在有限的时间和体能内访问到最多的参展商?昆仑股份新一代的智慧展览互动平台——i展通,集产品展示、互动交流、信息发布、标签检索等功能于一身,观众可通过其在展前全面了解展商、展品,对感兴趣的展商和展品马上互动沟通,并可将意向商家加入电子日程,线下精准对接,减少不必要的奔波。展中通过App智能导航,快速找到电子日程中的目标展商,有效节约观展时间。

i 展通 App 同时设有 VR-e 线上看展模块,对于不能到现场的观众,可通过 VR-e 沉浸体验模式声临其境地观展。到过现场的观众也可在展后查漏补缺,继续模拟逛展,进一步提升观展效率。

展商:精准营销 提升参展效果

对展商而言,展会是其第二大营销渠道,智慧展览通过大数据挖掘商机,让对的人看到对的信息帮助展商提升参展营销效果。作为智慧展览的核心产品,昆仑股份 i 展通可根据观众浏览轨迹,自动向展商推送潜在客户,展商可在线与其互动互邀,也可直接交换名片。同时,i 展通也可智能识别观众兴趣点,确保广告精准到达,最大限度地帮助展商拓客及品牌曝光。

此外,i 展通也可以生成一系列的营销工具,如自动生成展位邀请函、发送红包等,帮助展商在有限的营销预算内,获得更多的宣传机会。同时每一个展商的 VR-e 展台都是一个独立个体,展商可以通过官网、微信等裂变传播,进一步延伸参展影响力。

主办:营销平台,增加办展收益

在多年服务主办的过程中,昆仑股份一直在向主办学习,也一直在思考如何帮助主办进行服务创新,打造强势的展会品牌,同时帮助主办发掘新的利润增长点?昆仑股份于 2018 年开始探索与主办的创新合作模式,依托 i 展通 App 与主办共同打造垂直行业的社交、营销平台。2019 年 3 月的 intertextile 面辅料展及第 100 届糖酒会,昆仑股份全面推行智慧展览服务,给展商与观众带来了全新的体验,获得了主办的认可。未来,营销平台将通过提供在线服务,成为主办新的利润增长点。

企业级的服务不是单纯地提供冷冰冰的技术或设备,帮助客户切实解决其所服务对象的需求与痛点,才能真正实现共同发展。昆仑股份深谙此道,智慧展览正是在数字化浪潮下,围绕主办、展商、观众三大主体个体需求的系统化解决方案,它让三者之间的连接更加紧密,让展览更有温度。

(资料来源:砍柴网)

思 考:

1. 智慧展览是什么?

2. 昆仑股份如何运用科技创新推动展览升级,增进体验性?

4) 以人为本——会展旅游功能策划的基石

温家宝总理明确指出:"坚持以人为本,这是科学发展观的本质和核心。"现代营销理论认为,成功的营销应该是一切以消费者为中心,起于消费者的需求,终于消费者的满足。在 4C 理论中,"消费者请注意"已经被"请注意消费者"取代。

在会展策划中,以人为本就是要为参展者提供周到满意甚至超出预期的服务,只有这样才能实现参展者在会展活动中的享受性,达到会展旅游功能中"联欢"的目标。

(1)服务能力

作为第三产业的一分子,优质的服务是会展业发展的前提和基础。首先是会展服务的综合能力。接待会展群体的核心是会议设施的建设,如各类会议室、展览厅、新闻信息中心、酒会场所等,并对原有的住宿、餐饮、娱乐等设施加以改进完善,以及提供合意得体的会场内外服务。与旅游业一样,会展业与其他行业跨国公司"全球生产,地方营销"相反,其制作模式更像"地方生产,全球营销"。因此,追求服务的地方特色是关键。同一地方竞争激烈的几家会议酒店的优劣有时仅存在于是否有独具特色的餐饮风格,因此整体服务能力的水平与局部细节的处理息息相关。

使客户便利地获得其产品和服务则是会展旅游功能策划的另一个重要环节。如果会展旅游企业提供的会展产品和服务,最终不能让会展旅游者便利地、轻松地享受到,那么,产品和服务设计得再好,也不可能很好地实现整合营销的终极目标。

为此,会展企业需要特别注重从这几个方面加强便利性:

①快速便捷的物流服务。会展旅游企业在会展旅游者参加展览、出席会议的有限时间内,要研究、组织、协调、解决他们可能遇到的任何物流方面的问题,为他们提供专业的、一流的物流服务,最大限度地为参展者和与会者免除后顾之忧。

②及时高效的会务展览服务。会展旅游企业应该联合众多的如海关、银行、保险、法律、公证、旅游等专业服务机构为与会者、参展者提供一站式、一条龙的会务展览服务,为他们搭建良好的洽谈平台,积极帮助、促成会展旅游者商业活动获得成功。

③细致周到的生活服务。会展旅游企业通过设立电子商务中心、直接服务台和电话服务台等,为会展旅游者提供推荐和预订酒店、组织和安排旅游考察线路等吃、住、行、游、购、娱各方面的多样化的服务,实现服务内容规范化、服务方式人性化、服务网络集群化,真正地让会展旅游者获得宾至如归的感觉。

会展主办者应强化现代营销理念,牢固树立客户至上的观念,加强展前、展中、展后的服务工作,以优质的服务赢得参展者的信任,为此应努力做到:

①会展前要加强对参展效果的调研,及时发布来展、出展信息,引导企业的参展活动,避免企业盲目参展、办展,为参展者及广告客户提供广告制作、说明书印制、展台搭建等服务工作。

②会展期间要帮助客户组织信息交流会、贸易洽谈会及行业技术研讨会等,为买家和卖家创造商机。

③会展后要进行现场调查,询问参展者对展会的看法、意见,并把展览会总结材料提供给参展者,征求他们的意见,了解他们下一届继续参展的信心及希望解决的问题。

(2)客户关系

好的客户关系是提供高质量服务的一个重要前提,其目前已经是大多数行业都高度关注的内容。而对于会展业更加特殊的一点是:会展举办成功与否的关键某种程度上取决于参展者的质量。疏通会展渠道,提高参展观众的数量和质量是增强会展竞争优势,推动会展市场发展的重要策略。会展主办者要想办法增加参展者的目标观众。展商参展主要是为了拓展销路和市场,如果观众少,质量不高,参展者没有取得参展效益,下次就不会再参展,长此下去,会展市场就会萎缩。而要增加目标观众,就必须制订渠道策略,建立高效畅通的会展渠道。

西方国家的展览公司都有固定的客户渠道,他们能将众多的制造商、贸易商和批发商集中在一起,形成展览大超市,天天搞展示促销,吸引众多的专业采购人员前来看样品,下订单。例如,成立于1925年的国际展览联盟,就是一个世界展览行业的龙头老大,成员遍布世界67个国家的140多个城市。因此会展主办者应努力做到:

①建立客户资料信息库,及时了解广大客户的实际需求,在这方面,香港贸发局的做法值得借鉴,香港贸发局建立了世界一流的厂商资料库,根据不同专业将厂商分类,举办会展时,向相关厂商发出邀请,给获邀厂商送条码磁卡,凭卡入场,这样就大大提高了参展者的质量。

②加强同专业中介机构的联系。专业技术和经济咨询机构是围绕会展主办者,并为其提供全方位服务的社会系统。它能帮助会展市场调研,联络参展机构,评估参展产品、项目的质量、水平和技术含量,为组展作整体形象设计,策划多种形式的会展活动,开展广告宣传,代办客货运输及出入境手续,组织参展产品的交易和拍卖,以及提供有关经贸、会计、法律的咨询服务。

在宣传的时候要把主要精力集中于那些最有希望参展的观众,要把重点放在曾参加过类似展览的观众上,而不是那些从未参加过展览的观众上,还可以通过网上的注册争取到更多的客户。在最后策划阶段时要把重点放在周边地区。调查表明,"9·11事件"之后更多的观众更乐意参加近距离的展览会(驱车只需花费1~3小时)。这时候要想方设法来吸引更多的新成员加入,而不要只是将范围局限于那些专业的观众。

(3)服务人才

会展市场的竞争,归根到底是人才的竞争。会展市场的发展需要大批高素质的专业人才。只有一流的人才才能创造一流的事业。对会展组织者来说,既要掌握熟练的外语,又要掌握如公关、广告、策划、礼仪、谈判等方面的知识和技能。另外,随着互联网时代的到来,网上展览成为会展业的新亮点,人们可以借助互联网展示产品,交流信息,洽谈贸易,开展电子商务。作为一种虚拟展览,网上展览在发达国家方兴未艾,我国也必须紧跟世界会展业发展的潮流,大力开展网上展览,而这一切都需要高素质的专业人才。因此,造就大批高素质的专业会展人才是摆在我们面前的一项紧迫任务。

然而,目前我国在这方面的人才十分缺乏,会展市场的从业人员大都来自各行各业,没有经过专门训练,缺乏系统的会展知识和相应的技能,从而严重制约着我国会展市场组织水平和服务质量的提高。因此,培养与造就大批高素质的专业会展人才是推动会展市场发展的重要策略。

从近期看,可考虑以下对策:

①组织专门培训,提高会展组织人员的外语水平和经营管理技能。

②通过走出去、请进来等多种途径提高会展人员的业务水平。如可以邀请国内外著名的专家教授介绍会展组织、设计、建造及运输等方面的知识,提高会展人员的组织及管理水平等。

从长远看,应做到以下方面:

①尽快成立全国会展业管理协会,制订培训计划,编写教材,加强对会展行业人才培养的统一领导与管理。

②在高等院校开设有关展会的专业课程,培养社会急需的会展专业人才。

③推行持证上岗制度,完善考评机制,加强考核和监督,努力提高广大会展人员的专业水平。

作为会展服务的提供者本身要树立真心真意为参展者和观众服务的思想,满足他们对会展活动的合理要求。从会展场地的工作人员、会展的主办承办单位的工作人员到相关行业的服务人员,必须明确为参与者服务是会展活动的宗旨。会展活动不应仅体现在当时的轰动效应,更应考虑到长远效应,考虑到参加者对会展活动的追想,对各种服务的回味和展会品牌的树立。

5)打造品牌——会展旅游功能策划的提升

【案例10】

厦门着力打造文化旅游会展名城 深化两岸产业融合发展

在11月13日举行的厦门市文化旅游会展产业发展大会上,厦门市委书记胡昌升提出把厦门打造成新时代文化旅游会展名城,并诚邀海内外文化旅游会展产业界精英来厦投资。大会现场发布了厦门市文化产业、旅游产业、会展产业高质量发展三年行动计划,其中包括了两岸文化产业合作推进行动、丰富海峡旅游、推动两岸会展交流合作等深化两岸产业融合发展的政策和举措。

亚太文化创意产业协会理事长、台商陈立恒接受采访时特别提及,由他担任副召集人的科技文化联盟刚刚在台湾成立,涵盖了台湾众多科技公司、文化产业的翘楚,对于产业融合发展的必要性他深有感触。他更期待,能借助厦门力推文化旅游会展产业融合发展的东风,与厦门携手合作,走上国际舞台。

统计数据显示,2018年厦门市文化产业营收首次突破千亿大关。厦门市文化产业正构建以影视产业为引领、网络视听产业为核心、文化旅游为载体的大文化发展格局。《厦门市文化产业高质量发展三年行动计划(2020—2022年)》把“两岸文化产业合作推进行动”纳入其中,着重提出两岸高端艺术品产业、创意设计产业、数字内容与新媒体产业以及演艺娱乐业的产业合作对接工程。

自2016年厦门与金门携手举办厦金两门旅游节,打开了对台双向旅游的黄金通道,到2019年澎湖的加入,打造“一程多站”的最夯线路,“来厦门·游金门·玩澎湖”已经成为海峡旅游的响亮品牌。厦门(集美)闽台研学基地也于2019年10月正式授牌成为“海峡两岸交流基地”。《厦门市旅游业高质量发展三年行动计划(2020—2022年)》更提出丰富海峡旅游的任务,将发挥对台区位优势,争取更多便利两岸人员往来政策落地,提高通关便捷度。

而厦门的会展业正迈向国际化、品牌化、专业化、市场化,以商贸、金融、高新技术和文化创意等为支撑的“大会展”产业生态圈初具规模。“加强两岸会展交流,推动产业融合发展”也被提上了《厦门市会展业高质量发展三年行动计划(2020—2022年)》的议事日程。

“这是宏大而细腻的规划。”陈立恒理事长表示非常乐意参与其中,“与厦门好好搭配”。他强调,陆续出台的“31条”“26条”等一系列惠台措施为台商台胞提供了充分的便利与支持,他们也感受到其中对台湾民众的关心关爱。

“在厦门,能够让台湾企业永续发展的良好生态系统已见雏形。”陈立恒理事长告诉记者,厦门将逐步建成文创产业园区、大数据园区、电影产业园区等,如果让这一产业生态链更加多元化,将产生更大的综合效果。他希望,未来台企能发挥专长,参与厦门多元产业的落地,让科技、文化、艺术更好地走进老百姓的生活。

据悉,在13日举行的厦门市文化旅游会展产业发展大会上,涵盖文化旅游会展产业的32个优质项目进行现场签约,协议总投资93.4亿元。

（资料来源:海峡广角）

思　考:

1. 厦门海峡旅游的响亮品牌是什么?

2. 厦门如何打造文化旅游会展名城?

品牌打造与会展旅游功能策划可以形成一种互为因果、良性循环的关系。会展旅游功能策划做得好才更有可能打造出美誉度高的品牌,而成功的会展品牌又因其越来越丰富的文化性可以促进会展更好地进行旅游功能策划。

(1)会展品牌的意义

会展经济从某种程度上说是一种"规模经济",也是一种"品牌经济"。就会展城市而言,要根据城市的资源禀赋条件,选择能发挥城市资源优势的重点,加速培育一批有品牌效应的展会和一批有专业水准和竞争实力的会展公司;就展览项目而言,会展企业应集中优势资源,努力提高展会组织、策划、服务的水准和经营管理水平,不断进行展会活动的创新,争创名优品牌。一个品牌展会必须符合以下基本要求:一是权威展览协会的强有力支持和行业代表企业的积极参与;二是代表行业的发展方向;三是具有现代化的展览设施和技术;四是一流的专业化服务。

会展的最高境界是成为一个消费者群体的"精神领袖",这是从传播观念发展而来的。一个达到精神领袖境界的展览就是按照已经设定的一套清晰的价值观念,成为某种生活方式的鉴定者和护卫者,通过会展及其多种相关活动,带来人们对所倡导的概念的理解,从而为广大参展者"制造"一个通用型的价值观念或者价值信仰平台,带来巨大的商业效果。名牌展览会如德国的汉诺威工业博览会和法兰克福(春、秋两届)国际博览会,有自己突出的专业特色,代表商品发展趋势,起到一定导向作用。同时,展会本身就代表一种价值和品牌,具有经济效益、社会性能和文化取向。

在欧洲等发达国家,大多数的行业都有一个或两个占主导地位的会展品牌,如德国的科隆五金工具展览会,涵盖了整个欧洲五金工具生产制造和销售行业;纽伦堡的国际玩具展则是世界玩具最大的盛会;在汉诺威等地区举办的欧洲机床展不仅代表了整个欧洲的机床加工工业,也代表了世界机械行业的发展。会展的举办不在于多,而在于精,要形成高质量的核心展会,由此而扩大规模,低层次的重复举办必然造成行业内的无序竞争和资源浪费,也使国际参展者无从着手选择适合他们参展的项目。

(2)会展品牌打造

良好的品牌形象的形成,主要来自策划者的品牌设计和品牌设计完成以后与会展参与主体的沟通。这就要在充分挖掘主题文化的基础上,从品牌定位、品牌个性、品牌包装、品牌定价等方面进行。在品牌设计完成以后选择市场的切入点，进行宣传、营销，依据参展主体各个阶段的不同需求，让不同的传播手段在各个阶段发挥出统一集中的最佳作用。

规模化是品牌会展的一个明显特点。德国为什么成为世界上的会展大国，其主要原因就是世界上绝大多数大规模的展会都在德国举办，并且德国举办的展会规模一般都达到几万平方米以上，而扩大会展的规模对降低成本、吸引更多展商和观众有着积极作用。专业化、国际化是品牌会展的另一发展方向。随着市场经济的发展，市场的分工会越来越细，从而也要求企业生产更加具有特点与功能的产品来满足细分市场的要求，而且生产技术也将不断更新换代。因此，会展也将变得越来越专业化来适应市场的变化。

开发会展业的相关产业，形成会展产业群，不仅仅是获取依附会展价值的附加价值，同时也是为打造会展品牌造势的最佳方式。会展产业群的形成，有利于使品牌会展形成众星拱月的局面，全面提高会展自身的价值，从而把会展办成影响消费观念、制造流行趋势、形成热点市场的强有力的市场营销工具。譬如法国每年按季举行国际时装展，就通过多种活动，向全球消费者推销时装的最新美学观念，制造和引导市场接受流行趋势。

（3）会展品牌设计

会展品牌符号化设计。会展产品越来越多，同质会展产品、类似会展产品越来越多，突出优点，甚至突出特点越来越难；信息传播手段、途径越来越多，参展主体面临的问题不是信息不畅，而是信息过量，很难进行有效选择。

所谓符号化设计，实际上是对会展进行人为的主题设计，对参展主体进行有意识的引导；是以统一的文化基调、差别化的个性塑造、人工强化的符号，有意识地对会展进行简洁化处理。具体手段有：

①简洁化。在信息元素多方刺激感官的条件下，人们追求简洁，而且只能接受简洁。因此通过简洁可以引导信息的传播。

②统一基调。会展统一的文化基调，是会展统一的风采和精神。统一可导致对游客的多次刺激，形成印象。

③树立差别。引入（企业识别系统）的策划方法，强化、塑造差别，并使之贯穿会展的经营管理和服务的全过程。

会展的视觉形象以会展徽标，宣传口号以及标准字、标准色和象征图形（甚至吉祥物）为基础，设计并渗透在会展的宣传手册、广告媒体、会场布置、相关服务商品、员工制服等方面，使参展主体形成良好的综合印象，并加以口头传播，以达到行销传播的目的。例如，德国汉诺威通信和信息技术博览会的 CeBIT 标记已名扬世界。

（4）会展品牌推广

会展品牌推广离不开全方位的公关手段和多角度的宣传策略。品牌目标确立，设计完毕之后，就要对品牌加以推广。品牌推广实际上是品牌策划后的具体行动过程，品牌推广指综合运用广告、公关、媒介、名人、营销人员等多种要素，结合目标市场进行综合推广传播，以树立品牌形象。品牌的推广是一个全面性的工作，应从品牌的各个相关因素上着手来进行推广。这方面可以多借鉴一些国外好的营销经验。如主动向新闻媒体发布信息、超前宣传、在进入城市的重要通道设置会展信息板和导向图、利用网络资源发布提供会展咨询和赠送纪念品、组合产品联合促销等手段。

选准目标市场,大力进行会展旅游的宣传促销。由于会展的综合性强、牵涉面广,单靠会展企业自身的实力难以在激烈的市场竞争中取胜,这特别需要政府方面的大力支持,有时需要地方行政首脑亲自出马。国内会展旅游发达的城市如大连也有类似的成功经验。积极加入各级目的地性的会展促销网络以获取会展信息,增强促销实效。例如,德国会展旅游机构在全世界的办事机构约达 390 个;中国香港主要办展机构香港贸发局在全世界 50 个城市设立了办事处。如此庞大的国际化营销网络,大力促进了德国和中国香港会展旅游业的发展。

"中国北京高新技术产业国际周"是中国第一个以高新技术为主题的综合性国际会展活动,它在品牌推广方面就有很多成功经验:国际周媒体宣传启动早,时间长,力度较大。据抽样调查显示,社会公众对国际周的认知率达到 73%,主要认知渠道是电视和报刊。国际周期间,共有来自境内外 300 多家电视台、电台、报刊、杂志等新闻媒体的 1 619 名中外记者到会注册采访报道。中央电视台作为支持单位,在"新闻联播""现在播报""晚间新闻""中国新闻"等多档新闻节目中对国际周进行了大力度、全方位的报道,编发各种活动新闻 100 多条。《人民日报》《经济日报》《中国日报》等中央主要报刊都在显要位置刊出国际周活动报道并编发了国际周专版。北京市各主要新闻媒体更是全面介入,通过电视、广播、报刊等进行持续、全面报道;近 50 家外省市报刊、30 家电视台参与了国际周报道;与传统媒体相呼应,网络媒体开始全面介入国际周宣传。全国四大新闻网站人民网、新华网、央视国际网和千龙网首次联手对国际周进行了文字、语音、图像、现场实况等多层面、立体式报道,并分别设立了国际周网页和专区,仅人民网就发出国际周活动消息 800 多条,同时以 5 种语言向海外发送;新浪、搜狐、焦点、网易、OK960 等著名商业网站分别在主页或科技频道设立了国际周专题,每日平均页面访问量达 50 万人次。媒体的广泛介入,为扩大国际周在海外的影响提供了强大的舆论支持。

1.4.3　会展延伸旅游策划

会展延伸旅游策划主要指活动策划,活动策划的基本原则是要切合会展的主题,要与会展的主题相得益彰。旨在提高会展旅游的活动策划应有助于吸引目标受众,营造独特的会展氛围,让参展者享受会展过程,最终提高会展效果。

1) 策划方法

策划需要从会展的客观实际出发,运用正确的方法,谋求低投入、高产出且可持续的策划方案。借鉴旅游开发策划的理论,会展策划中主要可以应用的方法有比较法、逆向思维法、调查研究法、移植法等。

比较法就是对类似旅游项目的优点缺点进行深入的分析,取长补短,从而使活动项目具有比较显著的优势。在做会展活动策划时,我们首先想到的是自己过去做过的类似策划是什么样,别人做过的类似策划又是什么样,然后就会考虑如何取其长而避其短,如何在此基础上创新。

逆向思维法则强调创新,突出自己策划方案的与众不同,以达到吸引游客的目的。

调查研究法是最基本的、能够深入实际的方法，通过现场的调查从而占有策划所需要的第一手资料，并且在头脑中形成一个开发策划的基础模型，之后需要对资料进行深入的研究，通过分析最后确定策划方案。

移植法在实际的开发策划中是最常用的，就是照搬已经成功的方案。

这些方法是旅游开发策划中的一些基本方法。但是，仅仅依靠这些定性或半定量的方法是不够的，我们需要把各个领域尤其是策划学、经济学等学科的一些好方法拿过来为会展策划的实际工作服务。

2）策划内容

会展旅游的活动策划，就是充分考虑人的需求和人的全面发展，在会展活动中运用3E［entertainment（娱乐）、exciting（兴奋）、enterprising（冒险）］原则，设计人们喜闻乐见的、更能产生互动的会展活动。会展的旅游性活动策划须与目的地的地缘文化、民风民俗有机结合，丰富人们的精神生活，符合现代会展"本土化＋全球化"的趋势。

互动性是活动策划的魅力所在。碧海全国钓具秋季展销会上，钓具厂商家成功的宣传、营销活动策划，促进了产品的销售，成功之处就在于前期进行了体验性较强的活动策划：活动现场人头攒动，气氛活跃，就连活动现场会议室外面的走廊上都站满了人，效果十分好。活动策划成功的关键就在于双向互动，即让客户置身其中，理解与参与。主办方设计了主持人风趣的脱口秀，专家、技术人员对产品性能介绍，现场试用，现场抽奖等活动，聚集人气。三元钓饵还特别邀请专家将"实验室"搬到了活动现场，专家讲解饵料的成分、性能，邀请台下钓鱼人士上台实际察看饵料在池中的雾化情况及鱼的吃饵情况。主办方把产品的信息串在这些生动的活动形式中间，通过口头的、互动的等多种形式，使大家的理解更为容易，也使企业信息的传达更为丰富和准确。

一项成功的会展策划方案应该具有创新性，它既出人意料又在情理之中，这样才能新奇诱人，吸引观众，获得赞赏。会展策划的创新性涉及形式的定位、空间的想象、材料的选择、构造的奇特、色彩的处理、方式的新颖等多个方面。

例如，在2003年上海国际车展中，上海通用汽车在发布别克中级车时，其发布的形式具有极大的创新意味，发布者设计了一出颇具特色的多媒体舞台剧，著名古希腊戏剧导演、中央戏剧学院罗锦麟教授倾注激情，将一出话剧以多媒体的手法表现，让观众与主人公共同追寻实现汽车梦的经历……创新的设计策划理念将现代商业与舞台艺术全新结合，在物质与精神的交融中传达出对生活平凡而深沉的热爱，获得了极好的展示效果。

对会展中由其事件性引发的眼球效应和由其集聚性吸引到的名人名士等，我们都应加以充分利用。展览中这些事物的存在本身就可以吸引更多的参加者，即使是旅游性较弱的会议洽谈（恰恰更是名人云集），也可以单独召开参加会议的名人见面会等来提高其旅游性。

在会展中举办公益活动除了可以增强会展的旅游性，还可以充分引起各界关注，提高会展的美誉度。因此，在会展中可以充分利用参展商的资金优势进行赞助等各种公益性活动的策划。

此外，会展的品牌化发展给会展带来了附加值——"认证价值"。我们知道，"第三方认证"是市场经济中的一种通行的、重要的运行机制,是生产者与消费者之间的"见证人"。"第三方认证"行业的兴起,说明其需求是旺盛的。办得好的展览也可以发挥这种"认证"作用。或者说,会展具有了"认证"功能。许多商家要在产品宣传中、产品包装上表示获得某某展览会金奖之类,正是这种"认证价值"的重要体现。在展会期间,组织各种比赛则可充分发挥会展的这种"认证价值"。

当然,还可以组织关于展位设计和搭装以及展台布置的比赛,关于展会参展展品的比赛以及其他关于展出内容的比赛,可以派生出许多相辅相成的公众活动。譬如,重庆的汽车摩托车精品展同时举办中国重庆摩托车越野锦标赛切合主题,又能吸引人气。再如,一个化妆品展览,可以派生出"星姐选举"之类的娱乐活动,形成一些娱乐品牌。这些活动同时也可以充分发挥会展业极强的关联性,开发会展相关产业群,提高会展的附加值。

【知识拓展】

会展旅游策划的原则

一个优秀的会展旅游项目,不仅可以带动更多的相关消费,更重要的是可以增强会展活动的效果。会展与旅游的深层联系,决定了会展旅游项目策划与设计应兼具会展活动与旅游活动的主要内容,在结构上应主次明确且相互协调。一个成功的会展旅游项目策划,是会展与旅游充分结合,促使会展旅游者的满意度达到最佳的基础。

与传统旅游项目相比,会展旅游项目的策划表现出一定的特性。

首先,从时间管理上看,会展旅游项目具有区间性,起始时间相当明确,各项活动的安排都有具体的日程。

其次,从内容安排上来看,会展旅游项目具有专题性,围绕会议或展会的主题而展开,各种会展旅游项目都是为展会的主题服务的。

最后,从目标市场的划分来看,会展旅游者一般由两部分构成,即以实现一定经济目的而参展、参观的专业人士,以及出于兴趣、偏好等原因而参与其中的群体。通常来说,两类旅游者的活动内容不尽相同。

因此,会展旅游项目作为特殊的旅游项目,在策划和设计上都与传统的大众旅游产品有所不同,一般说来,应坚持以下原则。

(1)会展为主,旅游为辅

参展商前往目的地的根本目的在于"会展"而非"旅游",因此,在对会展旅游项目进行策划和设计时,必须秉承"会展为主"的原则。

(2)会展旅游项目须突出会展主题

一般来说,大型的会展活动每一届都会有一个特定的主题,会展旅游项目的策划和设计必须以会展的主题为核心展开。

(3)适应性强,留有较大的选择余地

与普通的旅游者不同,尽管会展旅游者也是前往异地进行旅行,但这种旅行活动并非基于闲暇时间,而是基于工作时间。因此,会展旅游者在时间的安排上没有太大的弹性空间,这就要求旅行社等服务企业所提供的服务必须具有更多的选择性,这样会展旅游者就可以根据自身的具体情况进行选择。

（4）进一步细化和区分目标市场

会展旅游者作为一个细分市场，还可以也必须再进一步进行细分。会展旅游策划，应明确区分为两个主要的群体，即以参加会展为根本目的的专业参展商和采购商，以及出于兴趣、好奇等原因而前往目的地的普通的旅游者。

（5）注重文化内涵的发掘

会展旅游既然是植根于会议、展会等事件的旅游项目，其参与者又是消费能力和文化素质"双高"的群体，因此，必须充分发掘"事件"本身深层次的文化内涵，并最终将文化物化于会展旅游的各项活动中。例如，青岛国际啤酒节的文化核心是"啤酒文化"，其各项活动的设计就与啤酒文化或者啤酒产业的发展密切相关。

与传统旅游服务相比，会展旅游服务的专业性、针对性较强，这就对服务人员提出了更高的要求。目前我国许多会展旅游活动共同存在的一个主要弊端就是服务人员的素质、能力和专业性相对局限，因此对会展旅游的策划、组织及服务人员进行综合的、有针对性的培训是十分必要的。

会展旅游项目的策划工作是会展旅游产品和服务的灵魂，也是目前许多企业在产品设计和开发中最薄弱的环节，应当引起相关主体充分的重视和必要的研究。

（资料来源：丁霞，刘真明.别让策划成为会展旅游的瓶颈[J].中国会展.2006-10-15.）

思　考：

1.会展旅游与传统旅游项目的异同有哪些？

2.会展旅游项目策划可遵循的原则有哪些？

模块 2
会议旅游

【教学目标】

能力目标	知识目标	素质目标
■具备会议旅游市场调研能力 ■具备会议旅游行业发展的分析能力 ■具备会议旅游发展的趋势判断能力 ■具备会议旅游策划与服务能力 ■具备会议旅游流程操作与管理能力	◆掌握会议旅游的概念、类型、特点、作用等系统知识 ◆了解会议旅游的发展现状,把握会议旅游的发展趋势 ◆掌握会议旅游的策划流程和内容 ◆掌握会议旅游项目管理知识	▲团队合作精神好、协调性高、管理能力强,具备较高的分析与策划能力 ▲具备主动学习的精神,积极参与课堂教学活动,按要求完成教学准备 ▲具备严谨、勤奋、求实创新的学习精神

【重点与难点】

本模块内容学习的重点在于掌握会议旅游的概念、类型、特点、作用等系统知识,掌握会议旅游的策划,包括营销策划,并掌握会议旅游项目的管理,了解会议旅游的发展现状,把握会议旅游的发展趋势。

项目1 会议旅游的现状

根据国际大会与会议协会(ICCA)数据统计,在会展领域的国际性协会共有1108家会员,分布于全球的99个国家,中国以58家会员数量位居第二。在2018全球最佳会议国家排名中,中国以449场国际会议的成绩排名第八位,在亚太国家排名第二位。2013年共有278场国际会议落户中国。ICCA亚太区负责人分析,中国经济是驱动型经济,其在经济增长速度、劳动力资源、外汇储备、可再生资源上都有绝对优势,中国未来的会议旅游产业一定能带来无限的机遇和可能。

2.1.1 会议旅游的概念、类型、特点和作用

1)会议旅游的概念

"会议"被认为是旅游产业中新兴的高端业态,近年来不断持续增长,成为地区经济的重要贡献力量和容纳劳动力就业的重要渠道。

(1)会议产业

会议产业是指围绕着会议策划、会议组织、会议管理、会议接待、会议服务、会议教育与研究、会议技术与设备、会议附加活动等活动而展开的一系列市场行为的总和。会议产业的发达程度与一个国家、一个地区社会经济的发达程度密切相关。

联合国世界旅游组织(UNWTO)在其发布的《会议产业经济重要性评价报告》(Measuring the Economic Importance of the Meetings Industry)中指出,会议产业主要包括会议、展览及奖励旅游三个方面。美国目前按照这个标准来统计会议产业相关数据。

由于各种因素,我国关于会议产业及会议、展览、奖励旅游等概念到目前为止尚未形成统一认识。会议产业与展览业的场所不同,产业链区别也越来越大,有逐渐分离的趋势,而会议与旅游有逐渐融合的趋势。

(2)会议旅游

目前,学者们对于会议旅游的概念众说纷纭,归纳起来主要有以下3类代表性观点。

第一类观点认为,会议旅游主要是指人们因"各类会议"而离开常住地前往会议举办地进行一系列活动,与旅游与否无直接关系。如高俊虎认为会议旅游不只是游,凡是离开与会者所在地的会议均可称为会议旅游。这类观点指出了会议旅游产生的直接原因是"会",而不是探亲访友、观光度假甚至宗教崇拜,但同时忽视了会议旅游中的旅游的衍生作用。尽管会议是诱发会议旅游活动发生的直接目的,但是假如一个人只是到异地开会,会议结束之后就马上离开会议目的地返回常住地。这位与会者在会议目的地也享用了其他非会议旅游者同样的旅游服务,比如酒店招待、航空交通等旅游服务,但这并不能算是一次非常完美的会议旅游,尽管其也为会议旅游经济作出了相应的贡献。我们知道旅游的作用其中一条就是满足人类需求,包括补偿性需求和发展性需求。现代社会工作节奏快、强度高,人们需要利用闲暇时间出去旅游,以达到休养生息、弥补消耗、恢复体力和脑力的目的,旅游是一种以消遣、审美为主的愉悦体验活动。会议旅游应同时发挥完成会议和享受旅游的双重作用。

第二类观点认为,会议旅游是依托会议、展览、节事等各项活动兴起的一类旅游活动,比如,李树梅认为会议旅游是依托研讨会、节庆活动、体育赛事等各类活动而兴起的一项旅游活动。尽管这类观点,将会议和旅游都纳入考虑的范围,但是这类观点将会议旅游概念过于泛化了,脱离了会议旅游的根本出发点——以会议为目的。

第三类观点认为,会议旅游是以组织、参加会议为主要目的,并提供参观游览服务的一种旅游活动。比如国内学者王保伦等人认为:会议旅游是人们由于会议的原因离开自己的常住地前往会议举办地的旅行和短暂逗留活动,以及由这一活动引起的各种现象和关系的总和。

吴忠军也认为会议旅游是指利用政府和民间团体组织所进行的各种会议而开展的一项特殊旅游活动,它主要是以提供完备的会议设施和优质的服务,凭借所在地名胜风光和知名度,召开各种会议,吸引各地的会议旅游者,让他们在舒适的环境中完成会议活动,游览旅游景点,同时以此招徕其他游客。它往往集商务旅游、观光旅游、科学旅游等旅游形式为一体。

现在越来越多的人认为会议是传达、学习重要精神的手段,旅游是放松心情、缓解压力的方式,会议旅游应该是一种带有工作性质的旅游活动,既可以更好地传达学习会议精神,又可以使与会人员放松心情,缓解压力,甚至增进同事间的了解和友谊。

综合分析以上多种观点,本书认为会议旅游是指人们为更好地开展会议而离开常住地进行的一系列活动,该活动既包括了与会议本身直接相关的会议体验(食、宿、交通等),又包括了由参加会议活动而延伸的其他旅游体验(观光、娱乐、购物等)。

2)会议旅游的类型

划分会议旅游类型的标准有多种,比如说按会议主办单位可划分为公司类会议旅游、协会类会议旅游、其他组织会议旅游如政府组织会议;按会议活动的特征可划分为商务型会议旅游、文化交流型会议旅游、专业学术型会议旅游、政治型会议旅游、培训型会议旅游;按会议的性质可分为论坛式会议旅游、研讨式会议旅游、报告式会议旅游;按会议的主题可分为医药类会议旅游、科学类会议旅游、工业类会议旅游、技术类会议旅游、教育类会议旅游、农业类会议旅游。除此之外,随着社会文化发展和科学技术的进步,还新生出了几种新型和新颖的会议类型,比如玻璃鱼缸式会议、辩论会、角色扮演和应现代科技的发展而广泛应用的网络会议等。

据统计,公司类会议旅游和协会类协会旅游占整个会议旅游市场的80%,因此,本文将按会议主办单位来划分。

(1)公司类会议旅游

为了企业的自身发展,应付日趋激烈的竞争,计划和协调企业的发展目标、策略及各项指标,全球各类公司每年都要举行成千上万次会议,与此相关的旅游活动就是公司类会议旅游。

(2)协会类会议旅游

协会类会议旅游是指协会机构组织为开展的各类形式的会议而组织的一项旅游活动。协会会议可分为国际性协会会议和国内协会会议。一年一度出版的《国际协会手册》每年就列出约25 000家各类国际协会,比如国际节能环保协会、国际航空运输协会、国际瑜伽协会等。国内协会有如中国证券协会、中国银行业协会、中国注册会计师协会等。这些协会每年都要举行大量会议,也由此引发了相关的协会类会议旅游。

公司类会议旅游与协会类会议旅游的比较如表2.1所示。

表2.1 公司类会议旅游与协会类会议旅游的比较

因素	公司类会议旅游	协会类会议旅游
与会人员	必须参加	自愿
决策(会议主办者)	集中	分散,通常是委员会
会议数量	很多,但每次会议与会人员很少	很少,但与会人员多
回头客(重游率)潜力	很大	有,但会址必须轮换
饭店客房预订	固定	必须紧紧跟踪预订
预订程序	经常提供客房单	一般使用邮寄答复卡和客房协调部门
配偶参加	很少	经常
附带展览活动	相对较少	经常有,大量需要接待室服务

续表

因素	公司类会议旅游	协会类会议旅游
选择会址	需找方便	需要选择有吸引力的地方刺激与会人员数量的增加
地理模式	没有固定模式	地区轮换
筹会(旅游筹备)时间	短,经常不到1年	很长,经常是2～5年
支付方式	(公司)主账户	个人支付
取消会议风险	很高,惩罚条款和预付款方式普遍	最小
到达/离开	很少提前到达或提前离开	很可能提前到达或延迟离开
对价格(会议主办者)	不太敏感	很敏感,一般是优秀的谈判者
会议和旅游局参与	很少与会议和旅游局联系	经常利用会议和旅游局,尤其是全城大会

(3)其他组织会议旅游

其他组织会议旅游是指以其他各类组织机构为开展各类形式的会议进行的一项特殊旅游活动。如世界卫生组织、世界贸易组织、世界旅游组织,每年都要组织、举办各种类型、规模和档次的国际性大会、论坛、研讨会等。

3)会议旅游的特点

作为旅游的一种,会议旅游的一般性特点与其极为相似。那么会议旅游除具有旅游一般性特点外,还具有哪些其他特点呢?

之前提到会议旅游是以"会议"来界定的,其概念的核心是"由会议的目的引发的旅游活动",这是会议旅游与其他旅游形式相区别之处。由会议这一根本原因引发的旅游活动,在目的上具有广泛性的特点。例如,参加会议、对会议活动进行采访和报道、陪伴和协助会议代表利用会议之机进行观光和娱乐活动、结交新朋友、暂时远离日常工作环境、满足对会议举办地的好奇心、赢得同事的尊重等。这些目的的产生都是基于会议旅游最根本的引发原因或吸引力因素。由此我们看到,尽管会议旅游者的主要旅游目的是参加会议,但并不意味着参加会议是会议旅游活动的唯一目的,因为在现实的会议活动中正是由于旅游的参与才使得其更加生动活泼,更加富有吸引力。因此,可以说,会议虽然是旅游的载体,但是会议一旦离开了旅游,必将黯然失色;同样,旅游离开了会议,也失去了一个发展机会。作为会议旅游这项活动来说,会议与旅游两者在发展中是相辅相成的。

(1)公司类会议旅游的特点

①数量庞大,范围广泛。

公司类会议旅游是会议旅游市场的主要组成部分,并且发展非常迅速。统计数据显示,从会议数量和与会人数上看,公司类会议旅游均占会议旅游的大部分。公司类会议旅游涉及范围也很宽,具体可分为国际、全国和地区性销售会议,新产品介绍和零售会议,专业/技术会议,管理会议,股东会议,培训会议,公共会议,奖励会议等形式。

②旅游时间选择呈现出周期性与灵活性相结合的特点。

调查表明,公司类会议旅游依会议类型不同而呈现出不同地点时间选择。部分旅游形式具有明显的周期性,如国际、全国和地区性销售会议,股东大会通常是每年举办一次,奖励会议也有一定周期。但是大部分的公司类会议旅游是根据需要而定,而非按固定的时间周期来举行。

③旅游前期筹备时间比较短。

由于公司会议一般就过去或未来较短一段时间内的公司事项进行总结和计划,因此,公司类会议旅游的前期准备时间一般都比较短,一般不超过 1 年,多数在 3~6 个月。不过年度销售会议一般在举行前 8 个月或 1 年开始计划;对于奖励会议,可能提前 8~12 个月考虑旅游目的地;而大型会议,对目的地的考虑可能会提前两年。

④旅游地点选择通常具有重复性。

公司类会议旅游对旅游地点(即会址)的选择主要从公司的实际需要出发,考虑设施条件、服务质量、交通费用及便利程度等,对会议旅游地点一般遵循的是就近选择原则,不需要考虑变更地理位置的问题。因此,公司类会议旅游大都具有在固定地点重复举行的特点。不过,会议旅游会影响旅游地点的选择,如当举行股东年会这样隆重的会议时,主办者也可能会每次选择不同的举办地。

⑤逗留时间较短。

绝大多数的公司会议旅游控制在 1~2 天,培训或奖励会议旅游的时间可长达 3~5 天。会期直接决定了会议旅游者在旅游目的地的逗留时间。短暂的异地逗留时间为旅游接待企业提出了较高的挑战,调查证实,无论是旅游从业者如导游人员或者是会议旅游者与其他类型的旅游从业者和旅游者相比,在会议旅游中的时间紧迫感要强烈很多,个人精力也相对损耗较大。

⑥会议主办者决策集中,多数会议旅游者缺乏自主性。

公司类会议旅游的主办单位往往由公司的高层管理人员或部门主管对会议的各项安排作出决定,因而会议决策权掌握在少数几个人的手中。而大多数公司类会议旅游者是会议主办者的雇员,因此无论他们在主观上情愿与否,都必须参加会议旅游活动,缺乏自主性。

(2)协会类会议旅游的特点

①旅游时间选择周期性明显。

与公司类会议旅游不同的是,协会类会议大多是例行会议,因此其旅游时间显示出固定的周期。常见的情况是每年 1 次的协会年会,也有 1 年召开两次大会或两年召开 1 次大会的情况;一些国际性或全国性协会除了举行以 1 年为周期的年度大会外,还附带补充规模小一些的 1~3 次的地区性大会以完善年度大会。另外,比如欧洲会议主办者考虑到让会议代表在会后进行一些观光游览和休闲娱乐活动,经常将会议安排在 8 月前后,这样的安排正好避开了欧洲 8 月份的假期冲突,从而既方便会议代表自由活动,也有利于协会组织活动。

②旅游筹备时间较长。

协会会议旅游总是事先计划好的,一般对年度大会来说有 2 ~ 5 年的筹备时间,其他较小的协会会议也要 8 ~ 12 个月。会议规模越大,前期准备时间越长。会议主办者需要大量的时间来考察和决定会议举办地。有时即使最终决策提前两年作出,也是足足花费 5 年的时间进行调研和讨论的结果。会议举办地应充分利用会议筹备时间来展示自己的旅游形象和推销会议旅游产品。

③旅游地点选择变换性强。

与公司类会议旅游不同,协会类会议旅游需要经常变换会议举办地以保持会议吸引力。实践证明,会议地点也是一个关键性因素。如果会议举办地有吸引力,不仅会有更多的与会者,还会带来与会者的配偶等其他会议旅游者。

④逗留时间相对较长。

由于协会类会议与公司类会议的主办者不同,出发点不同,从而使得协会类会议的会期 80% 在 3 天以上,一般为 3 ~ 5 天,从而延长了会议旅游者在旅游目的地的逗留时间。

⑤会议主办者决策分散,会议旅游者自主性强。

协会类会议主办者的会议决策过程较为复杂,一般分为两步,首先是从各种建议中进行初期筛选,而后才作出最终决断。

协会类会议主办者不是由少数个别人直接对会议事项作出最终决定,而是由来自各地方的多数人分步骤地进行,其会议决策权掌握在较多人的手中。此外,由于协会类主办单位与其会员之间不存在公司主办单位与其公司员工之间的上下属或者行政隶属关系,因此,不能对会员使用命令或强制的方法让会员参加会议旅游活动,因而协会类会议旅游者对于是否出游具有一定的自主选择权,具有较强的自主性。

(3)其他组织会议旅游

其他组织会议旅游是指不属于公司类或协会类的会议主办者开展的会议旅游活动。这类旅游主要包括政府会议旅游、工会和政治团体会议旅游、宗教团体会议旅游、慈善机构会议旅游等,在会议旅游市场中也占有相当重要的地位。这类会议有 3 个共同特征。

①旅游费用更具有公共性。

主要来自行政拨款、成员缴纳的会费以及公众的资助、捐助或者募捐。

②对旅游目的地的选择具有一定的规律性。

其他组织会议旅游对旅游目的地的选择一般都有一定的规律性。比如,政府会议一般与该会议的等级有关:省级会议一般选择在省会城市,地级市的会议会选择地级市召开;又如,宗教团体的会议旅游会选择在具有一定宗教氛围的城市,或者说对宗教来说具有特殊意义的目的地召开等。

③会议旅游项目一般与该组织行业性质有关。

会议旅游项目与该组织行业进行的相关活动有一定的关系。比如,宗教团体会议可能倾向于去参观宗教圣地,而政府会议旅游则倾向于与此次会议的主题相关联。

4)会议旅游的作用

2014 年 8 月 9 日,《国务院关于促进旅游业改革发展的若干意见》(国发〔2013〕31

号)正式发布,提出旅游业是现代服务业的重要组成部分,带动作用大。加快旅游业改革发展,是适应人民群众消费升级和产业结构调整的必然要求,对于扩就业、增收入,推动中西部发展和贫困地区脱贫致富,促进经济平稳增长和生态环境改善意义重大,对于提高人民生活质量、培育和践行社会主义核心价值观也具有重要作用。其中,要规范整合会展活动,发挥具有地方和民族特色的传统节庆品牌效应,组织开展群众参与性强的文化旅游活动。会议旅游的重要作用体现在以下方面:

①综合效应,促进产业升级。

会议旅游,尤其是国际性的会议旅游能够带动相关产业的发展,促进就业和消费。2018北京统计年鉴显示,2017年北京接待会议21.5万个,接待人数1723.8万人次,会议收入高达118.7亿元人民币。

会议旅游市场潜力巨大,未来经济规模不容小觑。会议发展依托于城市的硬件建设,要求举办地提供较为全面的配套设施,会议场所的选择要考虑到周边酒店的数量、分布、距离、规模和星级。会议市场的发展符合旅游业与文化产业融合的趋势,可以促进地区高端产业要素的聚集。这种特性体现在会议发起者集聚在优势产业;会议组织者集聚在旅游品牌企业;会议服务方集聚在星级酒店;会议参加者集聚在高端商务和科研人群;会议服务人员集聚在旅游业中的优秀员工。

会议经济所具有的强大经济辐射功能和产业带动作用,已成为国内外专业人士认定的不争事实。会议旅游在经济方面的乘数效应不仅能促进第三产业、高新技术产业的发展,还能大大促进当地产业结构的优化和调整,有助于熨平旅游经济的季节波动,提高旅游企业的经济效益。会议旅游还是具有高增长潜力的领域,其所代表的高附加值和高创新效益为市场所瞩目。

②城市宣传,提升品牌形象。

会议设施可以成为目的地新的吸引物。通过会议经济的发展,有利于增进国际、地区间的交流合作;有利于本地企业充分利用国内和国际两个市场和两种资源,在国际交换中获得比较利益;有利于提高我国国际经贸、科技、信息、文化交往能力,加快国际现代化大都市建设步伐;有利于凸显本地特色、培育城市精神、引导时尚潮流,提升城市的综合实力和城市知名度。

应该说,某种程度上,会议旅游产生的非经济效益往往高于经济效益。这种非经济效益最直接的表现就是提升城市印象。所谓的城市印象主要是指城市形象与城市吸引力,两者通常来自两个方面:一方面,是城市形象的塑造者(主要包括城市的管理者和城市居民)对旅游景观开发、旅游基础设施的完善配套和旅游管理以及旅游文化的建设;另一方面,是旅游者作为旅游形象的评价主体对形象的感知。会议,尤其国际会议是较大、较有特色、较有意义的城市广告,它能向与会人员展示城市风采,提升城市形象,提高城市在国内外的知名度和美誉度。如"99《财富》论坛"将世界众多商业巨子吸引到上海,不仅为上海带来了滚滚财源,而且上海通过这一契机,在全世界面前树立了一个国际化会议展览中心的新形象。这种成功的城市形象是金钱也难以买到的。

③信息分享,促进行业交流。

会议及会议旅游往往能够提供最新信息或者促进学术、科技、文化以及产业的交流。比如,商业产品交流会议,与会者不仅可以通过会议了解本行业发展现状,获取最新行业信息动态,同时也可以为本企业做产品宣传,与潜在客户实现面对面会谈,花费最少,时效最高。

【案例1】

打造国际会议目的地　2017年杭州会奖旅游业硕果累累

2017年在杭州市委、市政府的领导下,市旅委以推进旅游国际化为抓手,以营销国际会议目的地品牌、引进国内外高端会议为目标世界旅游联盟和国际标准化会议基地落户杭州,十大会议集聚区初步形成,学术会议跻身国内第四,符合国际大会与会议协会(IC-CA)的国际会议数量增长50%,会议目的地营销覆盖3亿多人次,市场主体表现活跃,杭州首个会议服务地方标准出台,斩获"最具魅力城市会奖目的地""最佳国内会奖旅游目的地""中国最具创新力国际会奖目的地"等殊荣。会奖旅游业逐步成为我市旅游休闲业转型升级跨越发展的突破口和城市国际化发展的助推器。

科学营销会奖品牌 城市影响力不断提升

2017年,杭州市旅委深化推广"峰会杭州"国际会议目的地品牌,组织重点会议企业50余家(次)参加国内外专业展会,促成杭州企业与国内外会议买家近1 200人次的洽谈,为企业新增买家超过500家。

邀请5批次150人次会议采购商来杭踩线考察,直接带来会议项目达数十个。举办中国(杭州)会议与奖励旅游产业交易会,122家京沪等地重点会奖买家参加,交易项目总数超过210个,直接会议消费额达2.2亿元,促成世界五百强企业精英研讨会、第五届国际灸法大会等会议落地。

会议集聚区逐步形成成为拥江发展助推器

初步形成了环西湖、钱江新城(江干区)、武林·黄龙、湖滨·市中心、西溪天堂、运河、萧山区、滨江区、千岛湖等10个板块的会议酒店集群。杭州国际博览中心等大型会展场馆大幅改善了接待大规模会展活动的环境,尤其是以萧山区和江干区为代表的会议集聚区异军突起,魅力四射。

萧山区依托大交通、大通道、大花园建设契机,出台会展发展规划和政策,提出打造"华东会客厅、国际会展地"口号,初步形成会展业发展引领之势。江干区成为G20峰会后新兴的会议集聚区,成立由杭州国际会议中心等众多高端会议设施和会议服务企业构成的"大金球"国际会展联盟。

发挥优势筑巢引凤成功吸引国际组织落户

凭借良好的国际化基础、丰富的国际会议办会经验和独特的资源禀赋,杭州越来越受到国际组织的青睐。首个总部落户杭州的国际旅游组织——世界旅游联盟(WTA)总部永久落户,"全球可持续发展标准化城市联盟"在杭州成立,"国际标准化会议基地"同步落户杭州。

国际组织的落户对杭州全面推进旅游国际化战略,打造会展之都、赛事之城,建设"独特韵味、别样精彩"的世界名城,具有重要意义。

学术会议跻身全国前列"以会促学"成效显著

在会奖领域,学术会议是一个重要的细分市场。杭州医药类、人工智能、大数据等学科的学术会议在数量上占优势。中国学术会议服务联盟编制的《2017中国学术会议市场报告》显示,杭州在学术会议市场的影响力快速提升,据不完全统计,全年举办大型学术会议46场次,位列"最受大型学术会议青睐的城市"全国第四,杭州国际博览中心跻身大型学术会议最偏好的十大会议中心第二。

为拓展学术会议市场,市旅委自2011年起创新实施"杭州会议大使"项目,先后聘任7批48位教育、医疗、文化、会展等领域的行业精英担任"杭州会议大使",成功引进40余个国际专业会议、近千个全国性会议,成为杭州会议旅游跨界融合的创新典范。

据预测,2018年国内学术会议增速接近10%,杭州将承接会议大使引进的2018年第四届国际文化遗产研究大会、2018年第十八届电磁领域计算会议等国际会议。

市场主体表现活跃稳中求新积极转型

受益于G20峰会效应,杭州展馆和会议酒店等硬件设施得到极大完善,会议行业服务水平也显著提升。2017年杭州国际博览中心共计接待会议1 800场,展览40场,展览面积超过130万平方米,战略性意向合作项目远至2022年。

在落地执行方面,杭州会奖企业做优终端资源,深化与电商大客户的合作;在大型学术会议市场方面,杭州会奖企业在优化服务提升品质的同时,自创培育一批医学类学术会议;在产业链方面,杭州会奖企业在涉及多个产业的同时,注重由服务向全案执行转型;在未来,杭州会奖企业更是依托五堡国际交流中心、白石会展中心等大型会展项目谋划更大的发展。

竞会引会持续发力国际会议青睐杭城

国际会议的数量一定程度上是城市国际化程度的反映。杭州作为最具经济活力城市之一,电子商务、生物医药、文化创意、先进制造业等产业繁荣发展,为各领域国际会议落地提供了动力支撑。

多年来,市旅委实施会奖旅游特惠年活动和杭州会议大使项目,为国际会议落地提供了政策和渠道支持。成立了国内首个国际会议竞标服务中心,开展专业化竞会服务,为国际会议引进提供保障机制。

多重利好之下,在杭举办的国际会议数量不断增长。截至目前,国际大会与会议协会(ICCA)数据库显示,2017年杭州举办非政府非商业类国际会议18个,比上一年度增长了50%,涵盖了包括第16届世界医药健康信息学大会、第22届国际锻造会议、第25届中东欧管理开发协会年会等生物、医药、管理等多个领域。

以标准化引领行业会议服务水平显著提升

为进一步提升杭州会议服务业向品牌化、国际化、标准化方向发展,市旅委协同杭州市会议与奖励旅游业协会共同制定了杭州市首个会议服务地方标准《会议服务机构管理和服务规范》。

标准以会议项目工作流程和实施保障为主线,着重对会议服务机构、会议服务要求、管理要求、服务质量持续改进等方面提出了95项规范化要求,响应了杭州城市国际化的建设要求,在服务要求条款上匹配实际工作流程,对新媒体新技术有更紧密的跟踪,在旅游服务方面作了创新性的规范,对会议服务机构具有积极的引领作用。

标准发布之后,实施全行业宣贯,并对符合标准的企业进行达标认证。经达标验收的10家企业成为首批"杭州市会议管理与服务达标机构"。会议服务标准的出台必将夯实行业发展基础,带动行业服务向优质、高效转变。

（资料来源:都市快报）

思 考：

1. 会议旅游的作用是什么？

2. 会议旅游如何为杭州经济助推引擎？

2.1.2 会议旅游的发展现状

1) 我国会议旅游市场发展现状及问题

(1) 中国会议市场发展迅速

近年来，我国会议产业正逐步得到发展，尤其从 2007 年以来，随着 APEC 会议、中非论坛、财富论坛、博鳌亚洲论坛、国际展览联盟（UFI）年会等高层次国际性会议陆续在我国举办，大大提升了我国会议产业的规模和水平。2008 年北京奥运会的成功举办和 2010 年上海世博会为我国会议产业发展起到了重要的作用。根据国际大会与会议协会（ICCA）数据，在我国召开的国际会议数量逐年提高，1995 年在举办国的世界排名中列第 15 位，接待国际会议 56 个，占全球国际会议的 1.9%；2018 年中国举办国际协会会议在全球排名第 8 位，为 449 个，占全球国际会议数量的 3.47%。

【案例 2】

行业报告分析：2018 中国会议行业调查

2018 年是中国会议业发展至今最为迅猛且极具特色的一年。回首这一年中国会议市场的发展情况，我们不难看出其发展潜力仍具较大开发价值：年会议量居高不下，会议质量不断提升，会议形象颇受好评，内在价值赢得广泛认可。中国的会议市场呈健康、可持续的发展态势。

虽然 2018 年的会议市场仍被公司会议占据大半，但与 2017 年相较，国际会议的举办数量明显增多，且未来发展趋势为业界所看好。2018 年是会议业极具创新意识的一年，会议技术由弱到强，既加强了与会者的参会体验感，也为会议产业注入了新的活力。

一线会议城市的发展依旧超前，但二三线会议城市的发展不容小觑。仅一年，海口、杭州等会议城市排名迅速攀升，城市形象备受赞许。不难从中得出，眼下办会者在选择会议目的地时，不仅参考目的地支持力度与当地产业基础两大准则，当地的旅游资源也成为了重要参考原则。

延续上一年的结果，参会者对会议流程及接待中的服务最为重视。会议酒店软硬件持续发展、行业服务意识逐渐加强，加之会议技术的不断涌现，在各个方面均较大程度地提升了参会者的体验感。

坚信在如此稳定且健康的大环境下，会议行业会愈战愈勇，向更高、更广的发展平台迈进。

2018 年中国会议行业的发展态势良好,整体形象提升

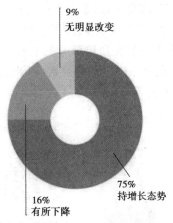

2018年中国会议市场的整体发展形势

本次会议行业调查主要面向三大类资深会议群体,其中,受邀参与调查的会议主办方、会议组织者占比25%,会议中心(酒店)占比38%,会议服务商为37%。特别需要提及的是,与往年相比,会议服务商中负责会议技术方向的群体占比明显提升,达到13%。

据调查结果显示,有75%的调查者认为2018年度中国会议市场的整体发展呈增长趋势,对其前景十分认可;也有16%的调查者认为2018年中国会议市场发展势头有所下降;余下9%的调查者则认为与2017年相比无明显改变。

通过调查,我们可以看出业界当前对于会议行业的现状还是较为满意的。虽然不乏有批评的声音,但找到不足才更能明确未来的改进方向。相信在业界和社会的广泛专注及监督下,会议行业会更为完善。

举办国际会议成为中国会议行业,发展领域的重中之重

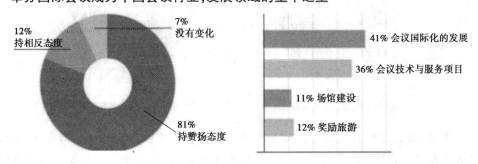

2018年社会对中国会议行业的整体评价　　　　2018年中国会议行业的主要发展领域

2018 年,中国会议行业在社会中的反响甚佳。81%的受访者对中国会议行业的整体评价持赞扬态度,认为会议行业的整体形象与会议价值的认可度均在不断提升;但仍有12%的人持相反态度;7%的人认为没有变化。

总体而言,中国会议行业在各个方面的发展均在稳步提升之中,尤其在会议国际化的发展上进步尤为突出,有41%的被调查者选择了该结果。于2017年调查中位列第一的会议技术与服务项目本次退居第二,占比36%;选场馆建设的有11%,与2017年持平;"奖励旅游"占比有所减少,仅12%。由此可以预见,未来在中国举办国际会议的市场会

越来越广阔,占据主导地位。

会议技术的应用相较 2017 年更为凸显

通过调查,与 2017 年相比,2018 年会议技术在会议举办期间的使用程度有明显加强。结果显示,78% 的受访者认为参会期间融入先进的会议技术会较大幅度地提升参会体验感;仍有 7% 的人选择会减少会议技术的应用,以此来缩减会议成本;另有 15% 的受调查者认为与此前相比变化不大。

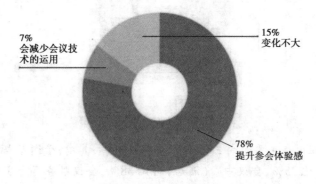

2018年会议技术在会议举办期间的使用程度

会议技术领域的发展潜力有目共睹,它的加入为会议行业注入了新的动力与活力,将会议行业的整体发展推向了新的阶段。相信在未来,属于它的发展空间将不可限量。

会议整体服务意识水平仍需不断加强

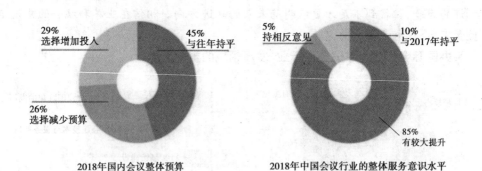

2018年国内会议整体预算　　**2018年中国会议行业的整体服务意识水平**

2018 年,会议组织者在办会投入上选择与往年持平的占比 45%,与 2017 年的 52% 相比略有减少。选择增加投入与减少预算的人分别占比 29%、26%。与另一项调查结果相结合,有 85% 的调查对象认为会议行业的整体服务意识水平有较大提升;仅有 5% 的人持相反意见,10% 的人选择了与 2017 年持平。由此不难发现,在与会者愈发重视服务与体验感的大环境下,主办方如何既不改变原有预算,又能加强会议服务、融入会议科技,是亟待思考与解决的问题。

中国举办国际会议的进程加速,值得期待

2018 年是中国会议行业向国际化方面发展有较大突破的一年,国际会议的举办数量相较往年有所增加。据调查结果显示,47% 的受访者认为中国举办国际会议的进程呈平稳发展状态;40% 的人对 2018 年会议行业取得的成绩表示认可,认为该进程发展迅速,与 2017 年相比增加了 4%；另有 13% 的人认为进展缓慢。

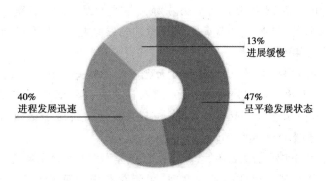

13%
进展缓慢

40%
进程发展迅速

47%
呈平稳发展状态

2018年中国会议行业向国际化方面发展进程

中国会议行业的国际化发展正在逐渐步入正轨,在不远的将来,定会谋得重大收获。

广而优的会议服务是吸引参会者的最佳途径

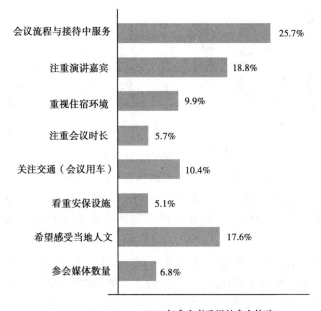

会议流程与接待中服务　25.7%
注重演讲嘉宾　18.8%
重视住宿环境　9.9%
注重会议时长　5.7%
关注交通（会议用车）　10.4%
看重安保设施　5.1%
希望感受当地人文　17.6%
参会媒体数量　6.8%

2018年参会者重视的参会体验

"体验感"是 2018 年度会议行业的热门词汇,为越来越多的参会者所强调。全方位地为与会者提供贴心、周到的服务一直是会议组织者希望达成的目标。据调查,各项结果与去年相比并无过大差别:选会议流程与接待中服务的会议人占比 25.7%,注重演讲嘉宾的占比 18.8%,重视住宿环境的有 9.9%,注重会议时长的占 5.7%,关注交通(会议用车)占比 10.4%,看重安保设施的仅占 5.1%,希望感受当地人文的人占比 17.6%,另外还有 6.8% 的与会者更为关心参会媒体的数量。

会议流程、接待服务、演讲嘉宾与目的地感受四项依旧是参会者最为重视的会议体验。主办方应最大化利用目的地资源,在为参会嘉宾提供思想盛宴之余,感官的体验也需加强。

会议酒店仍坚持加大推广力度,与软、硬件设施发展齐头并进

与2017年相比,2018年会议酒店仍在加大推广力度,占比47%。其中,有4%的人认为有必要投入更多;但也有10%的人认为推广呈缩减趋势,与2017年相比降低了5%;表示持平的人占比43%。

在坚持推广的同时,酒店在软、硬件方面也下足了功夫。有41%的人表示2018年会议酒店在软、硬件上均保持较快发展;32%的人认为会议酒店更为重视硬件发展而忽视软件,当然也有不少人选择了软件发展迅速、硬件发展缓慢这一选项,占比12%;认为酒店两方面均发展缓慢的仅占15%。

由此我们不难分析出,2018年,会议人对于酒店软、硬件的发展是持认可态度的。但服务品质依旧是评判酒店优劣的核心准则,望酒店在提升服务品质方面继续加大力度,树立良好的品牌形象,进而提升酒店在会议行业中的地位。

二、三线会议城市大幅度抢占会议市场,目的地支持力度仍是会议主办方最为重视的选址原则

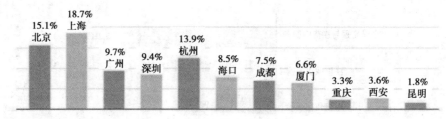

2018年会议城市发展情况

据调查,2018年度于二、三线会议城市举办的会议数量猛增,虽然未超过一线城市占领主导地位,但与2017年相比,其发展速度尤为强势,杭州、海口最为明显。

调查结果如下:一线会议城市共占据52.9%的会议市场。其中,北京占比15.1%,上海18.7%,广9.7%,深圳9.4%。一线城市的会议举办数量仍处于龙头地位,相比去年增长5.1%。

反观二、三线城市,海口在2018年中发展迅速,仅次于杭州的13.9%,位列第二,占比8.5%。随后,成都占比为7.5%,厦门占比为6.6%,重庆占比为3.3%,西安占比为3.6%,昆明占比为1.8%。二、三线城市的崛起速度远超业界想象,仅一年间就迅速瓜分了近一半的会议市场。以杭州、海口这类城市为首,其潜力可见一斑,亟待会议组织者前往挖掘。但仍有如昆明、大连一般的城市在会议产业高速发展的当下,进展缓慢。其延缓原因需要引起当地政府及业界资深人士的重视,并尽早解决,以期来日以更为开放的状态为会议产业开枝散叶。

站在会议组织者的立场,选择优质的办会地点无疑是主办方最难抉择的问题。我们通过数据分析得出,他们在选取会议目的地时最为重视目的地的支持力度,占比31%;而有22%的人认为当地的产业基础更为重要;19%的人表示当地的经济发展水平是其首要参考条件;还有13%的人选择了软件服务水平;11%的人选择了当地的旅游资源,4%的人注重当地硬件设施情况。

纵观上述调查结果,选取办会地点确实需要主办方进行多方面的权衡,过程复杂且

烦琐。与2017年相比,2018年主办方对于当地产业基础的重视程度大幅度增强,超出13%。伴随着会议者的需求越来越多,"会议+"的范围越发宽泛,目的地雄厚的产业基础确实会为主办方办会提供更多的便利条件。

媒介宣传对于会议市场的推广至关重要

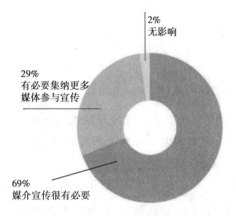

2018年媒介宣传对会议行业推广的重要性

随着互联网行业的不断发展,我国新媒体行业迎来了发展黄金期。2018年,新媒体增势凸显。在这样的大环境下,媒介宣传对于会议行业的推广而言至关重要。

在本次调查中,我们特别针对主办方提出了关于媒介宣传重要性的问题。高达98%的调查对象表示媒介宣传不可或缺。其中,69%的人认为媒介宣传很有必要,29%则表示有必要集纳更多媒体参与宣传,仅有2%的群体选择了"无影响"。

会议是一项包容性与吸纳性极强的产业。媒体的无界限传播特性会助力其与更多不同的产业相识并结合。只有不断扩充其延伸产业链,才能为行业带来新突破。

会议企业创新转型引领会议产业加速升级

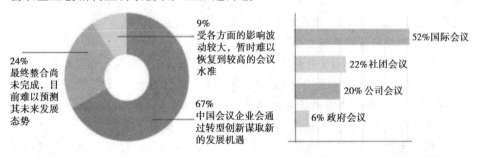

2019年中国会议行业的整体发展预测　　　　2019年中国会议主要发展领域预测

通过调查,会议人对于2019年会议行业的整体发展预测与上年的调查结果基本维持不变。在新会风以及整体经济形势变化的共同作用下,有67%的受调查者认为2019年的中国会议企业会通过转型创新,为全行业谋取新的发展机遇;有24%的人表示,行业最终整合尚未完成,目前难以预测其未来发展态势;另有9%的人认为目前行业受各方面的影响波动较大,暂时难以恢复到较高的会议水准。

与去年结果不同的是,有超过一半的人十分看好2019年国际会议领域的发展前景。

紧随其后的是社团会议,占比 22%;选择公司会议的群体逐年下滑,仅占 20%;而政府会议只占 6%。

总体而言,会议市场被持续扩充,会议产业仍有较大的发展潜力,始终被社会视为朝阳产业。2019 年,希望能有更多的企业被吸纳进来,不断壮大会议产业的覆盖范围,厚积薄发,聚力前行!

(资料来源:中国会议)

思 考:

1. 结合案例,分析 2018 年我国会议行业发展情况如何?

2. 2018 年我国会议行业有哪些做得好的方面可以借鉴?

(2)中国商务会议旅游崛起

虽然商务会议旅游在中国的发展起步较晚,但近几年来,年增长速度远远高于 GDP 的增长率。最近国家旅游局发布的消息显示,我国入境旅游市场中,商务及会议旅游已占全部游客的 39.9%,中国正逐步成为世界会展旅游业的新宠,并成为世界上许多国际组织关注的会议目的地国。国际大会及会议协会(ICCA)的有关专家曾经指出,中国有可能成为 21 世纪国际会议旅游的首选目的地。

【案例 3】

青岛旅游强不强,得看淡季旺不旺——大会大展大平台,商务旅游在崛起

国庆之后、春节之前,是旅游市场的淡季,但在涛君看来,淡季才是考验一个城市旅游实力的最好时机。毕竟在旅游旺季,不知名的某个县城的某个景点,也可能人头攒动。能否做到旺季火热、淡季不淡的长线运营,才是旅游硬实力的真实体现。

那青岛旅游 2019 年的淡季淡不淡呢?

如果去前海一线等景点,人流密度当然不能与国庆黄金周相比,但相对于数人头这种主观色彩太强的个人体验,宏观的旅游数据更能反映真实情况。

有个最新的数据值得关注:

在刚刚过去的 2019 年 10 月份最后一周,青岛西海岸、即墨各大酒店客房预订量超过 90%,部分酒店出现满房;而整个 10 月份,即便黄金周过后的传统淡季,奥帆中心、东方影都、海泉湾等主要景区周边酒店入住率也高达 95% 以上。

这是不是与我们的生活经验有些出入? 因为我们确实没在景点看到那么多人。为什么数据会和生活经验"打架"呢? 其实因为我们一提到旅游,想到的总是吃喝玩乐的游客,但旅游当中还包含很重要的另一部分——商务旅游。

所谓商务旅游,通俗的叫法就是出差,是旅游行业中细分出来的一个概念。主要涉及到交通、迁移、住宿、体育赛事、文化或者饮食活动和饭店行业的宴会,工作期间的程序是很明确地和会议室、商务中心的安排联系在一起的。所以,这些人可能不会去热门景点,我们可能在日常生活中也见不到他们,但他们确确实实在拉动着青岛的旅游数据、切切实实支撑着青岛旅游,使淡季不淡。

就以 2019 年为例,在青岛有两大国际性展会同时开幕,分别是:

1.10 月 30 日—11 月 1 日,2019 中国国际农业机械展览会在中铁青岛世博城举办,中外参展商 2 100 余家,参展人数大约 13 万。

2.10 月 30 日—11 月 1 日,2019 青岛国际渔业博览会在青岛国际博览中心举办,中外参展商 1 500 余家,参展人数大约 15 万。

两大展会的参展人数达到了 28 万,一个在西海岸,一个在即墨,对带动当地住宿业效益增长作用明显。也正是这些展会,在支撑着青岛旅游的淡季依然火热。据专家测算,国际上展览业的产业带动系数大约为 1∶9,即展览场馆的收入如果是 1,相关的社会收入为 9;近年来全球会展业每年产生的直接经济效益超过 3 000 亿美元,为世界经济带来的增长总额超过 3 万亿美元,具有极强的产业拉动作用,而最先受到影响的,无疑就是包含住宿、餐饮等业态在内的旅游行业。

2019 年以来,青岛的高级别重大会展活动着实不少,会展经济也因此成为青岛旅游的增长新动能。我们不妨算一算,今年青岛到底举办了多少高级别、高规格的会展活动:

2019 全球(青岛)创投风投大会、博鳌亚洲论坛全球健康论坛大会、"创意青岛"大会、世界海洋科技大会、优秀电视剧百日展播启动活动、跨国公司领导人青岛峰会、2019 青岛国际标准化论坛……再加上啤酒节、帆船周、电博会、家博会,以及"时尚季"的一系列重要活动,平均每个月青岛都要举行数场不同主题、不同领域的高端会展活动。

体现在数据上就是,1—10 月份青岛线上住宿业累计销售额同比增幅约 5%,环比增长约 1%。

更难得的是,青岛旅游也在会展经济拉动下,实现了全域范围内的多点开花,拉开了旅游行业的"大青岛"框架。

除了承接一系列高端会议的国际会议中心、年均承接展会 130 多场的国际会展中心,一系列会展活动还将青岛全域范围内的旅游资源盘活了。

比如在涛君写稿的现在(11 月 5 日),正在举行的第八届国际戏剧学院奖,连续几天的活动,都放了了即墨海泉湾,最后的闭幕红毯和颁奖典礼,又来到了西海岸新区的星光岛,也就是东方影都所在地。无论是戏剧明星,还是参会工作人员,抑或是追着星光而来的粉丝,都跟着这场盛大活动,见识到了青岛更加丰富多彩的一面。

刚刚结束的第六届"创青春"中国青年创新创业大赛,则把主会场设在城阳,团中央等国字号主办单位,带来的 300 多个项目的创客,以及近百位知名投资机构负责人、创业导师就在城阳"深度游"了 4 天,住宿、餐饮、交通、考察全在城阳区。

据统计,10 月份青岛热门会展活动区域周边酒店,即便是黄金周结束进入淡季,但入住率也持续保持高位,奥帆中心、东方影都、海泉湾等主要景区周边酒店入住率均高达 95% 以上。

而像放在西海岸新区的 2019 中国国际农业机械展览会,放在即墨的 2019(第四届)青岛国际海洋科技展览会,放在胶州的上海合作组织地方经贸合作青岛论坛和上合组织国际投资贸易博览会,放在城阳的 2019 日韩(青岛)进博会等,则立竿见影地把高端商务人群、资源带到了"大青岛"全域,提升了整个青岛的旅游资源利用率,完全称得上是拉开了旅游产业的"大青岛"框架。

青岛旅游强不强?从今年的旅游淡季数据来看,会展经济带来的商务旅游崛起势头,正在强化青岛旅游的实力。这个势头能保持下去吗?11 月至 12 月,青岛国际会议中心已预订会议 12 场,在谈 8 场,还会有更多会展活动遍布青岛全域。

大会大展,成了青岛发展的大平台,包括旅游在内的许多行业,被这些平台托举向前,实现了新的发展。青岛发展的平台思维,已经开始在旅游上初显成效。

(资料来源:腾讯新闻)

思　考:

1.2019 年青岛举办了多少高级别、高规格的会展活动?

2.从青岛的旅游淡季数据来看,如何体现会展经济带来的商务旅游崛起势头?

(3)我国会议产业发展中存在的问题

①我国会议产业分类标准缺失。

目前,我国尚无国际会议的权威统计标准。据中共中央办公厅有关文件的规定,来自 3 个或 3 个以上国家和地区(不含港、澳、台地区)的代表参加,以交流为主要目的,举办的研讨会、报告会、交流会、论坛及国际组织的行政会议,可称之为国际会议。北京市统计局在发布"会议及展览活动情况"的相关数据时,对"主要统计指标解释"中使用了该界定方法。但衡量会议产业,这个标准在举办场所、会期、代表数量等方面的要求不够细化,也与国际标准(世界旅游组织标准)有距离。

②会议产业管理体系尚未明晰。

在会议产业管理及协调方面,我国存在的问题比较突出。我国旅游业和展览业管理分工明确,而会议产业则分工不清。近几年来,我国各城市一直负责展览工作的机构,包括"会展办""商务局""贸促会"等。而"会议"与旅游的关系更为紧密——会议产业链与旅游产业链重合程度更高,其运行模式又具有很强的专业化特点,既需要旅游管理部门统筹管理,又需要专业化部门予以专业化规范。目前,会议产业管理上的游离状态极大地制约了我国会议产业发展的步伐。发达国家成功的经验表明,将"会议产业"纳入旅游业中进行统一管理和协调,更符合这两个产业的运行特征,也只有这样才能产生最佳的运作效果。

③我国会议产业统计体系缺位。

目前我国尚未开展全面的会议产业统计工作。由于缺乏权威统计数据,因而无法对会议产业的经济影响力作出客观评估。这种状况严重制约了我国会议产业的健康发展。《北京市"十二五"时期会展业发展规划》指出:"加速会展业信息化建设,加快推进会展统计制度的完善,构筑科学、完整、可比的会展业统计监测指标体系。"这意味着北京开始将会议产业的统计体系建设列入议事日程。

④会议产业支持系统不够完善。

会议产业的产业链中涉及的政府机构、企业和个人主要包括会议目的地及会议场地、会议组织者、会议供应商、会议参加者、会议支持机构和会议其他服务商。会展活动还可以有效带动住宿、餐饮、娱乐、购物、交通、旅游、体育、文化、广告、印刷、物流、信息、公关、礼仪等十多个相关行业的发展。此外,会议产业的发展还有赖于行业协会以及研究、教育、咨询、媒体等支持体系的发展。

由于起步较晚等原因,我国会议产业的支持系统尚未建立起来。到目前为止,我国会议展览相关的全国性社团组织只有一家,即商务部下属的"中国会展经济研究会"。会议产业相关媒体的数量不够多,覆盖面有限。

2)我国会议旅游的发展趋势

在目前我国传统观光游遭遇发展瓶颈的情况下,全国各地都在积极实施旅游升级换代战略——发展高端旅游市场,而会议旅游则是必然的努力方向之一。

随着会议产业的发展,会议活动被赋予了更多的休闲、娱乐、度假、旅游等新功能。在会议与旅游融合的发展趋势中有两点值得关注。

(1)会议目的地与旅游目的地的融合

会议目的地城市与旅游、度假、购物、娱乐、休闲等目的地城市将进一步融合。这一方面体现在知名的旅游、度假、购物、娱乐、休闲等城市将大力发展会议产业;另一方面,则体现在会议产业优势城市将会增加更多的旅游、度假、购物、娱乐、休闲等设施。

(2)会议产业链与旅游产业链的融合

由于会议与旅游关联性很强。会议的举办场所多为酒店和会议中心,会议的服务商多为旅行社会奖部、会奖公司和公关公司。这些企业绝大多数是旅游业的核心企业。可以预计,旅游业将以"会议"业态为引领,逐步在高端化、多样化方面有所建树。

【案例4】

世界旅游联盟(WTA)总部正式落户杭州

12月17日,世界旅游联盟与浙江省人民政府在国家旅游局签订战略合作备忘录,宣布世界旅游联盟总部正式落户杭州市萧山湘湖国家旅游度假区。这是杭州市成功引进的首个总部落户杭州的国际旅游组织,是今年以来杭州市获得"中国旅游休闲示范城市",入选联合国世界旅游组织公布的"全球15个旅游最佳实践样本城市"后,又一个振奋人心的好消息!世界旅游联盟总部选址永久落户杭州,对于杭州市全面推进旅游国际化战略,打造会展之都、赛事之城,建设独特韵味、别样精彩的世界名城,具有重要的意义。

世界旅游联盟是今年9月12日,发起成立的第一个全球性、综合性、非政府、非营利性的国际旅游组织。联盟创始会员单位分布29个国家和地区,境外会员占比超六成。成立仪式上,习近平总书记向大会致贺词,李克强总理向联盟成立致贺信。联盟成立后,国家旅游局就联盟总部选址,在全国范围内进行深入考察,确定杭州等五个全国一线旅游城市作为候选城市。经过激烈角逐,杭州凭借良好的国际化基础、丰富的国际会议办会经验和独特的资源禀赋,获得评审专家一致好评,最终以最高分赢得殊荣,成为联盟落户城市。

杭州具有良好的国际化基础。近年来,杭州以建设国际重要的旅游休闲中心为目标,先后实施了旅游国际化和旅游全域化发展战略,加快推进旅游业从观光旅游向观光游览、休闲度假、商务会展、文化体验"四位一体"的综合产业转变,旅游经济持续保持平稳向上的态势,在旅游总收入、入境旅游人数、旅游外汇收入等方面均列全国15个副省级城市前三名。2016年G20峰会的成功召开,更是让杭州站在了世界的舞台,逐步成长为世界性的旅游目的地。预计2017年全市累计接待旅游者1.6亿人次,其中入境旅游者有望突破 400 万人次;预计旅游总收入将突破 3 000 亿元,其中外汇收入达 35 亿美元。今年,杭州被国家旅游局授予"国家旅游休闲示范城市"荣誉并居榜首;成功入选联合国世界旅游组织公布的"全球 15 个旅游最佳实践样本城市",并作为亚太地区唯一代表在 12 月初联合国世界旅游组织吉隆坡年会上作了经验介绍。

杭州具有丰富的国际会议办会经验。杭州围绕打造"国际会议目的地城市"定位,历来重视会议、展览、奖励旅游产业发展。杭州市旅游委员会在国内较早成立了会议旅游专业部门和会奖旅游业协会,组建了国内首个由官方发起的国际会议竞标服务中心,制定出台了促进会议与奖励旅游项目引进专项政策,起草了省内首个《会议服务机构管理和服务规范》,先后举办三届中国(杭州)会议与奖励旅游产业交易会、聘任 7 批 48 位"杭州会议大使",包装推出"中国传统文化、市民生活体验、团队建设、主题晚宴"共 4 大类 59 个会议奖励旅游产品,G20 峰会后还积极推出了"峰会杭州"国际会议目的地品牌。2013 年至今,共引进 155 个高品质国内外会议,参会人数超过 10 万人,直接会议消费 1.56 亿元,补贴和会议消费拉动比达到了 1:19。在国际会议与大会协会(ICCA)每年发布的全球会议目的地城市排行榜上,杭州连续五年位居我国内地城市第三,仅次于北京、上海,2015 年更是跻身全球百强。杭州还多次摘得中国十大魅力会议目的地、年度最佳国内会议旅游城市、年度最佳 MICE 目的地、中国最具创新力国际会议目的地等行业殊荣。

萧山及湘湖国家旅游度假区具有独特的区位优势。萧山区总面积 1 420 平方千米,临江近海,区位优越,路网稠密,交通便捷。萧山国际机场年旅客吞吐量突破 3 000 万人次,已跻身中国(不含港、澳、台地区)五大航空口岸、十大机场和世界百强机场行列。萧山还是浙江省首批旅游经济强区、中国十大休闲旅游城市、2016 中国最具创新力特色会奖目的地,萧山"华东会客厅休闲新天堂"的品牌形象,得到了众多国际组织的青睐。联盟总部落户的湘湖,是国家旅游局首批命名的国家级旅游度假区,拥有杭州乐园、极地海洋公园、东方文化园等 4A 景区 5 家,以及跨湖桥遗址博物馆、中国水利博物馆、花木城等一批景区、景点,周边有大规模的会议酒店群和多元化、小规模的特色酒店。湘湖还是两届世界休闲博览会、四届中国国际动漫节的主会场。

世界旅游联盟的落户,为杭州旅游国际化带来发展新机遇。

浙江省旅游局规划发展处处长张雄文解析:"首先,世界旅游联盟的落户提高了杭州及整个浙江旅游的知名度;其次,这项事件也会引入新的国际旅游项目、国际旅游人才、国际旅游企业来到浙江,从而加快'诗画浙江'中国最佳旅游目的地的打造。此外,浙江也是一个开放强省,世界旅游联盟落户杭州将大大提升我省的旅游对外开放程度,通过各种国际性会议、国际旅游企业与院校的交流,让世界各国游客认识浙江、了解浙江。"

下一步,杭州旅游将围绕打造国际会议目的地目标,立足全球开展系列营销活动,积极引进更多国际会议落地杭州。通过主动对接世界旅游联盟,与联盟城市共同研究探索全球旅游行业发展趋势,共享高层次旅游研究资源,协同策划落实年度全球性会议,积累服务国际组织会议活动的经验。通过促进联盟城市间资源共享、数据共享、客源互送,大力提升杭州旅游国际化水平。

(资料来源:钱江晚报)

思 考:

1. 我国会议旅游的发展趋势是什么?

2. 世界旅游联盟的落户为杭州旅游国际化带来怎样的发展新机遇?

项目2 会议旅游的策划

2.2.1 会议旅游的策划内容

会议旅游可以说贯穿会议策划、营销、组织、举办和收尾的整个过程之中。会议旅游的策划一般分为三个阶段:会前的会议旅游活动;会议期间的会议旅游活动;会后的会议旅游活动,如图2.1所示。

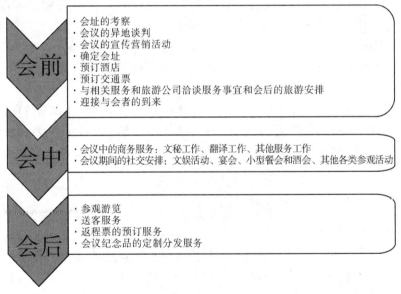

会前
· 会址的考察
· 会议的异地谈判
· 会议的宣传营销活动
· 确定会址
· 预订酒店
· 预订交通票
· 与相关服务和旅游公司洽谈服务事宜和会后的旅游安排
· 迎接与会者的到来

会中
· 会议中的商务服务:文秘工作、翻译工作、其他服务工作
· 会议期间的社交安排:文娱活动、宴会、小型餐会和酒会、其他各类参观活动

会后
· 参观游览
· 送客服务
· 返程票的预订服务
· 会议纪念品的定制分发服务

图2.1 会议旅游的策划内容

1)会前的会议旅游活动

会议举办之前最重要的事情就是为会议作策划和准备,其中就包含了许多会议旅游因素。会前的会议旅游活动包括会址的考察、会议的异地谈判、会议的宣传营销活动、预订会址,为与会者预订酒店、预订交通票、与相关服务和旅游公司洽谈服务事宜,以及会后的旅游安排、迎接与会者等。

(1)会址的考察

在选择会议举办地的时候,必须对其可行性进行论证。这就需要会议的举办方会同相关的组织者前往当地,对会议的地点、设施、环境、可供利用的服务因素进行考察。这样的考察活动就是典型的商务旅行行为,因为它涉及为该商务旅行安排交通服务、酒店服务、考察及参观相关设施、预先体验将向与会者提供的旅游产品等。

【案例5】

会议选址

选择一个能让会议组织者和与会者都能满意的会议场所非常重要,面对众多的场所,到底怎样去选择呢?

1. 列出可供选择的清单

必须制作一个会议场所清单表,清单表上需注明会议要求的所有重要条件。如果清单设计得合理,表明酒店的条件较好,将大大便于各个场所的比较和选择。

2. 选择合适类型的场所(酒店)

选择适合的会议场所,必须依据当地可提供的会议资源状况及该会议的程序、预计与会人数、与会人员的背景情况,以及最重要的会议目的、目标和与会者的偏好等因素进行综合考虑。

(1)按类型划分

①商务型酒店:这类酒店无论在外部设计,还是在内部装修,以及可提供的先进通信工具、适合会务的商用场地上(有特定的商务楼层),一般都充分体现了现代商务高效、快捷的内涵。酒店既能接待小型会议也能接待大型会议,有一个或多个多功能厅,24小时全天候办公,有较强的服务能力;此外,还有多个中、西式餐厅、各种商店、健身房、游泳池等设施。

②度假型酒店:这类酒店一般建在旅游胜地或海边,外部设计、园林规划、内部装修都充分体现了当地特色,集休闲、娱乐于一体。同时,随着社会的发展,度假型酒店也能提供相应的会议设施、美食和各种代表地方和季节特色的活动,这些无疑大大方便了会议单位。

(2)按地点划分

①位于市中心:在选择位于市中心的酒店时需考虑酒店与机场距离(包括交通是否拥挤)。如果与会者来自国内或本地区,那么选择这样的酒店是明智的。会议筹划者一般喜欢选择位于理想的城市中且设施和功能齐全的市中心酒店,这样与会者的随行家属便有很多活动可进行。有些酒店被公认为服务一流,良好的口碑常使酒店成为会议筹划者的首选会议场所。

②位于海边:国家级度假区北海银滩内的星级酒店成群,海域海水纯净,陆岸植被丰富,环境幽雅宁静,空气格外清新,可进行海水浴、海上运动、沙滩高尔夫、排球、足球等沙滩运动及大型音乐喷泉观赏等活动。这类酒店也是大受欢迎的。

3. 会议类型与场所的搭配

举办培训活动的最佳环境是能提供专门工作人员和专门设施的成人教育场所(公司的专业培训中心或旅游胜地的培训点)。

研究和开发会议需要有利于沉思默想、灵感涌现的环境(培训中心或其他宁静场所最为适合)。

学会年会的地点选择一般根据会员的意见来定(一般选在当前最受欢迎的城市,能提供会议服务的酒店)。

重大的奖励、表彰型会议一定要有档次,要引人入胜,会议的目的是对杰出表现予以奖励。

对于交易会和新产品展示会,需要选择有展厅的场所,还要求到达会场所在城市的交通必须便利。

4. 现场参观注意事宜

在考虑去做现场参观之前,先检查一下是否已具备了前提条件:

①报价方(酒店)接受和同意会议明细表中各项事宜。

②报价房(酒店)应是候选名单中较好的一个。

③对报价(酒店)方拟订的合同条款基本接受。

5. 亲临现场实地考察

亲临现场进行考察时应注意以下5点。

①会见能做决策的人。这样有利以后解决可能出现的交易问题。

②只要可能,一定要在酒店建议的日期去进行参观。最好不要在酒店客满时去参观,因为这会使酒店产生直接费用。

③不要出于个人原因再次参观酒店;不要随带家属同行。

④考虑是否需要以一个普通客人身份不宣而至,以检查酒店对客人的接待情况;还是事先通知酒店,以贵宾身份前往检查酒店是如何接待贵宾的。

⑤考虑另一家酒店作为"备选",以便谈判一旦失败不至于太被动。

(资料来源:会议选址)

思　考:

1. 面对众多的场所,应该如何选择一个让会议组织者和与会者都满意的会议场所?

2. 亲临现场进行考察时应注意哪些问题?

(2)会议的异地谈判

在考察的过程中或者是其后所要做的工作就是与有关方面的谈判。虽然说谈判本身没有太多的旅游因素,但是,如果谈判的时间较长,也可能需要频繁地进行商务旅行。如果是国际性的会议,还必须安排翻译服务,在我国的很多地区,翻译服务是由当地的旅游公司或旅行社提供的。

(3)会议的宣传营销活动

利用会议举办地的文化旅游资源作为申办会议和吸引参加者的手段,在会议广告宣传中强调的并不仅是会议议题内容本身,还应强调在当地举行的会议将可以给与会者带来非凡的旅游感受。

(4)确定会址

谈判之后,举办会议的地点(会址)就可以确定下来了。会议地址可以是专门的会议中心,也可以是拥有会议设施的酒店。确定会址的一个重要依据就是当地的旅游资源和环境。

（5）预订酒店

预订酒店安排住宿是会议安排的一项重要工作。有时,需要在数家酒店为与会者安排住房。

（6）预订交通票

使与会者能够顺利参会并返回是保证会议成功的关键,提供与会者所希望的交通服务既反映了有关方面对会议的重视程度,也体现了会议组织者的业务水平和能力。

（7）与相关服务和旅游公司洽谈服务事宜和会后的旅游安排

会后的旅游观光活动是增强会议吸引力的有效手段。一般来说,各类会议都会在其后为与会者提供这一类的服务选择,它既可以是带有学术性质的参观活动,也可以是纯粹的观光娱乐。会前,组织者都要根据具体情况与旅游公司或旅行社进行相应的协调和价格谈判。

（8）迎接与会者的到来

参加异地的会议时,与会者可能会遇到人生地不熟而不知所措、无法找到会议举办地点以及了解下榻酒店的情况。作为会议的举办方,应当作好相应的迎接安排,比如在机场和车站设立接待站、安排迎接与会者的车辆、在酒店和会议中心设立专门的会议登记服务中心等。

2）会议期间的会议旅游活动

会议不应仅仅被视为是商务活动,它也具备社交活动的功能,而且会议的举办者和与会者都会利用这些活动为日后可能的合作和业务往来打下基础。那么,就需要提供相对应的服务。会议期间的会议旅游活动包括会议中的商务服务和会议期间的社交安排。

（1）会议中的商务服务

①文秘工作。会议首先是商务活动,因此会有很多商务方面的事情需要处理,如准备和打印文稿、复印文件、收发传真和信件、准备礼品、安排招待和联系有关方面等。许多与会者出于经费等原因,不能带秘书一同赴会。因而,会议举办方应为其设计和提供有关方面的服务。

②翻译工作。如果是国际性的会议或有国际与会者参加,翻译工作就显得非常重要。其作用不仅仅体现在会议事务方面,也体现在与会者的生活便利方面。在很多地方,翻译服务是由旅游公司或旅行社提供的。

③其他服务工作。泊车服务、通行票证服务等。

（2）会议期间的社交安排

①文娱活动。如果与会者在会议期间将全部的精力和注意力放在会议的议题和内容方面,将会觉得单调乏味和身心疲惫,进而影响会议的质量。因此,在会议期间一般都会安排一些文娱活动,如文艺演出、文体活动等。

②宴会。宴会是正式的社交活动,也是与会者相互联系的重要时机。一般安排在会议结束的当晚或者是与会者即将离开的前一晚,作为整个会议活动圆满结束的标志。

③小型餐会和酒会。包括小型烧烤晚会、会议休息时的茶点会、自助餐会、鸡尾酒会

等。它们可以是由会议组织者举办的,也可以是由会议的某一参与者举办的。

④其他各类参观活动。包括与会议议题和内容有关的机构和企业的参观活动,或者是某一产品或技术的现场展示活动。这对于技术性的会议来说是非常重要的。

3)会后的会议旅游活动

会议结束并不意味着有关会议的事务就结束了,因为这是会议旅游最活跃、最繁忙的时期。会后的会议旅游活动包括游览观光、返程机车票的预订服务、会议纪念品的定制分发服务、送客服务等。

(1)参观游览

旅游观光是会议安排必不可少的一项内容,它可以使与会者放松身心,同时也为其提供了进一步社交的机会。参观游览可以是在当地进行的旅游活动,也可以是前往周边或邻近地区进行的一日游览或多日游览活动。例如,在上海举办的会议可以安排前往"人间天堂"(苏州)或"江南水乡"(周庄)进行游览;在桂林的会议可以安排前往因酒吧文化而闻名遐迩的阳朔或少数民族风情的龙胜各民族自治县。旅游形式可以是多形式的,既可以安排参观人文或者是自然的景观,也可以仅仅是纯休闲形式的康乐旅游,如在海南三亚举办的会议就可以安排与会者尽情地享受海滩、沙滩、阳光。

(2)送客服务

送客是会务服务的最后一项,也属于旅游服务的范畴。周到细致的送行服务可以加深与会者对会议举办方的良好印象,甚至可以弥补会议中某些失误造成的不良影响。送客服务可根据具体情况安排专人专车或穿梭巴士服务等形式。从以上方面可以看到,会议旅游贯穿整个会议组织和运作的过程之中,并涉及多方面的协调与合作。要使会议圆满、成功,就要对其进行有效的运作和管理。

(3)返程票的预订服务

对于任何会议,特别是较大型的会议,使与会者能够顺利地前来开会并在会后返回是必须做到的。同时,与会者对于交通工具的选择也由于其自身、企业、经费或其他方面的原因而不同:飞机、火车、长途客车甚至是轮船都可能被选择。即使与会者是自驾车前来开会,也要为其考虑处理燃油和通行票据的问题。

(4)会议纪念品的定制分发服务

为了使与会者对所参加的会议以及组织者保持较好并且长久的印象,会议都会定制并分发会议纪念品,同时纪念品也起了广告宣传的作用。

2.2.2　会议旅游的策划流程

1)会议旅游策划的原则

(1)会议为主,旅游为辅

会议是会议活动的主体,而旅游因素只是其中的一个组成部分,它是为会议活动服务的,其作用是完善会议进程、增加会议的吸引力并为会议活动添加附加价值。因此,在为会议活动组织会议旅游活动并进行销售的时候,不应过分渲染或强调旅游的成分,以免造成喧宾夺主的情况。

(2)关注流行趋势

虽然会议的内容本身是不会为潮流和流行趋势左右,但是,其举办形式却在很大程度上受潮流和流行趋势的影响。例如,当国民热衷前往东南亚旅游的时候,印尼的巴厘岛就理所当然地被某些会议组织者选定为理想的会议举办地。

(3)风格鲜明,特点突出

许多公司和企业对文山会海早已熟视无睹并且厌倦了,因此会议的举办应该风格鲜明、特点突出。这就需要通过旅游因素来体现。例如,高反差就是会议组织者常用的方法:坐落在大城市的企业会把会议的地点选在风格迥异的小城镇;快节奏的公司会把会议地点选在慢节奏的休闲旅游胜地,如海滨、高尔夫俱乐部等。

(4)灵活多样,多种选择

会议的参加者来自不同的企业、部门或处于不同的职位,当然也就有不同的爱好、兴趣,因此,对于会议旅游内容的设计就不能千篇一律,没有选择的余地。聪明的会议组织者会为满足不同的兴趣和爱好的与会者准备不同的会议旅游和服务项目,供其选择。

(5)安全可靠

会议的举办者和运作者在设计和选择会议旅游项目的时候,要恪守"安全第一"的原则,既要保证会议的正常进行和会议内容的保密性,也要保证会议旅游活动的圆满及与会者的人身安全。

2)会议旅游策划的流程

(1)信息收集和分析

这是会议旅游项目设计的第一步,信息是确定需求的基础。按照现代市场运作的理念,任何产品的生产都必须建立在消费者需求的基础之上,会议旅游市场也不例外。在设计会议旅游项目和产品的时候,首先了解市场上都有什么样的需求,有什么样的竞争产品,以及市场盈利状况和发展前景如何等。同时,也不能忽视会议举办者和与会者的愿望。

(2)确定目标

在信息的基础上才能够确定会议以及会议旅游的目标。这个目标可以是广泛的、战略的,要有主要目标,如目标会议市场、会议风格、会议盈利或支出目标等;这个目标也可以是战术的,并包含了许多次要目标或称为辅助目标,如单个会议旅游产品的策划、会议旅游竞争策略、价格策划目标、销售目标、广告和公关策划、会议服务策划等。

(3)开展创意策划

充足的信息和确定的目标为随之进行的创意策划提供了依据。这里,如何激发创意成为关键的环节。好的创意来自灵感,它有很多种方式,如创意暗示、联想、模糊印象、灵机闪现等。但是,创意又是经验的结果,因为它不是天马行空的胡思乱想,而是自己或他人的经验和榜样的升华。一般的创意策划可以从以下两个方面进行。

①从报纸、杂志、书籍中寻找启发,再对这些信息进行选择、加工、整理和组合,从而获得创意的线索。

②由策划人员各自寻找灵感,然后将各自的创意放在一起进行筛选、讨论和补充,从而获得较为理想的创意。

(4)反复论证

创意要经过论证才能够成为方案。论证需要会议的举办方和实际运作方共同进行研究,探讨其可行性或对其加以再补充。在论证的过程中,要充分考虑举办方、运作方、与会方等多方面的利益和兴趣。

(5)形成行动方案并制订预算

这是使方案具体化的步骤,主要是对以下的各项内容加以明确:会议及会议旅游的目标,实现会议及会议旅游所必需的条件,会议及会议旅游的方式和方法,会议和会议旅游策划与安排的步骤和时间,会议和会议旅游策划与运作的人员和经费,各具体项目方案的效果与评估,会议以及会议旅游策划方案实施的附加条件。

行动方案都应注意时间性。各项任务何时开始、何时结束,都要十分具体,因此应该制订行动日程表。

(6)撰写企划书

企划书的撰写是十分重要的环节。当策划方案确定后,就要将其撰写成书面材料,以供决策层审批和实施人员依照操作。策划书的撰写要做到简明、清晰、具体、具有可操作性。

如果是会议举办者委托会议策划公司运作组织会议以及会议旅游,会议策划公司所制作的企划书一般都包含以下几个方面:

①带有公司标志(Logo)的封面。

②致客户的信。

③公司的介绍:包括公司以往的成就、策划班子的人员介绍及其以往的业绩。

④会议以及会议旅游的目标以及实施方法概要。

⑤具体实施步骤:包括具体任务以及实施细节的说明。

⑥费用支出方向和成本预算。

⑦时间安排。

⑧证明人/推荐人:以往所做策划项目的合作人或委托人。

⑨策划班子成员的简历。

如果会议举办者自己操作会议以及会议旅游的组织和运作,其制作的企划书由于只是企业内部的文件,故只需要以下5项:

A.会议以及会议旅游的目标以及实施方法概要。

B.具体的实施步骤:包括具体任务以及实施细节的说明。

C.费用支出方向和成本预算。

D.时间安排。

E. 策划班子的人员介绍及其职责。

【案例6】

高效会议小贴士

会议规范包含三个部分:会议时间安排的规范、会议规范本身以及固定的会议流程规范。

1)会议时间安排规范

上午8—9点,正是员工从家到公司,准备开始一天工作的时候。这个时候的员工,心绪尚且混乱,还需一段时间才能进入工作状态。因此,试图在这一时间段举行会议、试图让员工回应会议提议或进行业务分析,从人的生理和心理角度来看,是不现实的。

上午9—10点,员工已经开始进入工作状态。在这个时间段最适合进行一对一的会谈,同样也是进行业务会谈的最佳时机。

上午10—12点或下午1—3点,最适合调动员工集思广益。大家利用头脑风暴,不断想出新点子、新方法。

下午3—5点,最好不要安排会议。这个时段的员工开始进入一天当中的倦怠期,人人希望马上回家,在这个时段举行会议往往会事倍功半。

2)会议规范本身

会议规范是指大家达成共识的会议守则。会议规范主要包括以下条款:

①所有与会者将每周工作安排时间表交给会议安排人,以找出最适宜所有参会人的开会时间。

②超过1小时的会议应有书面通知、议程表及相关资料。

③所有与会者都要准备在会上发言。

④准时开始,准时结束。

⑤各业务单位负责人对决议能否达成负直接责任。

⑥所有与会者应知道维护别人的尊严,不在会中羞辱别人,这条规则最重要,需特别注意。

⑦意见不同是好事,议论才能面面俱到,甚至有人扮黑脸。会议结束2~3天后,所有与会者应拿到会议记录。

⑧所有与会者均应承担起对会议质量进行反馈的职责。

⑨必要时请第三方监控,以保证会议质量。

3)固定的会议流程规范

固定的会议流程规范主要包括一个中心、两个基本点。

(1)一个中心

一个中心是指整个会议的议程。一个中心包括:

①会议的开始。具体包括致欢迎词,阐明会议目的,交流会议议程,介绍时间安排、相关规章制度,指定会议记录人。

②进行会议讨论。可以分为不同的议程,如议程一、议程二、议程三等。具体包括分享话题和目标,交流资讯,产生主意、作决定、确认行动,总结。

③结束会议。具体包括总结,安排下次会议。

（2）两个基本点

两个基本点是指会议的一头一尾，即会议开始前的准备和会议结束后的跟踪，这两个基本点是最容易被忽视的。但是，它们却是保证会议成败的关键。因此，一个规范的会议流程必须包含会前的准备工作与会后的跟踪工作。会前的准备工作与会后的跟踪工作具体包括写、发备忘录，制订跟踪计划，以及安排下次作汇报的人选等。

会议效率不高是当前许多会议的现状。因此，找出会议效率低下的原因就显得格外重要。通常有七大因素致使会议效率低下，针对这些因素，应在会前充分作好预防性管理。

与此同时，清楚了解什么是高效会议、会议规范有哪些也至关重要，只有掌握了这些，才能从正面引导我们如何提高会议的效率。

（资料来源：春秋会展网）

思 考：

1. 会议时间安排有什么规律？
2. 固定的会议流程规范包括哪些内容？

2.2.3 会议旅游的营销策划

1）不同会议的参加者与不同的会议形式

会议公司对会议旅游的宣传和营销是多种多样的，具体形式要根据目标顾客的不同而定，主要有某些组织和协会举办的专业会议、大会和博览会，公司的公司会议，面向社会和普通公众的展览会、展销会等。

（1）组织和协会的专业会议、大会、博览会

商业协会、专业协会和某些组织是专业会议、大会、博览会的举办方。但是，这些会议之间又有一定的区别。

①专业会议。专业气氛浓厚，规模较小是此类会议的特色，其参加者均来自行业内部，就某一个专业议题进行讨论和交流。例如，学术研讨会、技术交流会等。

②大会。此类会议虽然也是由特定的协会或组织举办的，但是，由于会议规模较大，与会者的人数也更多，其参加者可以来自相关的领域。

③博览会。这是一种较特殊的专业会议形式，参加者既可以是相关的专业人士，也有可能是对此感兴趣的普通社会公众。例如，每年3月在德国汉诺威召开的ITB旅游博览会就是这样的会议。

（2）公司会议

公司会议的参加者可以是公司内部的人员，也可以是与公司业务有关系的其他人士。对于所有参加者来说，公司会议具有强制性的特点，不论是出于隶属关系的原因、业务关系的原因或是出于对本单位前景的考虑都是必须参加的，如某公司的年会、销售会议等。

【案例7】

海途旅游"海途之夜"2018年新年联欢会在郑州举办

2017年12月28日,海途旅游"海途之夜"2018年新年联欢会在郑州万豪酒店隆重召开。海途旅游全体总部人员和优秀供应商、门市部共300余人汇聚一堂,参加了这次盛会。

年会总共有9个表演类节目,表演形式涵盖了武术、演唱、相声、戏曲、舞蹈等多种类型。这些节目都是由多才多艺的总部员工和各分支机构自发组织上报的,大家利用业余时间精心编排,为年会增添了一抹靓丽的色彩。

除了表演类的节目,"海途之夜"年会还为到会人员准备了抽奖环节。一共抽奖4次,所有到会人员都可以参与,大奖小奖不间断,每次抽奖都是全场沸腾。

每个节目都美轮美奂,每个抽奖环节都激动人心,每个节目都渗透了海途旅游的企业文化和人文精神。每个年会的参与者,都发自内心的喜悦,要和大家分享这一年收获的喜悦和激情。

海途旅游屡获殊荣:河南省著名商标、河南旅游标准化示范单位、河南省青年文明号、郑州市旅游系统信息化工作先进单位、郑州市旅游系统先进集体、河南省旅游系统先进工作者。2017年度海途旅游发展更加稳健,当选为郑州市旅游协会会长单位,成为当之无愧的本土旅游领导者。

年会上,海途旅游总经理王晓东先生作了重要讲话。他指出,2017年公司各项经营指标基本得以实现,集团化运作已初现规模。未来,全体工作人员将继续以海途旅游企业价值观"客户至上、规范守则、创新发展、合作共赢、真诚感恩"为导向,奋发向上朝着我们既定的目标,坚定地、踏实地向前迈进,为实现企业愿景"创中国一流企业,做旅业百年老店"而努力奋斗。

当晚,全体员工台上台下欢聚一堂笑声不断,据悉海途旅游年会每年举行一次,今年尤其盛大。会后,参会者之间进行了热烈的业内交流,为明年的发展奠定了良好的基础。

(资料来源:大河客户端)

思 考:

1. 海途旅游举办的年会策划了哪些节目?

2. 海途旅游的企业价值观是什么?

(3)展览会、展销会

展览会、展销会虽然有吸引专业人士、业内人士的功能,但是此类会议更多地却是面向社会和普通公众。展览会的作用更多地体现在展示而非促进流通方面,而展销会则倾向于产品销售而非订货。

2) 不同会议的营销策划

对于不同的会议,所采取的宣传与营销策划是不一样的,在宣传与营销方面投入的力度也是不一样的。

（1）组织和协会的会议、大会以及博览会的宣传与销售

对于会议公司来说，对某些组织和协会的专业会议、大会的宣传和销售的工作量最大，难度也高。由于其成员与协会或组织之间并无隶属关系，协会或组织也就无法强制其参加所举办的会议。因此，吸引与会者就成为会议举办方和会议运作方的首要工作。目前，其宣传和营销主要通过直接邮寄宣传册、广告、内部公关、外部公关、举办新闻发布会等形式来进行。

对于博览会的宣传和销售，由于其具有面向参展商和社会公众的两面性，广告和媒体宣传的作用就更加突出。对于参加博览会的客商，除了以上的宣传和销售方式之外，还要用价格、差异化服务、会议产品组合等策略来进行促销。

【案例8】

创新更创优 精心出精品——第七届
中国（湖南）国际矿物宝石博览会新闻宣传工作综述

人民网连续两天在焦点图中推出《第七届中国（湖南）国际矿物宝石博览会今天开幕 穿越地底亿万年 世界最大自然金亮相郴州》；新湖南创作《矿娃带您探"铋"》微动漫长图；红网时刻推出科普视频《这些矿物宝石的名字你认识吗？》；《郴州日报》推出《关注矿博会转型发展、阐述矿博会"前世今生"》深度报道……

2019年5月21日，聚焦在中外媒体镜头前的第七届中国（湖南）国际矿物宝石博览会圆满落幕，而矿博会的宣传效应还在持续扩大，郴州的美誉度持续提升。

在本届矿博会新闻宣传中，筹委会宣传部提早谋划、周密部署，常规宣传扎实深入，创新动作丰富多彩，形成了新闻产品创新更创优、新闻精品层出不穷的良好态势。本届矿博会共吸引62家中外媒体共180余名记者参与采访报道。据不完全统计，各级各类媒体共刊发相关稿件800多篇，全网转载转发3 000多篇（条），为第七届矿博会的成功举办营造了浓厚的舆论氛围，展示了郴州的良好形象。

组织策划有力推进 宣传氛围热烈浓厚

"5月17日至21日，第七届中国（湖南）国际矿物宝石博览会将在郴州举办！"4月22日，第七届矿博会新闻发布会在湖南省地质博物馆举行，来自人民日报、新华社、《中国日报》、《湖南日报》、湖南卫视、红网、《郴州日报》等50多家媒体的记者参加了此次发布会。各家媒体通过各种传播方式和手段，第一时间向全世界发布第七届矿博会在郴州举办的重要信息，再一次把郴州拉到聚光灯下。

不仅如此，多家中省市级媒体均在重要版面、前端位置开设了第七届矿博会专题专栏，重点就矿博会的筹备情况、郴州市产业转型发展、招商招展情况等方面进行全面"预热"。

从4月17日起，郴州市直媒体启动30天的矿博会倒计时宣传，从5月10日起，省级媒体启动7天的矿博会倒计时宣传，新湖南、红网时刻、今日头条、今日郴州、广电郴州等均启动了3天的开机霸屏广告宣传。

各级媒体通过新闻发布、开设专题专栏、倒计时宣传等一系列的宣传方式，为第七届矿博会举办营造了浓厚的宣传氛围。

常规宣传重点突出 重点报道精彩纷呈

十几台摄像机、照相机齐齐对准第七届矿博会开幕式主会场。5月17日，第七届矿博会开幕式上，新华社、人民网、中国新闻网等海内外主流媒体和专业媒体记者齐聚展会现场采访报道，将矿博会的盛况及时传播到世界各地。

为做好矿博会期间的宣传工作，筹委会宣传部深入挖掘矿博会各项活动的"新闻富矿"，精心策划报道选题，多次组织中省媒体、市级媒体、商业媒体、专业媒体负责人召开碰头会，专题研究策划矿博会的宣传报道工作。

在主体活动宣传方面，针对开幕式、国际高峰论坛、"矿晶之星"评选、招商推介会等14项主体活动，提前收集相关素材和资料，对接每场活动的主办方，合理安排记者的出行时间和采访路线，确保每场活动均有主流媒体到场采访报道。

在新闻报道形式方面，既有大主题又有小话题，既有大视野，也有小切口，通过各类信息的有效整合，提高新闻报道关注度和吸引力。同时，在新闻报道中还配发专版综述、评论、侧记、花絮等多种形式的报道内容。

在科普宣传方面，围绕本届矿博会主题"神奇的矿晶·七彩的铋"，充分挖掘地矿知识，做好矿晶宝玉石科普宣传，使科普知识趣味化、通俗化、生活化。如红网的创意沙画《真相"铋"露：我，是你唇上的印记》用网言网语生动地诠释了"铋"的前世今生。

自选动作丰富多彩 创新宣传成果丰硕

与往届矿博会的新闻宣传工作不同，本届矿博会坚持"用户至上"的互联网思维，不断创新宣传工作理念，旨在将矿博会宣传与城市营销相结合，运用新技术、新应用、新表达、新传播等打造城市品牌。

首先，打造新闻宣传新模式。创新性地推出了"1+X+N"宣传模式。即1个媒体平台推出X个爆款产品（新媒体创意产品）完成N项规定动作（包括会前、会中、会后宣传报道）。同时引入竞争机制和激励机制，让各媒体同台竞技，激发各媒体的内生动力，从"要我宣传"转为"我要宣传"、从"坐""等"转为"追""跟"的采访方式。如郴州电视台原创的MV《寻觅"晶"彩》一经推出，立即被学习强国、人民网、新华网、红网等大量新媒体转载，点击量破200万。

其次，深度报道探索新路径。《郴州日报》推出的关注中国（湖南）国际矿物宝石博览会转型发展特别报道《开在矿井口的博览会：矿博因郴州而更加闪耀》（上篇）和《"永久落户"的矿博会：持续创新才能"永不落幕"》（下篇），系统梳理了矿博会举办以来取得的成绩，总结了矿博会固定在郴州举办的成功经验，分析了矿博会转型发展面临的困难和问题，旗帜鲜明地提出要坚定办好矿博会的信心和决心，并富有建设性地提出了下一步转型的意见和建议，被学习强国客户端、省政协微信公众号等转载。

最后，行业媒体报道权威解读。本届矿博会邀请了《中国宝石杂志》、《中国有色金属杂志》、《中国矿业报》、中国观赏石协会国石网等行业类媒体来郴采访报道，它们立足自身定位和行业特色，充分发挥权威性、专业性优势，深入报道矿物宝石产业的发展情况，全面讲好了郴州"矿晶之都 博览之城"的故事。

媒体融合"大合唱"线上线下精彩互动

5月20日，借乘"520"东风，矿博会牵手湖南卫视快乐购平台进行了6场"走进矿博会·探秘自然珍宝"直播，线上创下1 247万元的销售业绩。

在本届矿博会的宣传报道中,筹委会宣传部充分发挥传统媒体和新媒体各自优势,着眼于一次采集、多种生成、多平台发布,推动网络"上""下"齐发力,有效扩大宣传覆盖面,保证重点报道既是首创又是首发、既有深度又有速度,实现传播效应最大化。

电视网络直播联动效果良好。第七届矿博会开幕式采用单一线下采集视频讯号,多条线上同步直播的模式,郴州广播电视台现场直播开幕式,红网、华声在线、新湖南、时刻新闻、腾讯大湘网、今日头条、新浪网、广电郴州 App、今日郴州 App 等 8 家新媒体客户端利用郴州电视台提供的视频讯号同步开展网络直播,据统计,直播期间网上观看人数达 281 万人次。

新媒体产品融合推送。通过各级各类媒体及各大网站的系统传播,运用 H5、短视频、网络直播、电视直播等多种表现形式,及时对矿博会的相关报道进行新颖呈现、融合推送,开启新"爆点",强化矿博会的品牌力,实现了矿博会信息的快速传播和有效放大。

"矿博会+"互动性强。筹委会宣传部创新性尝试"矿博会+"生活,与郴州本地影响力较大的自媒体"吃喝玩乐在郴州"开展合作,携手郴州市 60+餐饮品牌、100+门店及 5 大本地品牌商家,参与矿博会助力活动,不仅带动全城商家参与矿博会,也带动了餐饮服务业的发展。

（资料来源:湖南日报）

思 考:

1. 矿博会如何运用广告和媒体宣传?

2. 与往届矿博会的新闻宣传工作不同,本届矿博会有什么亮点来进行宣传?

(2)公司会议的宣传和营销

由于参加公司会议具有强制性,举办公司会议只需对会议的举办方进行宣传和营销,而无须在与会者身上做太多的文章。会议公司一旦获得协办公司会议的委托,可以说就在会议销售上基本上获得了成功。其所需要做的工作就是对于某些费用不由委托方承担的项目和服务对参加者进行宣传和营销,如会议日程安排计划外的文娱活动和游览活动等。印刷宣传品和销售柜台是常用的手法,这种方式有两个优势:第一,达到了宣传的目的而投入不大;第二,具有灵活性和选择性,是会议活动正常安排的补充。

(3)展览会和展销会的宣传和营销

展览会和展销会的宣传和营销与博览会的营销在宣传和销售的层面上具有一致性,即既要向参展商进行宣传和营销,同时也要对社会公众进行宣传和推销。对社会公众的宣传和营销一般通过宣传册(单)、广告、公关活动、新闻媒介、折扣门票、名人参与的方式来进行;对参展客商的宣传和营销则通过电子邮件、直接邮寄、宣传册(单)、广告、内部公关、外部公关、举办新闻发布会等形式并配合价格、差异化服务、会议产品组合来进行。

3)品牌对会议旅游营销的影响

虽然针对不同的目标群体所使用的宣传和营销的形式是不一样的,但是,有一种宣传和营销的手段无论对何方而言都是通行有效的,这就是品牌。

这里既有会议的品牌又有会议公司的品牌,或称为产品品牌和企业品牌。会议公司的品牌(企业品牌)通常只对会议的举办委托方产生影响。相比之下,会议的品牌(产品品牌)的作用就广泛得多,它既可以对举办委托方产生影响,同时也可对所有的参加者(包括在博览会、展览会和展销会的参展商和观众)以及社会公众产生影响。以德国汉诺威的 ITB 旅游博览会和美国拉斯维加斯的 COMDEX 为例,参展的客商和参观者都是出于其知名度的原因而前往参展和参观的。

由于著名的会议参加者人数众多,各类会议服务者当然不会放弃绝好的商机,旅游公司、酒店、餐饮服务者、翻译公司等均趋之若鹜,其所提供的各式各样的服务项目和可能性使会议旅游更加完善和多样化。

一个著名的品牌能够支撑一个企业,而拥有品牌的会议也是会议公司赖以生存和发展的根本。品牌的形成源于成功的运作,以往会议活动的成功举办会为会议活动和会议旅游的举办者、运作者带来美誉,并为以后的合作创造了可能性。品牌的形成和培养是一种积淀,参与举办和运作的各方都必须认真对待每一次会议的举办、会议旅游活动的组织。

会议公司可以通过以下方法来树立品牌:

①全面推进 CIS 战略,塑造企业形象。

②不断创新,在提高品牌质量的同时通过提供更深层次的服务来拓展品牌的空间。

③运用现代手段进行品牌营销,如运用互联网进行营销。

【案例9】

会奖行业开年大会——澳大利亚墨尔本亚太会议奖励旅游展会

每年在全世界范围内会举办各色奖励旅游展览或会议,能使来自世界各地的会展人齐聚一堂,交流心得,探讨趋势。

作为亚太地区领先的行业盛会,亚太会议奖励旅游展会(Asia-Pacific Incentives Meetings event, AIME)将于 2020 年 2 月 17 日至 19 日,在澳大利亚墨尔本再度召开。该展会有着悠久的历史,多年来在众多领域建立起广泛的联系,不仅限于亚太地区,而且对更广泛的全球会议业界人士开放。

澳大利亚墨尔本亚太会议奖励旅游展会是澳大利亚最具影响力、最知名的旅游展,也是英国励展旅游展览集团全球五站会奖旅游系列展之一,在会奖旅游行业具有较高的知名度和影响力。

上届展会总面积 35 000 平方米,参展企业 800 家,来自中国、美国、俄罗斯、土耳其、日本、意大利、巴西等,参展人数达 38 992 人。该展是以亚太地区为会议和奖励旅游目的地的高规格国际旅游展,连续三年获得 Meetings and Events Australia (MEA) National Awards 颁发的富有声望的"年度展会奖"。

一年一届的澳大利亚墨尔本亚太会议奖励旅游展由澳大利亚墨尔本 ARBS 展览公司举办,举办地点为澳大利亚墨尔本会议会展中心,该展会也是企业打开澳大利亚市场是重要平台。

展品范围

旅游类:旅游产品类、酒店类、国家农场类、旅行社类、度假村和露营产品类、旅游媒体类、航空公类、机场与机场服务公司类。

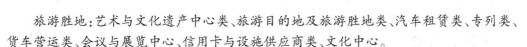

旅游胜地:艺术与文化遗产中心类、旅游目的地及旅游胜地类、汽车租赁类、专列类、货车营运类、会议与展览中心、信用卡与设施供应商类、文化中心。

旅游设备:邮轮/游艇公司、高尔夫球场、度假营地、酒店与特色餐厅、商务与奖励旅游公司、酒吧与娱乐休闲场所、旅游者协会、剧院及博物馆、温泉与海滩度假村等。

参加展会一直都是宣传、销售公司产品,了解行业前景的有效手段,特别是澳大利亚墨尔本亚太会议奖励旅游展会这种知名的国际展会。但到国外参加展会,不确定的因素更多。通常一些大型展览会的组展商会指定一个运输商作为其展览会的运输代理,但除了指定的运输商,参展商也可以选择专业的展会物流公司进行展品运输。一般来说,选择加入专业要求极高的展会物流组织国际展览物流协会(IELA)的物流商更值得信赖,它们的服务范围也会更广泛些,如展会、艺术品、运动会＆车展赛事、音乐会和其他会议活动等。

按照惯例,展会物流公司会在展览开始的一个半月到两个月之前便开始准备运输,参展的货物通常会在开幕前一到两周运到目的国。因此,展会物流公司会在运输前估算好运输时间、到达时间及可能出现的意外情况,量身定制物流方案。当然,物流公司在目的国当地设有分公司再好不过。那么,其操作人员会更了解目的国本地的法律法规、物流操作等具体情况,且更善于应对突发情况。

(资料来源:汇利达国际物流)

思 考:

1. 一年一届的澳大利亚墨尔本亚太会议奖励旅游展由哪个展览公司举办?

2. 澳大利亚墨尔本亚太会议奖励旅游展会有什么品牌营销优势?

4)会议旅游的广告宣传

广告是会议旅游的主要营销手段,它对推广会议产品、促进销售以及提升会议公司的知名度都具有十分重要的意义。其作用是将会议企业的产品告知有关各方,提醒并说服其购买产品。

(1)会议广告的诉求对象与广告信息的选择

广告活动从某种角度来看是一种信息的流动过程,其媒体的流向终端是广告受众,即广告的接收者。但是,广告诉求对象与广告受众在严格意义上还是有区别的。广告受众具有广泛性,凡是能够接收到广告信息的公众都是广告受众。但是,这些人未必会把广告的信息转化为消费动机和行为。而广告诉求对象则具有针对性,是广告信息发出者的目标消费群体。会议广告的广告受众是社会公众,而其广告诉求对象是会议的举办委托者、会议的与会者及与会议主题有关的各方。

对于会议广告诉求对象的分析是会议广告策划的重要基础工作,它关系到广告信息的选择。会议广告的信息主要还是会议的内容本身。在很多种情况下,它们是雷同的、平淡和乏味的,如某某学科的研讨会、某某产品的推广会等。但是为会议活动服务的旅游运作的信息却是丰富多彩的,通过添加合适的旅游运作信息,会议的广告内容就不再显得单调乏味,会议本身也就产生了吸引力。而且,选用不同的旅游运作信息,使得会议具有不同的风格和特色,这也是会议举办方或会议公司在会务市场上进行竞争的手段。

会议广告信息的选择除了要突出会议内容本身外,还可以在以下几个方面做文章。

①环境:会议地点的环境资源和旅游资源及其特点与优势。

②服务:会议的规格、会议设施的档次、所用酒店的档次、会议服务项目的齐备程度。

③旅游:游览观光项目及其特点、餐饮的安排等。

④交通:交通设施和服务的项目和规格。

⑤价格:会议及与其配套的服务产品的组合形式。

有一点应该强调:广告诉求对象的需求是衡量广告策划是否合理的标准,信息的选择和确定必须围绕这个中心来进行。为此要对广告诉求对象的状况进行详细深入的调查,了解广告诉求对象的要求和能力。只有这样,才能够设计出其真正希望获得的会议产品,才能够引起其参与和消费的欲望。一句话,会议广告的创意要做到以广告主题为核心,以新颖独创为中心,以形象生动为特色。

(2)会议广告载体的选择

会议广告的载体有电子传播媒体、印刷传播媒体、户外传播媒体。

①电子传播媒体。主要指电视、广播、互联网等,其最大的特点就是传播速度快、范围广。其中,使用广播媒体的成本较低,但是,广播媒体广告缺乏视觉效果,信息不能查询,因而影响力有限,受到注意的程度也有限。相比之下,电视是会议企业更愿意使用的一种广告手段,它生动直观,影响力大。但是,电视广告价格昂贵,因而篇幅较小,不可能给予广告诉求对象非常详细的信息。而且,电视广告的广告信息是不能保存的。互联网是会议广告的一个新的舞台,互联网广告不仅具有电视广告的优点,而且增加了可储存性和信息量。但是,也正是由于互联网信息量的巨大,可能会使目标观众迷路,难以找到会议企业的广告信息。

②印刷传播媒体。主要指报纸、杂志、图书、印刷宣传品,如邮报、邮寄广告传单等。其优势是信息量大,可以通过细致的描述达到良好的广告效果。其中,报纸由于发行量较大、覆盖面较广且制作简单,成为常用的手段,特别是具有针对性的专业报纸、邮报、邮寄广告传单等更是被大量地使用。但是,人们阅读报纸或是有目的的,或是浏览式的,因此,从中获得广告信息很大程度上存在着随机性。杂志广告相对报纸广告而言,出版的间隔长,因此广告时效性较差,效果较缓慢。但是杂志特别是市场定位明确的专业杂志都有一批相对稳定的阅读要求较为明确的读者群体。在这样的刊物上刊登相关的会议广告会有很强的针对性,目标也明确,可以收到很好的广告效果,这是杂志广告的优势。另外,杂志可以被反复阅读,从而使广告的接触频率大大提高,读者的精读、细读更大大提高了广告的效果。会议广告由于其具有很强的时效性一般不会刊登在图书上的,这是由于图书的出版周期比报纸和杂志更长。

③户外传播媒体。主要指海报、广告牌、霓虹灯、灯箱广告、旗帜、横幅、车体、船体、气球等。户外传播媒体广告的优点在于其创造的强烈的视觉效果。但是,户外传播媒体的广告形式针对性不强,专业性的会议不太可能在其上发布广告。同时,公众对户外传播媒体广告的注意时间一般不会很长,专注程度也小。如果采用这种广告形式,广告位置是最重要的考虑因素。

（3）会议广告策划的其他方面

会议广告的策划除了要考虑其内容和载体之外，还要在某些细节和运作环节上下功夫，主要有以下几项：

①广告的语言。用语要简洁、明了。广告用语虽然要讲究措辞和语法，但是要避免过分修饰，其表达的内容和含义要使广告诉求对象能够立刻领会，而不会曲解。

②广告的位置。除了要选择合适的广告载体之外，广告在载体上的位置也非常重要。要尽量使本企业的广告刊登在显著的位置，至少应该是所在页面的唯一的会议广告。

③广告的规模。广告的规模体现在单次展示的时间长度和信息量上面。时间短、版面小的广告不会给人留下很深的印象。广告的规模当然是越大越好，至少也要能够体现企业的实力和能力。

④广告的频率。频率是目标受众能够接收到广告的次数。由于目标受众不会在每一次接触广告载体的时候都会对其中的广告加以注意，因此，频繁地发出广告信息就是增加这种机会的唯一途径。为防止由于频繁接触而产生的厌烦心理，广告的内容或形式要经常有所变化。

⑤广告的范围。广告的范围指的是广告诉求对象所处的位置，即会议面向的目标市场。值得注意的是，会议市场的广告所关注的不是看到了广告的绝对人数，而是有多少潜在的客户看到了广告，因此，会议广告要投放在专业的领域，要选择专业的载体。

⑥广告的质量。广告的质量体现的是制作和设计广告的付出、思路、设计和技术。会议广告不能过分地追求技巧，避免浮华。价廉物美，实用有效的会议广告才会真正起到宣传的作用。

⑦广告的投放形式和时机。广告的投放有连续的投放、脉冲式的投放或随机投放三种形式。连续投放和脉冲式投放的成本较高，一般用于对固定的会议服务的宣传，它是长期和固定的广告形式。而随机式的投放是为某一次特定的活动而做的宣传，不是长期和固定的投放。因此，面向会议举办委托者的广告可采用连续投放和脉冲式的投放方式。而面向与会者和社会公众的某次特定会议的广告，由于其会议具有时效性，广告投放时机的选择也应与之配合，随机式的投放更为经济、合理一些。

【案例10】

桂林会展旅游发展的营销战略选择

结合对桂林会展旅游的产品整体定位，桂林会展旅游的快速发展，有赖于以下具体营销战略的有效实施：

一、着手抓软件建设，打造会展旅游的品牌战略

品牌是会展业发展的灵魂，也是中国会展业在21世纪实现可持续发展的关键。中国会展业的品牌化，中心任务是培育品牌展会。另外，打造一个城市的会展品牌，将其与该城市的产业特点相联系会达到事半功倍的效果。而建立展览等级认证制度，对品牌展会的名称、标志等知识产权实行登记注册予以保护，是实现品牌战略的法律保障。

桂林会展旅游在接下来的品牌发展中,首先,要确立自己的定位。在未来的5~10年内,西部会展经济将会获得长足的进步,成为中国会展经济最具有活力的市场。因此,桂林会展经济至少应成为中国西部地区的知名品牌。其次,要走国际化、专业化、大型化和市场化的发展之路,通过培植大型展览公司来推动会展经济的发展。桂林经济总量小,应该把有限的经济资源使用到几个影响大、效益高的重点市场上,即选择集中性目标市场策略。根据桂林的城市特性和资源优势,旅游和环保应是两个最有潜力的桂林会展旅游主导品牌。另外,园艺、文化、高新科技产业等方面的会展也具有成为优势品牌的潜力。

此外,桂林旅游资源丰富,可将"桂林山水"和"刘三姐民族文化"等作为会展旅游品牌的辅助品牌加以强化。桂林山水素以"山青、水秀、洞奇、石美"闻名中外;古朴浓郁、独具魅力的壮民族文化,充分展示了壮族的文化习俗、壮族的历史发展和现代风貌。因此,桂林发展会展旅游可以"甲天下山水"作为"桂林山水"的品牌核心价值;可以"唱响山歌的民族"作为"刘三姐民族文化"的品牌核心价值。

二、把握价格的影响因素,加强会展旅游的价格战略

作为会展企业,其收益主要来自参展商的参展费,以及展具租赁费、会刊收入、展会商务费等。其成本主要包括招展费、推广费、展览过程中的场地费、设备费,以及展览结束后的信息收集整理、客户维护和其他营运成本。

会展企业只有在会展场馆租价的基础上加价才会产生自己的利润。

一般来说,参展企业对会展产品的价格比较敏感,尤其是对品牌影响力比较低的会展。为了实现应有的利润目标,桂林的会展企业在制订会展项目的价格时,需要考虑以下因素:会展行业竞争状况及企业的竞争能力、会展企业成本状况、会展市场需求状况及水平、会展企业项目周期、市场发展情况及市场环境、会展企业定价目标、会展企业整体经营战略。在此基础上,会展企业根据承担的成本和预期获得的收益,再运用心理定价法和折扣折让定价法等常用的定价技巧来确定项目价格。具体定价方法有3种:竞争导向定价法,如常见的随行就市定价;成本导向定价法,包括成本加成定价和目标收益定价法等;价值导向定价法,包括顾客感知价值定价法。

三、合理建设销售渠道,灵活运用会展旅游的分销战略

会展项目的分销对象除了参展商外,还有专业观众。一般而言,会展项目的分销渠道可以分为直销和代理两种。

直销就是会展企业直接对参展商和专业观众进行销售;代理就是在保证一定摊位数的基础上,一个地区选择一家或者数家作为代理商,全权负责该地区的会展项目销售业务,这一地区的摊位不管是否由代理直接招来,都计入代理的摊位中,统一支付代理佣金。代理招展的分销模式相比较直销而言,节省了人力物力,但是会展企业需要对代理商的选择严加控制,并且通过对代理商绩效进行评价,及时发现不合适的代理商,进行渠道调整。当然,在代理商的管理过程中还应该对其进行控制与激励。桂林会展旅游在分销渠道的选择上,可因时因地因事而异。如博鳌亚洲旅游论坛等国际性大型会议,可采

用代理为主的方式。而像中国国内旅游交易会等大型的综合性会议,则可采用直销与代理相结合的方式进行。

四、加强市场宣传,积极实施会展旅游的促销战略

加大会展旅游的宣传力度,就是在宣传上做到有的放矢、目标明确,避免盲目跟从。桂林市在做宣传促销时可将目标直接锁定旅行社的专业人士。桂林发展旅游业较早,在国内外的旅行社已形成了一个较大的、良好的关系网络。可以通过这个网络进一步扩大影响。同时,针对不同客源市场宣传的侧重点也应有所不同。例如,针对注重保健养生的日韩客人,可着重宣传桂林优质的空气、舒适的生活环境;而面对猎奇心重的欧美客人,则可将宣传的重点放在桂林的奇山异水和独特的少数民族风情上。

在会展项目的营销过程中,针对行业内的参展商和业内专业观众采取有针对性的促销策略是必不可少的。不同的促销方式具有不同的特点,也将产生不同的促销效果。桂林会展旅游可根据会展常用促销方式,以确定通过什么形式的媒体广告来进行宣传。

总之,会展旅游营销是一个不断循环运行的有机系统,桂林也不例外。可以说,产品、品牌、价格、分销、促销五大战略并不意味桂林会展旅游营销工作的结束,相反是整个桂林会展经济的又一新起点。因此,在做好营销战略的基础上,桂林会展旅游工作还应从产业信息化、制度规范化、管理严格化、纵横合作化等多方面着手进行,以便实现桂林会展旅游的可持续发展,进而带动桂林整体社会经济的持续进步。

(资料来源:发展桂林会展旅游的营销对策研究)

思　考:

1.桂林会议旅游的营销策略主要有哪些?

2.参考桂林会议旅游的营销策略,提出对广州的会议旅游发展的建议。

项目3　会议旅游的管理

2.3.1　会议旅游的组织机构

1)会议机构的组建

与会议有关的机构主要有两种:筹备机构和运作执行机构。这两种机构可能同属于举办方,也可能是仅仅由于业务关系联系起来的两家独立的单位。这是由不同的会议旅游运作方式来决定的。

如果会议的举办者独立运作会议和会议旅游活动,那么会议的筹备机构、运作机构都会由同一单位组建。但是从会议操作的实际情况来看,会议的举办者更愿意将会议的

操作业务交给其他的专业企业来运作,那么会议筹备机构与会议运作执行机构之间的关系就是纯粹的业务关系。无论处于哪一种情况,会议的筹备机构与运作执行机构的密切合作都是必需的。

一般来说,会议活动的运作执行机构指的是专业的会议公司。其内部的职能部门主要是依据与会者在会议举办期间的活动流程、会议举办者所作的相应安排来设立的。部门的设立要充分考虑科学性,同时也要兼顾服务的质量和效率。会议公司的职能部门设置一般如图2.2所示。

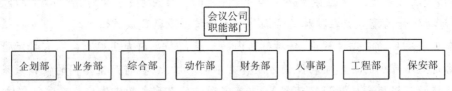

图2.2 会议公司职能部门设置

①企划部。这是会议企业的基础部门,其主要工作包括企业策划和会议项目策划两大块。企业策划是对整个会议承办企业形象的策划、组织的包装等。而项目策划则是制订会议工作方案,如明确工作事项、安排工作人员、安排工作进程和费用支出等。举办会议是一项系统工程,详细而科学的会议策划是保证会议的工作安排能够按时、按质、按量顺利完成的依据,会议策划虽然是基础,却非常关键。

②业务部。业务部门是关系到企业盈利与否的重要部门。其主要职能就是开拓市场,即招商,故在有些公司中业务部也称为招商部。业务部的具体工作包括开展宣传、招徕和联系会议组织者、与会者以及其他会议服务提供者,与之签订合同,同时召开筹备会议等。除此之外,业务部的工作内容还涉及会议环境的设计。

③综合部。综合部是广告和公关部的综合。该部门主要负责新闻宣传、广告策划实施、协调与各社会团体或政府的关系等工作。公关的目的是争取与企业有关的单位的支持,特别是争取得到新闻媒体、政府机关等具有较大影响力的机构的认可和支持。

④运作部。运作部门是会议的具体行动部门,它负责整个会议项目自开始到结束的组织、安排和协调,是整个会议活动运作的最关键的部门。

⑤财务部。财务部门的工作是协助会议举办者和运作者搞好经营核算,审核会议项目的可行性分析报告,控制企业经营费用,使企业获得最佳的经济效益。

⑥人事部。人事部的职责是负责会议公司员工以及会议活动所需要的人员的招聘、培训、考核及激励等工作的部门。如果会议公司同时又是会议中心的业主,其职能部门还应包括工程部和保安部。

⑦工程部。会议活动要使用专门的会展中心或会议中心等设施,就会涉及其内部的陈设、水电、音像、空调、通信等设施的正常运行、使用的问题。会议公司设立工程部可以更有效、及时地防止和处理某些突发事故。

⑧保安部。保安部的工作是维护企业的正常运作,同时也可以为会议活动提供安全服务。如果会议公司并非会议中心的业主,工程设施的维护和会议保安的工作则要交由专门的公司来完成。

2）会议旅游活动中的人力资源开发和管理

按照现代管理学的理念,人力资源、经济资源、物质资源和信息资源是企业正常运作的四个保证。其中,人力资源是决定性的因素,离开了人力资源,即使有了其他三大资源,企业也会失去优势。在会议经济领域,情况也是如此。

会议经济与其他行业相比有其自身的特征,其运作和管理与许多领域之间既存在着联系也存在着区别。会议及会议旅游活动对从业人员有三个方面的基本要求:第一是拥有广博的知识、广泛的能力,以适应不同工作内容的需要;第二是精通业务的操作和流程;第三是对会议活动运作方面的理论和实践的结合要有深刻的体会,真正能做到知识的活学活用。

具体地说,其从业人员需要具备以下4个方面的能力:

①策划能力。会议活动的涉及面很广而且关联性极强,其活动项目需要进行合理的设计、安排和协调。从业人员应具备全局观并拥有较强的总体策划的能力。

②创新能力。会议的形式需要不断变化和推陈出新,只有这样才能对各方客户有吸引力。在不断地创新中,会议的运作才能超越平凡,会议运作者才能够保持持续的竞争力。

③公关能力。在会议的整个策划和运作过程中,都含有大量与服务对象的沟通和交流的成分,这就是会议公关。它包括交际能力、语言能力等,这也是会议从业人员的基本能力之一。

④组织能力。无论是大型会议还是中小型会议,其活动都会涉及不同的社会部门,涉及其间各方利益的协调及合理分配的问题。因此,组织能力是保证会议活动成功圆满的基础,也是对会议活动从业者的基本要求。

专业的会议策划人员可以通过学历教育、职业教育和职业培训等方式来培养。在会议经济发展程度很高的西方,对会议策划、运作和管理的研究已经上升到了高等教育的阶段,并从早期仅仅是酒店管理学的一个分支领域发展成为一门崭新的服务应用学科。美国乔治·华盛顿大学于1988年推出的特殊事件管理职业资格认证(Certified Special Events Professional)体系和会展工业理事会(Convention Industry Council)推出的 CMP 和 CMM 资格认证体系已成为许多会议举办者评价和寻找为其组织和运作会议的合作者的标准。会议公司,尤其是那些开展国际会议业务的公司,要做到与国际接轨,必须要引进合适的人才。但是,仅仅引进人才是不够的,还要通过培训机制、激励机制使其成为行业的专家,只有这样才能使会议公司真正拥有行业竞争优势。

【案例11】
会展产业对从业人员的核心素质要求

笔者在《会展与会展产业》一文中分析了会展产业活动具有集聚性、联动性、广谱性、传播性和创新性等特点,会展产业活动的这些特点对从业人员的要求具有特殊性。大学的会展专业人才培养是一个具有很强目的性和针对性的教育活动,要根据这个特殊性来培养具备与会展产业活动特点相适应的职业素养的专门人才,以适应产业发展需要。从大学生的角度来看,就是要准确把握会展产业对从业人员的素质要求,尤其是核心素质的要求,从而科学制订学习目标与学习规划,通过有针对性的学习和训练来锻炼啊和塑造自己,使自己达到执业能力要求,成为成功的职业会展人。

会展产业活动对从业人员的核心素质要求集中体现在学习能力、沟通协调能力、信息处理能力、创新能力和执行能力五个方面。在国际高端会展产业活动中,还需要增加一个外语能力,天津商业大学会展专业据此提出了会展专业"5+1"核心素质模型,并在此基础上构建了"四知五能三课堂双专业"的课程体系。以下是笔者在研究和实践中的几点认识,以供参考。

1.会展产业涉及行业宽泛,对从业人员的学习能力要求高

三百六十行,行行有会展。会展产业具有广谱性特点,产业部门人员涉及政府部门、非政府组织和企业,尤其是大型综合性会展活动涉及行业十分宽泛,涵盖科技、会展、文化创意、物流、旅游、广告等产业及相关多个产业链,包括项目管理、会展策划、会展招商和营销、公共关系和接待、广告设计、项目融资、涉外法律、信息通信、媒体、同声传译等。会展从业人员需要熟练掌握两种甚至两种以上专业技能才能应对如此广泛而又聚集的多业态交叉融合的技能要求,这些专业技能包括公共管理、工商管理、新闻传播、国际贸易、广告设计、旅游管理、酒店管理等多领域知识和技能,以及专业的会展知识与技能等。只有具有较强学习能力的从业人员才能应对会展业跨行业多领域交融产品开发与供给的需要。

2.会展服务对象多元,对从业人员的沟通协调能力要求高

一个会展项目往往涉及到众多个利益关系主体,有参展商、专业观众、普通观众、投资商、广告媒体、展会场所提供者、展会工程公司、公共部门等,因此,作为一个会展从业人员如果不具备较好的沟通协调能力就无法顺利完成承办会展服务的任务。同时,客户(参展商、专业观众)和普通观众是承办方开展会展项目营销推广的核心,离开了优质的客户关系网络,会展项目就根本无法执行下去。所以,会展服务要求从业人员具备很强的沟通能力,能从客户需求出发,及时满足客户的需要,从而提高会展企业和会展项目的市场竞争力。从根本上看,会展活动提供的是人性化服务,而提供人性化服务的关键就是与服务对象进行沟通和交流,要善于与人沟通,要把想法变成别人能理解接受的想法,从而推动会展工作的顺利进行。会展从业人员的沟通协调能力主要包括语言能力和人际交往能力,语言能力除了强调较强的口头表达能力外,还包括多种语言的口头和书面表达能力。

3.会展平台汇集海量信息,对从业人员的信息处理能力要求高

会展产业活动要求在短期内进行服务集成,集中供给服务产品,不但要精准掌握各方面的信息和情报,还要有高效的信息处理能力。会展项目信息管理包括会展项目流程、费用和质量的信息控制,会展客户的信息管理,会展服务供应链信息集成,会展公共信息管理等。通过高效的信息处理,达成会展项目各个环节的整体协同、步调一致,圆满完成会展项目从策划到执行和评估的全流程,实现会展活动的目标。因此,会展从业人员只有具有较强的信息处理能力,才能做到"知己知彼,百战不殆",及时有效地处理会展管理事务。信息处理的能力表现在工作中,就是会展项目策划与管理的文案制作,会展活动的信息采集与管理,会展新闻等信息的传播与控制等。

4.会展项目具有唯一性,对从业人员的创新能力要求高

会展项目,有的是周期性举办的活动,也有非周期性的活动。周期性的会展活动中,

有一年一届的,有两年一届的,也有五年一届的。但是,不论是周期性举办的会展活动,还是非周期性的会展活动,作为项目都是唯一的。创新是项目唯一性的标志。即使是周期性的会展活动,也绝不是简单地重复,而是要不断创新。只有创新,才能使会展项目和服务获得可持续发展的动力。因此,会展从业人员及团队应该具有很强的创造性思维能力,要善于独创、开拓和突破,特别是展会项目策划要有独特性和新颖性。同时,由于会展是一项系统工程,一个展会从策划、运作、到客户服务包括众多环节,环境和事态的发展瞬息万变,因此要求从业人员随机应变,利用创新能力及时解决突发问题。无论是何种形式的会展活动,都在创新性上有很高的要求,不但要求个体具有很高的创新能力,还要求团队具有较强的整体创新能力。如2010年上海世博会,无论是世博园区的规划,还是展馆展品的设计,都向世人展示了当今世界最前沿的科学技术,这些都是由世界一流的科技人才在其后支持、研发的。例如,为了在夜间展现中国国家馆"故宫红"的主色调,世博会使用了超过2.3万个LED灯具;为实现世博交通园区内"零排放"、园区周边"低排放"的目标,世博会使用了由上海汽车集团研发和生产的新能源示范车1 000余辆;中国的水晶石数字科技有限公司通过3D方式复活了宋代画家张择端的古典长卷《清明上河图》等。这些活动,说它们展示高新技术也好,借助于高新技术来展示新产品也好,或者通过设计展示新理念和新创意也好,都需要有创新能力的团队作为支撑。会展产业活动对从业人员的团队创新能力的要求高,这是业界的共识。

5.档期会展服务高度集中,对从业人员的执行能力要求高

会展产业活动在短期内凝聚大量客户和观众参与,会展活动现场在展会档期的短短数天内产生大量的临时用工需求,而且这种短期用工一般都要有较高的素质要求,对于各个环节的管理和控制要求高,这必然要求会展管理人员必须具有很强的执行能力,以确保活动的安全和质量。不论是主承办单位自己的人员管理,还是承包商的管理,均需要有强有力的执行人员,才能在短期内大量服务人员共同协作的状态下圆满完成各项任务。一般的会展活动的会期控制在短短数天的范围之内,有的大型会展活动(如世博会、园博会等)的会期可能长达几个月。但是即使是长达几个月,其大量使用人力资源也是短期的。据调研,直接对世博会进行组织和管理的有2400余人,为世博会提供直接服务、间接服务的人员和志愿者共20万人左右,其中志愿者10万人,构成了为世博会服务的庞大队伍。

总之,会展产业活动的特点及其对从业人员的素质要求是广大会展教育机构科学制定人才培养方案的直接依据,人才培养和专业学习必须建立在可靠的产业需求分析基础上,不能凭空想象,夸夸其谈。上述分析如有遗漏和不足,欢迎广大同人补充和讨论。

(资料来源:会展学研究)

思　考:

1.会议从业人员需要具备什么能力?

2.会展产业活动对从业人员的核心素质要求集中体现在哪5个方面?

2.3.2 会议旅游的运营管理

1)国际会议旅游的工作流程

凡举办会议,不论会议大小,住宿、餐饮、活动缺一不可,会议组织者应该主动与会议主办者打交道。以一个大型国际会议为例,它的流程主要包括申办、承办和总结三个阶段。

(1)申办阶段

国际会议承办的方式主要有会员国轮流主办、地区性轮流主办和竞标方式三种。竞标方式最具有挑战性,但由于竞标产生的会议往往受瞩目程度高、权威性高、影响大,因此更加能引起主办者的兴趣。一般而言,一次竞标工作往往分成三个步骤。

第一步骤是拟订竞标企划书。这是评审委员会对争取单位的第一印象。它的主要内容包括政府及各相关单位的支持信函、硬件设备、预算、承办国际会议的记录、饭店、航空、交通和旅游、餐饮、文化节目、专业会议筹办人等。

第二步骤是接待评比人员。评比人员多由评审委员会派出,一般为3~4人,争取接待时要注意:用最高礼遇的接待方式;安排好住宿;结合会议相关产业参与简报编发,展现出团队精神;实地参观硬件设施;拜会政府首脑;举行参观活动;送礼品。

第三步骤是了解竞争对手。往往一个会议有几个申办者,因此要更多地展示自己的竞争优势,以加深评审委员会的了解。

例如,要申办世博会,就要通过申请、考察、投票、注册4道关卡。

①申请。

按BIE(国际展览局)规定,有意举办世博会的国家不得迟于举办日期前9年向BIE提出正式申请,并交纳10%的注册费。申请函包括开幕和闭幕日期、主题,以及组委会的法律地位。BIE将向各成员国政府通报这一申请,并告知他们自通报到达之日起6个月内提出他们是否参与竞争的意向。

②考察。

在提交初步申请的6个月后,BIE执行委员会主席将根据规定组织考察,以确保申请的可行性。考察活动由一位以上副主席主持,若干名代表、专家及秘书长参加。所有费用由申办方承担。考察内容主要包括主题及定义、开幕日期与期限、地点、面积(总面积,可分配给各参展商面积的上限与下限)、预期参观人数、财政可行性与财政保证措施、申办方计算参展成本及财政与物资配置的方法(以降低各参展国的成本)、对参展国的政策和措施保证、政府和有兴趣参与的各类组织的态度等。

③投票。

如果申办国的准备工作获得考察团各项的支持,全体会议将按常规在举办日期之前8年进行选择。如果申办国不止一个,全体会议将采取无记名方式投票表决。

④注册。

获得举办权的国家要根据BIE制定的一般规则与参展合约(草案)所确定的复审与接纳文件,对展览会进行注册。注册意味着举办国政府正式承担其申请时提出的责任,

和性别等,以把握旅途中是否有忌讳的事物。

C. 落实好餐饮、住宿、交通等基本问题。

D. 提醒注意事项,要向出游者预报旅游期间的天气和游览的地形、游览线路和距离长短。说明旅行的集合时间和地点,提醒游客旅游车的型号、颜色、标志、车号、停车地点,以便旅游者能准确到达集合地。

E. 做好导游服务。导游是旅游活动中的关键环节,由于会议旅游不同于一般的旅游活动,特别是旅游的主体是一个特殊的群体,因此对会议旅游的导游人员提出了更高的要求。

③娱乐活动的安排。

在旅游中,游览和娱乐几乎密不可分。丰富多彩的娱乐活动有助于与会者消除疲劳,缓解会议带来的压力。在有的游览景区同时又有娱乐设施,旅游者在游览的同时可以进行娱乐体验。这里的娱乐安排包括会议方为会议参加者提供的表演、晚会等活动。娱乐活动的安排要注意以下问题:

A. 要统筹安排,避免重复。

B. 避免格调低下的文娱活动。

C. 注意安全。在大型娱乐场所,应提醒与会者不要走散,并注意他们的动向和周围环境的变化,以防不测。

（2）会议旅游活动中的协调管理

为承办好会议旅游活动,会议组织者和会议承办单位必须协调好与相关服务部门之间的关系,保证旅行中各项活动顺利开展。

①与餐饮部门的联系。

对现代旅游者来说,用餐既是需要,又是旅游中的一种享受。会议休闲旅游安排要涉及在旅游景点及其附近用餐的问题。餐馆的环境、卫生,饭菜的色、香、味,服务人员的举止与装束,餐饮的品种及符合客人口味的程度等,都会影响与会者对会议活动的最终评价。因此,会议组织者必须事先与有关餐饮业建立合作关系,为游客提供一套美味的休闲大餐。

②与住宿部门的联系。

会议旅游者参加会议或进行会议旅游后往往会感觉身体疲惫,需要一个舒适的住宿环境来调整自己。宽敞的房间、齐全的设施、人性化的服务是与会者住宿环境的最佳选择。会议举办者要做好房间的预订、安排工作,与宾馆建立长期合作关系,保证宾馆能在会议期间为与会者提供良好的住宿环境。

③与娱乐部门的协调。

娱乐属于与会者的非基本要求,然而,在现代会展活动中作为扩展知识面,了解旅游目的地的文化艺术已成为与会者日益普遍的要求。娱乐是会议活动的艺术内涵之一,特别是组织好与会者的晚间文化娱乐活动,不仅可以消除与会者白天的紧张情绪,具有集休息于娱乐中的效果,而且可以丰富、充实会议活动,起到文化交流的作用。这就要求会议组织者和主办者与娱乐部门建立必要的合作关系。一方面,保证按时获得所需数量的入场券;另一方面,要获得团队的折扣,以保证支出最小化。

④与参观游览部门的合作。

旅游资源是旅游活动的客体,参观游览是与会者在会议期间旅游活动最基本和最重要的内容。因此,与游览单位的合作关系也就显得特别重要,包括对景点门票、导游、交通方面的落实。

⑤与旅行社的合作。

如果将会议团队的旅游活动交给旅行社来组织,就必须根据会议团队的特点,有针对性地选择旅行社。选择的旅行社必须具有良好信誉,且价格方面要合理。

【案例12】

依托独特的旅游资源 苏州旅游怎么"约"如何"会"?

作为旅游行业中价值较高的细分市场,会奖旅游一直备受高端市场的青睐。苏州作为国内重要的商务旅游目的地城市,旅游业态几经升级,会奖旅游又是怎样一番情况?2018年8月7日记者进行了调查采访。

优势:深度整合资源

西抱太湖、北依长江的绝佳区位赐予了苏州小桥流水人家的水乡古城特色、秀丽典雅的私家园林风情、芦荡密布的水文特征、意趣深远的古韵气质。记者了解到,依托这些成熟的旅游资源,苏州成功打造了以"约会园林、约会古城、约会湖畔、约会雅韵"为主题的苏州特色会奖旅游品牌——"约会苏州"。

"古城城门、古桥,各类古建筑、古街、古巷,以及古城区的环城河48景,让古城区成为繁华姑苏的经典聚集地;不同风格的园林、广袤秀美的湖泊、雅韵十足的非物质文化遗产也都成为苏州的特色旅游资源。苏州从事会奖旅游的公司充分利用这些得天独厚的自然人文资源,把会奖旅游搬到古城墙下、古园林中、湖畔旁,将旅游资源变为独具一格的会奖资源。"苏州市旅游局市场促进处相关工作人员告诉记者。

不仅是特色旅游资源,苏州的会议展览设施也日渐完善。"苏州有苏州国际文化博览中心、苏州广电国际会展中心、昆山花桥国际博览中心、昆山昆开国际会展中心、常熟国际展览中心等11个大型的室内场馆,面积达33万平方米;会议设施有苏州金鸡湖国际会议中心、太湖国际会议中心、独墅湖世尊酒店会议中心、苏州会议中心、西交—利物浦国际会议中心等8个大型会议中心;同时,苏州还有近200家星级酒店,其中23家酒店拥有1 000平方米以上的会议厅。"市旅游局市场促进处相关工作人员表示,"丰富的旅游资源,齐全的配套设施,再加上便利的交通,使得苏州发展会奖旅游有了得天独厚的条件。"

苏州发展会奖旅游,既是大势所趋,又是优势所在,中国会展经济研究会常务副会长储祥银评价说:"苏州结合古典精致与现代时尚双重气质,是举办展会与会议的绝佳地方。"

创新:打造特色产品

昨天上午,来自上海的企业团队乘坐古城河游船,在古色古香的环古城河48景的陪伴中,开启了一场别开生面的行舟会议。会议结束后,企业团队一起游览了水陆并连的城门——盘门,并在平江路享用了美味的苏式午餐。作为本次会议的承办单位,苏州会奖旅游发展有限公司充分挖掘苏州的旅游资源,给体验者留下了深刻的印象。总经理陆洪兴表示,"通过游古城、品美食,我们把苏州优秀的自然与人文资源呈献给远道而来的宾客，为他们提供最优质、最令人耳目一新的特色会奖旅游体验"。

除了深耕四大约会系列产品，各家旅行商也正着力打造个性化会奖新产品。陆洪兴表示，苏州会奖旅游发展有限公司依托太湖国家旅游度假区、金鸡湖商务旅游示范区的区位及资源优势，积极开发水上会奖旅游项目，比如打造游轮上的大型会议等。此外，他们也不断地进行产品创新，把会奖旅游线路与城市节庆活动进行深度打包，并注重会议行程中的特色美食比重，因而深受市场的好评。

苏州平泷国旅旅行社总经理季月琴则表示，他们更重视会奖旅游行程中的游客体验环节，因而他们开发了非物质文化遗产体验产品、手工艺体验产品等，并将这些产品融入会议行程中，将人文与会奖旅游相结合，通过文化体验项目来不断地提升会奖旅游的高度。

推广："走出去"+"请进来"

中美旅游年千名美国游客游江南水乡、全美医师协会的园林会奖活动、阿玛尼私藏系列的"苏州牡丹"香水会奖活动……一系列活动的成功举行不仅助推着苏州会奖旅游的发展，也彰显着苏州的城市气质与资源禀赋，更推动着产业经济转型升级的需求，因而苏州也一直在积极拓展着自己的营销渠道。

记者从市旅游局了解到，在会奖旅游的宣传与推广上，市旅游局通过"走出去+请进来"的方式，一方面，鼓励并组织苏州的会奖公司参加国内外的专业会奖组织及展会，积极推广苏州会奖旅游，寻找合适的项目，并形成业内口碑；另一方面，旅游局还会组织系列买家考察活动、客户体验活动、媒体采风活动，建立苏州会奖的买家资源库，及时跟进买家动态，主动推送苏州会奖动态，直接促进项目的对接与落地。同时，市旅游局也积极引进知名度、关注度较高的品牌性会奖项目，形成苏式会奖精品案例，从而扩大苏州会奖旅游的知名度和影响力。

此外，为鼓励会奖企业，市旅游局设立多种奖励政策，而在奖金发放的具体落实环节中，申请企业也会明显感受到"申请门槛低、审核周期短、发放便捷"的奖励性政策带来的便利。苏州运通国际旅行社会奖总监汪明辉告诉记者，他们就尝到过承办高端会奖旅游带来的政策福利。"说实话，这个申请门槛不算高，我们当时承办的一场会奖旅游活动符合了人数、住宿等奖励标准，于是便向财政局申请奖金，没过几天，奖金就打到我们的企业账户上了。"

基于政府与市场的多方努力，如今会奖旅游已成为苏州全域旅游发展的一个重要抓手。

未来：构建产业联盟

尽管经过几年的发展，苏州会奖旅游市场已经具备了一定的规模，但是不少从业人员也向记者坦言，目前苏州的从业企业依然呈现着小、散之势，无论是人才储备还是行业视野上，相比一线城市仍有较大的提升空间。

作为一家专业的会奖推广公司，苏州会奖旅游发展有限公司自2014年成立以来，便一直在摸索中开拓着苏州会奖旅游业的发展脚步。总经理陆洪兴告诉记者，"经过几年的品牌推广与发展实践，我们在'对标找差'中不断地自我成长，未来三到五年，我们希望能够发展成在国内外具有一定影响力并拥有自主知识产权的专业会奖旅游企业，为苏州承办更多的国际性会议。"

陆洪兴表示,现阶段苏州会奖旅游的人才主要来自旅行社、酒店等行业的转型人才,但是会奖旅游行业需要大量的专业性工作,因此他们非常注重对会奖旅游人才的培训工作。从旅行社转型过来"的人才通常都有一定的适应期,在这个时期,我们会安排员工依次完成初级班、中级班、高级班的专业培训课程,苦练内功获得结业证书后,才能更好地上岗"。

不仅是会奖旅游企业意识到了人才的重要性,市旅游局也积极开展会奖人才培训工作,引入国家人力资源部组织的"会议运营管理师(中级)"培训班项目,以及国际专业会议组织者协会(IAPCO)的国际性会奖培训,定期组织会奖从业人员的专业培训,推动了苏州会奖产业向国际化、产业化发展。

谈及对行业及市场的期望,不少会奖旅游企业都表达了想要建立区域行业联盟的愿望。汪明辉表示,目前苏州的数十家会奖旅游单位经过多次的相互沟通,正在积极筹划和落实会奖旅游联合会的成立事宜。与此同时,旅游主管部门也正积极努力,打算将苏州的景区、酒店、餐厅、特色会场、活动策划、旅行社等各类型本地服务商纳入会奖行业的整体产业生态圈。"只有深度地整合了营销资源,彻底摆脱单兵作战的状态,建立良好的互动合作机制,才能更好地提升服务水平,共同打造苏州会奖旅游的品牌形象。"汪明辉说。

(资料来源:中国江苏网)

思 考:

1. 苏州将哪几个类型服务商纳入会奖行业的整体产业生态圈?
2. 依托独特的旅游资源,苏州旅游怎么"约"如何"会"?

模块 3
展览旅游

【教学目标】

能力目标	知识目标	素质目标
■具备展览旅游市场调研和分析能力 ■具备展览旅游发展的趋势判断能力 ■具备展览旅游产品开发的能力 ■具备展览旅游项目策划和营销策划的能力 ■具备展览旅游流程操作与项目管理能力	◆掌握展览旅游的概念、类型、特点、作用等系统知识 ◆了解展览旅游的发展现状和发展趋势 ◆了解展览旅游与相关行业的相互关系 ◆掌握展览旅游的策划流程和内容 ◆掌握展览旅游活动的管理知识	▲团队合作精神好、协调性高、管理能力强，具备较高的分析与策划能力 ▲具备主动学习的精神，积极参与课堂教学活动，按要求完成教学准备 ▲具备严谨、勤奋、求实创新的学习精神

【重点与难点】

本模块内容学习的重点在于掌握展览旅游的概念、类型、特点、作用等系统知识，掌握展览旅游的策划，包括营销策划，并掌握展览旅游项目的管理运作，了解展览旅游的现状，把握展览旅游的发展趋势。

【案例1】

"看展览"成旅游热点

2018年7月初，冒着近40摄氏度的高温，中国国家博物馆门前依然排着长龙般的参观队伍。"无问西东——从丝绸之路到文艺复兴""铁笔生花——故宫博物院藏吴昌硕书画篆刻特展"等展览近日又点燃了观众的观展热情。

三年前，故宫博物院举办"石渠宝笈特展"时催生了"故宫跑"这个热词。随后，深受观众追捧的"千里江山——历代青绿山水画特展""赵孟頫书画特展""予所收蓄，永存吾土——张伯驹先生诞辰120周年纪念展"等，让"故宫跑"渐成常态化。此外，中国国家博物馆、陕西历史博物馆每天吸引着来自各地的游客，排队的观众摩肩接踵，常常要等上几个小时。

"看展览"已成为时尚休闲游的重要内容，不仅专业爱好者，更多的普通市民和游客也纷纷走进展馆，上至耄耋老者，下到垂髫少年，悠闲地看一场展览，接受艺术的熏陶，换个视角看生活，成为很多人享受闲暇时光的最美方式。

如今，一遇到有书画等艺术展览，故宫博物院便成了百米冲刺的赛场，人们过了午门，拔腿就冲向燕翅楼或是西侧的武英殿去排队。记得去年九月，我跑了两次才有幸一睹《千里江山图》的风采。第一次，我没有做足功课，去的时间不够早，真没想到排队的观众人山人海，一开门当天的门票就已经发完。难怪有媒体说"排队三小时，看展五分钟"。有了一次失败的经历，我开始研究观展攻略。原来，网上有不少同好者已做出了图文并茂的详细攻略，告诉你什么时间到达故宫才能确保轻松挤进前200名，成为第一批观众。我在排队的时候，排在前面的是一对来自河南的老夫妻，他们来北京旅游，知道故宫有这个展览后，特意把看展览作为旅游的一项内容。

在参观"赵孟頫书画特展"时，我有了经验，提早做了功课，计算好时间，还能赶上聆听故宫专业人员的免费讲解。我们这个临时组成的观展团队中，还有几位小学生，父母说他们正在学习书法，边游览故宫边学习名作，一举两得。越来越多人的兴趣点开始关注各种文化展览。以往驻足在艺术展览前零星的小众人群，如今早已"淹没"在浩浩荡荡的观展大军中了。

前不久，我来到陕西历史博物馆，望不到头的排队长龙和故宫博物院参观潮一样壮观。正在展出的"陕西国宝系列特展""唐墓壁画珍品馆""大唐遗宝——何家村窖藏出土文物展"吸引着大批观众。我顶着烈日，排了两个小时的队才进馆。来自山西太原的初中生林同学，喜欢读历史，这次利用周末时间，和妈妈坐高铁专程来陕历博看文物展。西安人告诉我，现在陕历博和兵马俑、大雁塔一样，是最受游客青睐的景点，西安研学之旅都把陕历博列入其中。

近几年，不仅故宫博物院、陕历博这类历史博物馆的展览受到热捧，像在美术馆、文化中心这些地方举办的各类文化展览，也成为人们休闲游的重要内容。

北京媒体人王玮是个典型的文艺女青年。她平均每个月都要看一两次展览，出差时也会在当地寻觅展览。"看展览是我的一种生活方式。平时当我空闲了，在朋友圈和某些渠道知道有喜欢的展览，我就会去看。上周末刚和闺蜜约好去今日美术馆看保罗·史密斯展览。"王玮说，她更喜欢艺术类的展览，比如故宫博物院的"千里江山——历代青绿山水画特展"、国家博物馆的"大英博物馆百年展"和梵克雅宝的展览。

旅游达人刘星也是看展览的发烧友。她喜欢有文化有传承的东西，最爱艺术和科学类的展览。她说看展览印象最深的是，在清华大学艺术博物馆看达·芬奇手稿展，真是令人叹为观止。达·芬奇在绘画成就之外，还从事科学研究工作，这些手稿是"大家"最真实的佐证。

记得我第一次到深圳采访旅游，在游览了著名的锦绣中华、世界之窗和欢乐谷之后，我走进了附近的何香凝美术馆、华·美术馆和华侨城创意文化园。何香凝美术馆是中国第一个以个人名字命名的国家级美术馆，华·美术馆是国内首家以设计为主题的美术馆，而创意文化园则汇聚了摄影、设计、雕塑、动漫等文化元素。那个宁静美好的午后，我触到深圳的文化气息。如今，越来越多的人在深圳看艺术展览，体味不一样的深圳文化，深圳国际大都市的艺术范儿日渐醇厚。

美术馆、艺术馆潜移默化提亮城市文化的底色。在上海，看艺术展正成为越来越多市民的生活休闲方式。"大英博物馆百物展""印象派大师·莫奈特展"等展览，都是近两三年上海的"爆款"艺术展。中华艺术宫、上海当代艺术博物馆、刘海粟美术馆、龙美术馆、余德耀美术馆、民生现代美术馆、艺仓美术馆、复星艺术中心等一大批美术馆的改建新建，营造出摩登之都完备的美术馆体系与浓郁的艺术氛围。

法国社会学家福勒斯代认为，生活方式中最主要的内容就是闲暇时间，一个人的休闲方式就是他的生活方式。"看展览当然算是旅游休闲的方式，可以提高自身修养，增长见识。我平时工作很累，看展览能让我安静下来，沉浸在展览所呈现的那个世界里面，我去寻找共鸣。"王玮说。

近年来，很多人选择去博物馆、美术馆参观展览度假闲暇。观展不再是少数专业人士的文化需求，更是面向普通人的一种休闲方式。文化艺术在社会生活中的渗透渐深，已成为很多市民和游客的消费习惯。在采访中,记者了解到,很多逛博物馆、美术馆的年轻人,不仅仅是去学习知识,他们更喜欢的是在这样的艺术空间里,看展览,听讲座,读书,逛文化纪念品,和好朋友彼此分享、交流,享受这份愉悦的心情。

现在有一些游客,去到一个地方旅游,会先选择游览当地的博物馆,以此作为一种打开这个城市的方式。欣赏艺术展览,或许是拥抱陌生城市的好办法。电视节目《国家宝藏》播出后,其中涉及的多家地方博物馆的游客接待量明显提升。在线旅游网站显示,通过"博物馆"搜索国内旅游产品的游客上升了50%,博物馆迎来了游客参观的高潮。无论是走马观花的普通观众,还是细细品味的专业观众,看展览的旅游休闲方式受到越来越多人的欢迎。

(资料来源:中国经济网)

思 考:

1. 结合以上案例,谈谈你对展览旅游的了解。
2. 思考展览与旅游如何更好地融合发展?

项目 1　展览旅游的现状

现代展览始于 19 世纪末,目前,在欧洲、北美洲、大洋洲,以及亚洲的新加坡、中国香港等国家和地区,展览业已发展为一个成熟的产业,进入商业化运行阶段。

我国展览业总体水平和国外展览业发达国家相比差异较大,具体表现在管理体制、展会规模、展览设施、观众构成等方面。

顺应国际展览业发展趋势,我国展会将向大型化、定期化、专业化、品牌化方向发展。同时,制造性展览一统天下的局面将会结束,消费品和第三产业的展览将逐步发展起来。观众将以专业人员、决策人员、批发商和分销商为主体。展会将在竞争中走向集中与垄断。有乐观者预言,我国将成为未来世界展览要地。

3.1.1　展览旅游的概念、类型、特点和作用

1)展览的基本概念

展览(全球展览业协会释义):是一种市场活动,在特定时间内,众多厂商聚集于特定场地陈列产品,从而推销其最新产品或服务。

展览就是将物品专门陈列供人们观看,在展出内容、时间、规模和形式等诸方面具有很大灵活性。展览既包括各类经济贸易展览,也包括各类艺术、文化、教育等领域的非经济目的的展览;既包括在各类展览馆举办的展览会,也包括固定场所举办的展览,如庙会;既包括不超过半年的短期展览,也包括长期展,如博物馆展览。

在中文里,展览会名称有博览会、展览会、展览、展销会、博览展销会、看样订货会、展

览交流会、交易会、贸易洽谈会、展示会、展评会、样品陈列、庙会、集市、墟、场等。另外，还有一些展览会使用非专业名词，加上这些非专业的名称，展览会名称将更多。

（1）展览会

展览会是指由单位和组织指导主办，另一些单位和组织承担整个展览期间的运行，通过宣传或广告的形式邀请或提供给特定人群和广大市民来参观欣赏交流的一个聚会，比较常见的画展、车展、房展等。

展览必须具备场地、参展方、展品、主办方、承办方、观众6个基本条件。在通常情况下，举办展览都是参展的单位或个人对外展示自己在某一阶段内取得的成果和成就，并通过一个适合自己表达的场地与观众分享成就的一个过程。基本上画家、书法家等艺术家选择对外展览的场地首选是美术馆，然后是画廊。世界著名的艺术展览地有卢浮宫、大英博物馆、伦敦国家美术馆、凡·高博物馆。在国内艺术展览相对比较有影响力的有中国美术馆、故宫博物院、墨干山美术馆、上海美术馆、广东美术馆、石家庄美术馆等。

（2）集市

在固定的地点，定期或临时集中做买卖的市场。集市是由农民（包括渔民、牧民等）及其他小生产者为交换产品而自然形成的市场（图3.1）。集市有多种称法，比如集、墟、场等。在中国古代，集市常被称为草市。在中国北方，一般称为集；在两广、福建等地，称为墟；在川、黔等地，称为场；在江西，称为圩。还有其他一些地方称谓，一般统称为集市。集市可以认为是展览会的传统形式。在中国，集市在周朝就有记载。目前，在中国农村，集市仍然普遍存在，集市是农村商品交换的主要方式之一，在农村经济生活中起着重要的作用。在集市上买卖的主要商品是农副产品、土特产品、日用品等。

图3.1 小镇集市

（3）庙会

在寺庙或祭祀场所内或附近做买卖的场所称为庙会，也称为庙市、香会（图3.2），常常在祭祀日或规定的时间举办。庙会也是传统的展览形式。因为村落不太可能有较大规模的寺庙，所以庙会主要出现在城镇。在中国，庙会在唐代已很流行。庙会的内容比集市要丰富，除商品交流外，还有宗教、文化、娱乐活动。广义的庙会还包括灯会、灯市、花会等。目前，庙会在中国仍然普遍存在，是城镇物资交流、文化娱乐的场所，也是促进地方旅游及经济发展的一种方式。

图3.2　逛庙会

（4）博览会

中文的博览会指规模庞大、内容广泛、展出者和参观者众多的展览会。一般认为博览会是高档次的,对社会、文化及经济的发展能产生影响并能起促进作用的展览会。但是在实际生活中,"博览会"有被滥用的现象。不时可以在街上看到由商店举办的"某某博览会"。展览会和博览会在汉语中是名词,《辞源》和一些古汉语词典中无记载。

【知识拓展】

世界博览会的定义与起源

世界博览会简称世博会,是一项世界性、非贸易性的大规模产品展示和技术交流活动。举办世博会必须由主办国申请,经世博会的国际组织同意。其宗旨是促进世界各国经济、文化、科学技术的交流与发展,使每个参展国充分宣传、展示自己在各个领域取得的成就,扩大国际交往,提高国际地位和声望。世博会同时也展示人类社会经济发展的前景、提出人类社会面临的重大问题。因此,世博会被誉为世界经济、科学技术界的"奥林匹克盛会"。

与奥林匹克运动会不同的是,申请和举办世博会是一个国家的政府行为,许多事情需要政府通过外交途径解决。而国际奥委会是民间机构,奥运会由城市出面申办。

第一届世界博览会于1851年5月1日在英国伦敦开幕。维多利亚女王通过外交途径邀请各国参展,世博会由国家举办,国家元首发出邀请,表明这是政府行为,使世博会的规格和意义都超出了一般意义上的国际贸易博览会。

（来源:新浪网）

2）展览旅游的基本概念

展览旅游是在特定的经济背景下产生的,是随着博览会和交易行的发展及旅游业的不断成熟而呈现的一种新的旅游类型。目前,展览旅游是会展旅游中一个重要的组成部分,同时也是会展旅游中发展最成熟的部分。

展览旅游属于商业活动范畴。展览旅游主要指因国际博览会或交易会而产生的外出商务活动。所谓国际博览会或交易会,是指将大批的产品或服务项目置于同一场地,供公众或邀请来的专业人员参观、选购。

展览旅游是展览业和旅游业相结合产生的,但它不是旅游企业去举办各种展览,也不是必须要有旅游观光的过程,其真正的意义是让旅游企业发挥行业功能的优势,为展览活动提供相关服务的过程。

深刻理解展览旅游的概念应注意两点:第一,展览的举办是展览旅游的前提条件,没有展览,就没有展览旅游。这是展览旅游与其他旅游形式的最大区别。第二,展览旅游并不等于举办展览活动。虽然展览活动是展览旅游的诱因,它吸引着参展者和观展者来到展览活动的举办地,但是只有依托举办地其他的旅游资源,将参展者和观展者转换成旅游者,实现展览和旅游业的联姻,才能形成展览旅游。也就是说,展览旅游者一定是参展者或观展者,而参展者和观展者不一定是旅游者。因此,展览活动与旅游活动的协同发展要实现三个"转化":一是把展览转化为旅游吸引物,把展览作为一种特殊的旅游资源;二是展览的参与者转化为旅游者;三是把展览本身拓展到住宿、餐饮、娱乐等,延长旅游者逗留时间,提供游览、购物、娱乐等多种旅游需求,增加旅游者的综合消费水平。

【知识拓展】

广交会的由来

广交会,又称中国出口商品交易会,最初创办于1957年的春季,以后每年春、秋两季在中国广东省广州市举办,迄今为止已有44年历史,是中国目前规模最大、商品种类最齐全、层次最高的综合性国际贸易盛会。

新中国成立初期,大量建设物资如橡胶、化肥、钢材、机械甚至沥青,都需要从国外进口,但进口所需的外汇却很难得到。怎么打破西方封锁,获得外汇呢? 1955年秋至1956年春,广东省外贸系统举行了几次小型的物资出口的交流会,参会的国内外商人比较踊跃,每次交流会均成交几百万到上千万美元。1956年,广东省外贸局向中央建议在广州举办一次全国性的中国出口商品展览会。同年11月,会期长达两个月的中国出口商品展览会在广州举行。

第一、二、三届的广交会都是在流花路的中苏友好大厦举行的。后来,交易会的领导觉得每次都租用场地举办广交会终非良策,决定自建场地,最初选中的是海珠广场东侧与华侨大厦毗邻的一片民居,其后觉得新址太小,又另行选址在海珠广场北边。1959年,一栋八层高的广交会大厦拔地而起,矗立在珠江河畔。随着广交会规模的扩大,几年后这里也无法适应需求,广交会又迁回中苏友好大厦,经过多次大规模改建,终于形成了今天的广交会流花展馆。现在在广州海珠区又兴建了一个全新的展馆——琶洲展馆,以后的交易会基本都在这里举行。

(来源:网络)

3)展览旅游的特点

(1)旅游空间的集聚性和限制性

展览业是工业化和城市化的产物,因此,展览举办地一般为经济相对发达的城市。城市是人流、物流、资金流、信息流汇聚的地方。展览旅游是以城市的中心地带为主要的旅游消费目的地,展览旅游是产品在空间上主要分布在市区甚至是市中心的空间范围。

因此,展览旅游游客集聚的空间密度主要集中在主城区或者个别中心地段或区域。由于旅游区域比较集中,展览旅游参与者的旅游活动多以附件或者顺道浏览为主,因此旅行社针对展览旅游者特点开发的旅游产品应以短线为主,组团灵活。另外,展览旅游者的参与人数多、组团规模大决定了旅游空间的限制性。巨大的游客流量往往会超出城市的环境承载力、交通压力和管理控制力,产生诸多管理问题。

（2）旅游形态的经济性和综合性

展览旅游与其他旅游形态相比,显示出强烈的经济色彩。展览业所依托的工业、商贸、科技企业等产业经济,不仅自身具有极高的经济价值和经济效益,而且带动了旅游业的发展;同时,展览旅游活动的发展反过来又促进了城市工业、商贸、科技企业的发展。因此,展览旅游活动是城市经济发展和繁荣的催化剂。展览举办地所在城市大多是区域性的政治、经济、科技、文化、教育等中心地,旅游文化内涵极其丰富,这就决定了展览旅游活动和项目的综合性。各种旅游形式如观光旅游、休闲度假旅游、购物旅游等都是展览旅游的开发对象,也能满足展览旅游者的多种旅游需求。

（3）旅游行为的附属性和随意性

展览旅游行为的附属性是由展览旅游者的出游动机所决定的。展览旅游者出行的首要目的是参加或参观展览。由于展览举办地丰富的旅游资源吸引诸多展览参与者,这些人群在满足其出行的首要目的前提下,往往在展览举办地产生附属性的旅游行为。展览旅游的服务对象是参展人群,如参展商和观展者,参展人群不同于一般的旅游者,他们大多商业意识强,时间观念强,且通常有较强的独立性,追求放松和自由自在,旅游行为具有较强的随意性,展览旅游者往往不需要作专门的计划和准备（组团式旅游除外）。由于展览旅游者在旅游过程中追求精神的愉悦与放松,因此旅行社要针对他们提供高质量服务,并根据他们的个性需求,制订旅游线路,提供个性化旅游产品。

（4）旅游供给环境的优越性

展览举办地一般在经济发达的城市。这些发达城市都是在本区域内经过长期建设,具有良好的基础条件和特定优势条件的旅游载体,相比其他旅游区,它们有安定的社会环境、发达的经济基础、方便快捷的交通;有结构合理、各种星级配套能满足不同层次需求的旅游者的宾馆酒店,同时提供多功能的优质服务;有高科技、先进设备的展览场馆,现代化的网络通信设备,以及健全高效的金融、保险、航运、空运业等,加之高素质的旅游从业人员,形成了开展展览旅游的优越条件。正是因为展览旅游要求举办地供给环境优越,所以并不是每个城市都可以发展展览旅游。

（5）旅游效益的显著性

展览旅游的经济效益显著,其产生巨大的经济效益有诸多原因:一是展览旅游人数多。如2010年中国上海世界博览会吸引游客7 300万人;2019年第125届和第126届广交会均有近20万国外采购商参会。二是展览旅游者消费档次高。展览旅游者一般都是各行各业的精英,具有较高的职位和社会地位,具备较强的购买力;且在展览旅游期间,产生的大部分费用都是由参展企业负担,且代表企业的形象,从而间接加强了消费能力和消费档次。三是展览旅游人员逗留时间长。大多数每期的大中型展览活动的举办时间不低于3天,参展人员除了在展览期间的休闲娱乐和参观考察外,部分人员还会在展览活动结束后安排展览城市周边个人的旅游活动,这样逗留的时间将更长。由于逗留时间长,展览旅游者不仅给展览举办地带来交通、住宿、餐饮等基本收入,还带来旅游、娱乐、购物等高盈利收入,从而形成了"展览旅游消费链"。

(6)旅游影响的广泛性

展览旅游不仅给举办地城市带来显著的经济效益,而且能提供举办城市的国际知名度,同时产生广泛的社会效益、政治效益和环境效益等。第一,展览会具有很强的"聚媒效应",属于新闻媒介报道的热点。尤其是大型的展览会,在举办的前、中、后,分别有大量的媒体进行各种不同层次、不同类型的宣传报道。长时间的大力宣传无形提升和推广了展览地城市的旅游形象,提高展览城市的知名度和美誉度。如1992年西班牙塞维利亚世博会,有世界各地的60多个频道同步转播了开幕式盛况,有86个国际和地区的媒体发布了12 000篇专题新闻报道,疯狂地提升了塞维利亚城市的国际地位。第二,展览会的前沿性和时尚型有助于提高举办地城市的市民素质。展览就是展示最新的商品、技术、项目、风情和文化。一个展会是否成功,在很大程度上取决于业内顶尖企业的出席率,取决于业内最新技术、最新信息展示和发布的多寡。展会为满足人们求新,求异的欲望,会使新颖、时尚、前沿的产品得以充分展示,业内最新技术得以广泛交流。因此,展览会为举办地城市市民打开了眼界,让他们得以全方位触摸文化、科技前沿,这将启迪市民的思维,提高市民的综合素质。第三,展览会的高要求有助于完善举办地城市的旅游基础设施。展览会对申办城市的规划、建设提出更高的要求,推动城市进行基础设施建设、交通设施建设、城市规划设计和改造,从而改善城市市民的居住条件,形成良好的生态环境。

【知识拓展】

塞维利亚世博会使旅游业获得持久动力

1992年世博会的选址在塞维利亚城区西北部瓜达尔吉维尔中的卡图哈岛上,由于河水长久以来的泛滥,尽管位置靠近中心城区,岛上的大部分地区当时仍是耕地。世博会因此兴建了水利工程,并新修了7座跨河大桥,衔接了两岸,开拓了新老城区隔河相望的新格局。瓜达尔吉维尔这条直通大西洋,曾以其内陆港口影响塞维利亚历史权重的河流,1992年后再度成为这个城市不可忽视的存在。高140米、主跨200米的Alamillo大桥是世界上第一座大跨度无背索斜塔斜拉桥,远望如一只昂首的天鹅或一架巨大的白色竖琴。西班牙著名建筑师Santiago Calatrava大胆的不对称设计,使之被奉为结构和艺术的经典结合。虽然摩尔人建造的Giralda高塔作为世界文化遗产一直是塞维利亚的象征,但自从世博会后,Alamillo大桥成了塞维利亚的现代城市标志。

说到世博会对塞维利亚城市经济的影响,旅游业无疑是最大的直接受益者。在1992年之前,塞维利亚的酒店总共只有8 000个床位。很多游客来安达卢西亚只是为了去太阳海岸晒日光浴。他们住在海边,比如马拉加,一天内来回塞维利亚,并不过夜。世博会之后,塞维利亚的酒店床位增加到了22 000个。从1997年至今,在塞维利亚过夜的游客在不断增长。如今,塞维利亚的日平均游客接待能力已经增加到了3万人次,旅游业给城市带来的就业机会比1992年增加了10% ~15%。世博会后,塞维利亚的人口规模也由 40 多万扩展到现在的 80 万。新移民来自西班牙各地,改善了当地原有的劳动力结构。

(来源:网络)

4)展览的分类

随着展览的不断发展,衍生出的类型也越来越多,分工越来越精细,不同类型的展览活动有着不同的特点和需求。展览举办地和相关旅游企业想针对性地展览旅游促销和展览旅游服务工作,就要对展览旅游进行科学、合理的划分。

在对展览进行分类时,首先应该考虑两方面的要求:第一,展览的内容,即展览的本质特征,包括展览的性质、内容和所属行业等;第二,展览的形式,即属性,包括展览的规模、时间、地点等。

(1)按展览的内容分类

①综合展(博览展)。综合展览会主要展览的内容是人类文明进步的成果,涉及工业制造、自然地理、人文历史等各方面。目前世界上规模最大、影响范围最广的展览会是世界博览会。

②专业展。专业展览会往往只涉及某一领域的专业性展出,专业性很强。随着产品服务的细分化和市场竞争的激烈化,展览会的专业性会更强。

(2)按展览会的地域范围分类

①国际性展览会。国际性展览会无论是参展商还是观众,都来自多个国家,如汉诺威工业博览会、汉诺威信息技术展览会、中国国际医药保健展览会等。

②地区性展览会。地区性展览会一般都是洲际性展览会,规模仅次于国际性展览会,对本区域有很大影响力,如亚洲国际物流技术与运输系统展览会、亚洲鞋业展览会等。

③全国性展览会。全国性展览会的参展商和观众主要来自全国范围,影响力也仅限于国内。类似的展览在我国很多,如全国性工艺品展览会、全国纺织机械展览会、全国建材产品展览会等。

④本地展览会。本地展览会的规模一般很小,面向的观众主要是当地和周边地区的企业和市民,如每年举办的大连春季房屋交易会、广西戏曲展览会、广东模具制造机械展览会等。

(3)按照展览面积分类

①大型展览会。大型展览会指的是单个展览面积超过 12 000 平方米的展览会。

②中型展览会。中型展览会指的是单个展览面积在 6 000 ~ 12 000 平方米的展览会。

③小型展览会。小型展览会指的是单个展览面积在 6 000 平方米以下的展览会。

(4)按照展览的举办时间分类

①定期展览。定期展览会指的是展览举办时间具体相对固定周期的展览会,如广州中国商品进出口交易会,每年两次,分为春季和秋季。

②不定期展览。不定期展览是指根据需要和条件举办的,没有固定举办周期的展览会,如经常在各个城市进行巡回展览的各种文化艺术展览会。

5)与展览旅游相关的产业

(1)展览业

人类的贸易起源于物物交换,这是一种原始的、偶然的交易,其形式包括了展览的基本原理,即通过展示来达到交换的目的,这是展览的原始阶段,也是展览的原始形式。随着社会和经济的发展,交换的次数在增加,规模和范围也都在扩大,交换的形式也发展成为有固定时间和固定地点的集市。集市产生、发展的阶段为展览的古代阶段;17—19世纪,在工业革命的推动下,欧洲出现了工业展览会,工业展览会有着工业社会的特征,这种新形式的展览会不仅有严密的组织体系,而且将展览的规模从地方扩大到国家,并最终扩大到世界,这一时期是展览的近代阶段;现代展览是在综合了集市和展示性的工业展览会的基础上产生的,一般通称为贸易展览会和博览会,这一时期起始于19世纪末。

尽管在所有的历史文献中,对展览的起源没有翔实的记载,但欧洲展览界人士多认为展览起源于集市。展览是因经济的需要而产生和发展的。几千年来,展览的原理基本未变,即通过"展"和"览"达到交换的目的,但其形式却一直在更新。当旧的展览形式不能适应经济发展的需要时,它就会被淘汰,被新的展览形式所代替。展览的发展取决于经济的发展,并反过来服务经济。

展览旅游被看作现代市场经济条件下新生的旅游形式,属于第三产业中的现代服务业。展览旅游与展览业息息相关,不可分割。根据展览旅游的定义,只有有了展览活动才有展览旅游这种特殊的旅游形式,而展览业的兴衰则关系到展览旅游这种旅游形式的发展。

展览业作为"无烟工业"和服务贸易的主要组成部分,是促进技术进步和贸易交流的利器,发展十分迅猛。根据国际展览业权威人士估算,国际展览业的产值约占全世界各国 GDP 总和的1%,如果加上相关行业从展览中的获益,展览业对全球经济的贡献则达到8%的水平。

1851年,英国举办了世界上第一个博览会,而世界上第一个样品展览会是1890年在德国莱比锡举办的莱比锡样品展览会。由此可知,从世界范围来看,展览业诞生已有一个多世纪。

科技进步给展览业带来了发展的动力,展览业依靠科技的驱动得到巨大的发展。工业革命和产业革命扩大了世界的生产规模和市场规模,为展览业开辟了广阔的发展空间。20世纪第三次科技革命的"新兴技术",以及电子技术、通信技术、基因重组技术、新型材料技术、海洋工程技术和空间工程技术等的开发和广泛应用加速了经济全球化的进程。展览会作为科技产品的销售前端,科技也毫无例外地被应用于展览业。而科技进步将进一步缩小通信和交通的距离,展览也将面临合作与竞争共存的选择。

(2)旅游业

展览旅游除了与展览密不可分外,作为一种旅游形式,它与旅游业的关系更为紧密。可以说展览旅游是展览业与旅游业相结合的产物,通过展览旅游让展览业和旅游业这两个行业有机地联系起来。展览旅游的开展需要以发达的旅游业为背景。旅游业的兴旺发达是办好展会的必备条件。发达的旅游业会提高城市展览活动的吸引力,世界上最著名的展览城市如汉诺威、法兰克福、米兰、巴黎、新加坡等都是相当著名的旅游城市。

旅游业是全球性的,它已成为世界上发展势头最强劲的产业。旅游业是以旅游资源和服务设施为条件,为旅游者在旅行游览中提供各种服务性劳动而取得经济收益的经济部门。旅游业作为综合性的经济事业,其构成涉及了社会经济中的许多部门。它的基础经济活动由旅行社、旅游饭店和旅游交通三大部门组成。此外,还有为旅游者服务的经营旅游商品的零售企业、旅游设施、文化娱乐事业和公用事业等。

旅游作为人们的一种活动在古代就已经存在,它是伴随着宗教、游览、商业、探险以及文化交流等活动进行的。旅游作为一个行业是随着社会生产力的发展,人们生活水平的提高,旅行游览活动成为人们生活中的一部分,才比较迅速地发展起来。交通工具的改善,更促进了旅游业的发展。1825 年在英国出现了世界上第一条铁路,1541 年英国人托马斯·库克同铁路公司签订合同,利用火车成功地组织了一次团体旅游。同时,由于社会劳动生产率的提高和经济的发展,个人的支付能力有了提高,人们的消费构成发生变化,旅游日益成为人们生活中的一种需要。第二次世界大战后,新科学技术的发展,大型喷气式客机的采用,高速公路的建设,不仅缩短了旅途的时间,而且为旅游者提供了安全、舒适和愉快的旅途生活;同时,享受带薪假期的人数逐渐增多,使旅游活动日益大众化。旅游业在世界许多国家迅速发展起来,并成为一些国家和地区的重要经济支柱。瑞士、奥地利、马耳他、新加坡等国,以及中国香港地区的旅游业在其国民经济中都占有重要地位。

旅游业的发展以整个国民经济发展水平为基础并受其制约,同时又直接或间接地促进国民经济有关部门的发展,如推动商业、饮食服务业、旅馆业、民航、铁路、公路、邮电、日用轻工业、工艺美术业等的发展,并促使这些部门不断改进和完善各种设施,增加服务项目,提高服务质量。随着社会的发展,旅游业日益显出它在国民经济中的重要地位。

传统旅游业以及旅游资源作为吸引物招徕旅游者。旅游资源的丰富与否以及开发、利用和保护程度,成为旅游业兴衰的关键。由于旅游业具有季节性强的特点,多受气候和假期的影响,淡旺季差异很大,虽然利用价格调节可以使供求矛盾在一定程度上得到缓解,但是这种影响却不能消除。然而,展览旅游作为商务旅游的一种,却一般不受旅游淡季制约,发展展览旅游可以使旅游业在淡季不受较大影响。因此,展览旅游的兴起为旅游业注入了新的活力。

(3)酒店业

酒店业是旅游产业最重要的支柱之一,酒店业利润率的下降,会导致旅游产业整体经济效益下滑,这一系列状况在传统旅游城市中表现得尤为明显,因此酒店也有必要寻找新的经济增长点。虽然休闲旅游者代表着饭店业的较大消费群体,但是那些旅行费用可以报销并且经常出差的展会代表才是饭店业带来最大利润的客源群。因此,利润丰厚的展会市场正成为酒店业越来越重要的、争夺激烈的目标市场。

参与展览旅游的人一般具有以下特点:

①消费水平高。参加展览的人远比一般休闲旅游者的消费水平高,相当于他们的

4~5倍。特别是其购物能力强,从而会给展览接待地带来可观的经济收入。在香港,参观展览的人平均每天在零售及娱乐方面的消费估计分别是普通游客及本地市民的2~13倍。

②逗留时间长。参加展览的人员,既要参加展览、会议,平时还要参观游览,因此,他们逗留的时间比一般旅游者要长得多。例如,在香港参观展览的人平均在港逗留5天。

③淡季消费。会展旅游的计划性强,并且不受气候和旅游季节的影响,因此多在旅游淡季举行,这样可以有效地调节旺季与淡季客源的不平衡,可以提高各类旅馆的全年利用率。每届广交会期间,大批客商从海内外云集于此,受其辐射带动影响,毗邻广州的东莞酒店人气也被带动了起来。据调查显示,不但客房入住费用相较平日有了300-500元的提升,而且酒店的客人仍旧源源不绝。

④综合性消费,其中饭店业收益最大。展览旅游是一种综合性的消费。据麦肯锡统计,2000年全美参展人数4122万人,而每个参展人员花在相关展览外活动上的费用平均为1200美元,其中住宿占46.8%。

由以上参加展览旅游的游客特点可见,展览旅游已成为推动酒店业发展的新动力。据有关分析,我国展览业2017年的营业收入超过872亿元,间接带动了餐饮、住宿、交通、广告、旅游、娱乐、房产等行业收入高达数千亿元。展览旅游越来越成为酒店业新的客源市场。随着客源市场的逐步调整,酒店业企业根据不同的市场定位,不断调整经营方向,市场更趋向细分化,商务酒店、会议酒店、度假酒店、经济型饭店等已经逐渐成为行业发展主流。

(4)旅行社

旅行社是在旅游者和交通、住宿及其他有关行业之间,通过办理各种签证、中间联络、代办手续,以及为旅游者提供咨询、导游、组织安排等服务而获得收入的机构,是现代旅游业的一个重要组成部分。作为一个为旅游者提供食、住、行、游、购、娱等服务的综合性服务企业,旅行社在不同国家、不同地区的旅游者与旅游经营企业之间架起了一座桥梁,在全球性旅游业的发展中起着重要的作用。

旅行社的产生是社会经济、技术以及社会分工发展到一定阶段的直接结果,同时,也是旅游业长期发展的产物。托马斯·库克是世界上第一个旅行社的创办者。1845年,库克正式成立了托马斯·库克旅行社,总部设在莱斯特,并开创了旅行社业务的基本模式。1855年,他以一次性包价的方式,组织了578人的大团去参观法国巴黎的博览会,在巴黎游览4天,包括住宿和往返旅费,总计每人36先令,被当时的媒体称为"铁路旅游史上的创举"。实际上,这次旅游就是今天旅行社组织展览旅游的一种形式。

会展旅游的蓬勃发展客观上需要专业的会展旅游企业为之服务。许多国家为此专门建立了会展旅行社,有条件的大型传统旅行社也积极开发会展旅游项目。

【案例2】

2017国际海岛旅游博览会开展在即 旅游+展会模式带动海岛旅游产业新发展

"今年的国际海岛旅游大会博览会,根据上届参展单位的反馈意见,吸收了很多上海旅游博览会等成熟会展的经验,我们将在邀请和活动设置上将力求突出交易成交量。"

据普陀旅游委主任蒋斌介绍,今年的国际海岛旅游博览会与去年相比,将更加侧重于市场的运作，推动旅游产品线上线下交易，从而吸引资本注意，推动旅游产品开发、旅游产品的升级，同时也将吸引更多投资者的目光，将其集中到舟山，聚焦到普陀。

博览会将通过携程联合去哪儿、艺龙三方平台产品库，整合线上海岛旅游产品资源，强化线上交易功能。每周推出爆款线路产品及热门精选产品 TOP5，每周进行"海岛特惠，周周大促"海岛旅游产品特卖活动。根据前期线上国际海岛旅游产品交易会和现场洽谈采购情况，展会期间还将举办以海岛旅游产品采购为主要内容的签约仪式，拟将线上线下交易额从去年的 5 000 余万元提高到 1 亿元。"目前正在陆续收集携程网、去哪儿网、旅游百事通、锦江旅游、港中旅、环境国旅、中非之旅、硕风国旅、丽星邮轮、歌诗达邮轮等旅游企业的展会优惠旅游产品信息。"据悉，本次展会不仅有传统的境内外海岛旅游产品，还有多种博览会现场即时"秒杀"优惠活动。

此外，在本届国际海岛旅游博览会上，本土旅游企业也将放出"大招"，给出各种丰富多彩优惠活动。记者从海中洲国旅了解到，在博览会期间，他们将针对舟山游客推出各种特惠活动，如 10 月 28 日从舟山出发到日本本州 5 日游，原价 3 399 元/人，在博览会上低至 2 999 元/人；12 月 8 日法国瑞士意大利 + 阿联酋 12 日游，更是低至 6 999 元/人。届时市民朋友们可以在博览会现场采购到不同种类、不同线路的优惠旅游产品。

去年，2016 国际海岛旅游博览会共吸引 200 家国内外参展商，线上线下交易额达到 5 530 万元，共有 32 000 名观众参观。这场盛会让普陀在世界海岛圈内"走红"。

去年的红火也让今年的博览会在招商上获益良多。据蒋斌介绍，去年国际海岛旅游博览会招商的时候曾经一度很难招到合适的商家，不少优质商家都对来普陀布展心存犹豫。而今年的招商情况则截然不同，博览会的消息刚刚发布，就有许多商家主动报名前来参展。截至目前，博览会的所有展位基本确定，然而前来报名的商家依然络绎不绝。"今年我们还邀请了一些海岛休闲运动装备企业和户外运动类企业参展，包括帐篷酒店、移动蛋屋、潜水装备等，希望通过展会搭台，唱好招商大戏，争取让一些企业能落户到舟山。"蒋斌表示，他也希望能通过本次博览会进一步加强相关配套招商。

其实，一场真正优质的旅游展会，对当地的旅游产业的发展有着积极的促进作用。近几年，我市通过沙雕节、游艇展、海岛旅游投资大会等活动，一直在不断探索旅游会展经济。如今，以国际海岛旅游大会为契机，国际海岛旅游博览会正在逐渐打造具有专业性、且有知名度的旅游会展平台，进一步推动我市旅游产业发展。"博览会不仅是旅游交易的平台，也是旅游产业借鉴、合作、提升的平台，同时也是招商引资的平台。"蒋斌表示，相信在不久的将来，博览会的潜在效益将一一浮现。

（资料来源：舟山官网）

思　考：

1. 结合以上案例，思考博览会将给舟山市带来哪些潜在效益？

2. 分析展览旅游相较于传统旅游有什么样的独特优势？

3.1.2 国内外展览旅游的现状与发展趋势

展览旅游已成为世界各国瞩目的旅游形式,许多国家把展览旅游作为一种高产出的旅游项目给予大力扶持和发展,有的还利用开发展览旅游产品来抵消其他旅游产品的下滑给本国旅游业和经济所造成的影响。与此同时,各国对世界博览会举办权的竞争也日趋激烈。为增强竞争力,各国都投入大量的财力、人力、物力来完善各种展览会议设施,兴建大型会展中心。

1)国外展览旅游的现状

(1)德国展览旅游模式

在素有"世界会展王国"之称的德国,政府对会展业高度重视,将会展业视为国民经济的支柱产业和国际贸易中的一个重要环节,各部门、各行业全力扶持,通力合作,制订一整套扶持、服务、规范、协调和发展的计划,促进品牌展会的培育和发展。在德国会展业的发展过程中,政府授权的权威协调管理机构——德国经济展览会与博览会事务委员会(AUMA),是政府进行宏观调控的唯一的会展管理机构,对每年的国内外博览会、展览会进行组织和协调。其具体运作模式为:政府首先投资建立规模宏大的展览场馆,在确定产权归属国有的前提下,不直接参与场馆的日常运营,而是以长期租赁或委托经营的方式,把展馆的经营管理权授让给大型的会展公司,政府的职责主要体现在对行业的宏观调控方面。会展公司在获得国有展馆经营管理权后,扮演着展馆经营管理者和会展项目组织者的双重角色。场馆经营与项目经营相结合的方式构成了德国展览公司的管理模式及其集团经营的核心内容。会展公司在成功组织会展项目后将所有的会展服务委托给各会展服务公司实施,会展服务公司根据与会展公司签订的合同,以专业化服务为参展商、观展商提供周到的会展及配套服务。几十年来,德国会展业能在世界上一直独占鳌头,很大程度上归功于这种运作模式的成功实践。

(2)法国展览旅游运作模式

法国也是世界会展强国,与德国同属第一梯队。海外会展委员会技术、工业和经济合作署(CFME-AC-TIM)是代表法国政府行使宏观管理权的唯一的会展管理机构。其具体运作模式是:展馆设施由法国中央及地方政府投资兴建,然后组成国由场馆公司负责展馆的经营管理,只开展场馆服务业务,不进行会展项目的运营。展览公司不拥有展览设施,也不参与展馆经营,主要从事会展项目经营。对于这种"泾渭分明"的业务划分方式,法国行业主管部门认为,这能够促进会展公司之间的公平竞争,也有利于场馆经营者专心做好场馆服务工作,体现出比德国更细的社会分工,有利于提高会展服务专业水平。在具体会展项目中,会展公司采取与德国相同的方式,与各会展服务公司签订合同,将会展服务工作委托给会展专业服务公司代理,最终完成会展的运作。

(3)英国、意大利展览旅游运作模式

英国举办过世界第一个博览会,但是其展览业的规模、水平、影响却落后于德国、法国和意大利。近年来,英国经济增长较快,展览市场进入了前所未有的高速发展阶段。

据《英国展览报告》统计,1999 年英国共举办了约 900 场展览活动,吸引观众约 1 200 万人。在各类展览会中,展业展览会所占比重最大,约占 60%。与其他欧洲国家相比,英国的展览会国际性不强,展出规模一般比较小,多以中、小项目为主,绝大多数展览面积在 10 000 平方米以内,仅有伯明翰的汽车展、建筑展等展览会的净面积达到 40 000 平方米。英国国内展馆规模也不大,较有名的伦敦和伯明翰展场,总面积不过 200 000 平方米。虽然如此,但是英国却拥有励展集团、蒙哥马利展览公司等享誉世界的跨国展览公司,在英国以外举行大规模的著名展览会。

意大利是一个以加工业为主的国家,其产品主要用于出口,因此促销工作十分重要。另外,众多的中小企业无力单独承担向国际市场促销的巨额广告费用,为了扩大出口,每年在全国各地举办无数次各种类型的展览会,各类展览会对宣传本国产品、加强技术交流与合作以及推动出口发挥了重要作用。意大利有 40 多个展场,每年办展 700 多个,其中约 40 个国际交易会,700 个全国和地方交易会,是欧洲办展最多的国家之一。意大利大型国际展览会主要集中在米兰、波诺尼亚、巴里和维罗纳 4 个城市。米兰是意大利主要的展览城市,米兰国际展览中心是世界上排名靠前的展场,展览面积达 372 215 平方米,会议厅面积为 13 554 平方米。

(4)美国会展业运作模式

美国政府对会展经济发展发挥着扶持、规范、协调等功能,会展企业按市场机制运作。美国的大部分展览中心都是公有的,其中大约 64% 的展览中心属于地方政府所有。美国政府通过实行"贸易展认证计划"和实施"国际购买商项目"等措施,实现对展览会的质量和组展水平的监督,从而使贸易展览成为促进美国企业发展的重要手段。美国展览管理协会(IAEM)等展览行业协会与政府管理机构紧密结合,在协调行业发展、对展览会进行资质评估以及进行展览专业人才培训等方面发挥着不可忽视的作用。会展经济具体运作主要靠市场自发调节,在市场竞争中求生存、求发展。美国会展业发展与旅游资源紧密结合,其中拉斯维加斯会展旅游区最为典型。美国还把每年 3 月 6 日定为法定的会展活动日。

2)国内展览旅游的现状

(1)会展业受到各地政府高度重视

会展业是指通过举办各种形式的会议、展览及其他大型活动,产生直接或间接经济效益和社会效益的经济活动。会展产业关联度高,辐射带动能力强,直接为商业、旅游、住宿、餐饮、娱乐、交通、通信、物流、广告、装饰等众多行业创造需求,为工农业生产的批发、采购、洽谈提供交易机会和市场空间,为企业展示产品(服务)、提升形象、交流信息、开展合作提供平台。据统计,2009 年全球会展业的直接经济效益达 3 850 亿美元。美国每年举办展览达 1.3 万个,直接受益 120 亿美元,创造综合消费达到 1 250 亿美元,会展业的拉动系数达到了 1:10;德国展览会年销售收入约 25 亿欧元,创造社会综合价值 260 亿欧元,并创造了 35 万个就业岗位。因其对国家和地区的经济发展具有显著的拉动作用,会展经济被称为城市发展的"助推器"。

会展经济作为经济发展的一种新型经济形态,越来越受到我国各地政府的广泛关注。目前,北京、上海、广州会展经济最为发达,深圳、大连、南京、成都、宁波等城市会展经济也较为活跃,已初步形成了环渤海、长三角、珠三角、东北、中西部5个会展经济产业带。许多地方政府高度重视会展经济:大连市早在1996年就在全国率先成立展览工作领导小组,在国内最早将会展经济列为先导产业;成都2003年提出要打造"辐射全国、面向世界的会展之都",并在2010年6月在全国副省级城市中率先成立博览局,推动全市会展经济的发展。长三角会展经济带以上海为龙头,以南京、苏州、杭州、宁波、义乌等城市为依托,会展经济起点高,政府支持力度大,规划布局合理,贸易色彩浓厚,受区位优势、产业优势影响大,具有很大的发展潜力。

【案例3】

商务部报告显示去年我国展览业市场规模居全球首位

近日,商务部发布《中国展览业发展统计分析报告(2017)》。数据显示,2017年我国展览业市场规模继续稳居全球首位,从高速增长步入高质量发展的轨道。"绿色、低碳、可持续"的发展理念成为行业共识和产业转型升级的方向。

据商务部统计,2017年在全国专业展馆举办的各类展览会共5 604场,展览总面积达到10 642万平方米,分别较2016年增长1%和12.3%。平均单体展会规模持续扩大,展览面积达到10万平方米以上的展会数量占3%,较2016年提升0.3个百分点。展览经营效益持续向好,2017年全国展览营业收入达872亿元,同比增长12.3%。商务部新闻发言人高峰介绍,当前我国展览业发展主要呈现以下特点:

一是展览业行业和区域结构进一步优化。从区域分布看,上海、北京、广州继续领跑全国展览业发展,重庆、成都、南京、深圳、杭州、青岛等城市展览业发展优势加快显现。在京津冀协同发展、长江经济带发展战略的推动下,天津、武汉等城市也迎来新的发展机遇。从行业分布看,展览会数量排名前四的依次是日用消费品及居民服务类,占31.3%;房屋建筑、装饰及经营服务类,占18.4%;工业科技类,占10.5%;文化、体育和娱乐类,占9.7%。

二是市场主体多元化、精细化态势明显。展览行业资源整合加快。在展览内容上,围绕创新发展、绿色发展,一些大型展览逐渐向新能源汽车、智能制造、环保等领域延伸。在展览硬件上,新一代展馆建设升级,展览业与多元产业融合加快。在展览服务上,展览服务商从单一业务模式向提供整体解决方案的综合品牌服务商转型。

三是科技创新进一步驱动展览业升级。现代信息技术与会展经济交汇融合正成为趋势,大数据和智能化应用成为展览业创新升级的新动能,有力推动业态模式和管理服务创新。

四是展会经济积极推动"一带一路"建设。随着"一带一路"建设的深入推进,有关国家企业借助展会开拓中国及第三方市场的积极性不断提高。2017年"一带一路"沿线国家参展商数量占总境外参展商的26.4%,较2016年提升15个百分点。展会逐渐成为我国扩大对外开放、进一步开放市场的重要平台。

(资料来源:央广网)

思 考：

1. 结合以上案例，分析展览业如何实现"绿色、低碳、可持续"？

2. 结合我国展览业当前主要发展特点，谈谈你对我国进一步发展展览业有何建议。

（2）许多城市已建立了促进会展业发展的组织管理体系

①成立会展业领导小组。为促进会展经济的发展，许多城市先后成立了会展经济领导小组作为推进全市会展工作的领导机构。领导小组一般由市长或分管副市长任组长，分管副秘书长和会展主管部门领导任副组长，市委宣传部、发改委、经信委、科技局、卫生局、城管局、财政局、商务局、公安局、交通局、旅游局、地税局、外办、贸促会、接待办、海关、出入境检验检疫局等有关职能部门及有关市（县）、区政府分管领导为成员。领导小组主要负责全市会展经济的统筹规划和宏观决策，制定会展产业政策和相关法规。南京市会展领导小组成员单位有 20 个，大连则有 25 个部门和单位，并聘请了顾问单位。

②设立会展管理办公室（会展办）。作为会展经济领导小组的日常工作机构，许多城市设立了会展办。从调研情况来看，国内不少城市如南京、大连、长春、昆明、南宁等把会展办设在当地贸促会或由贸促会主要负责。会展办的主要职能包括：负责根据全市经济社会发展的战略目标，提出会展经济的工作思路、目标任务、总体规划；研究会展经济的发展状况，拟定会展经济发展相关政策及实施办法；规范市场秩序，整合会展资源；积极引进国际、国内的知名品牌展会，扶持和打造地方品牌展会；负责组织开展会展专业人才的交流和培训；负责对会展经济进行统计、评估、发布会展经济信息；负责市会展专项资金的使用和管理等。

③成立博览局。为办好上海世博会，2003 年上海成立了世博局；为办好中国—东盟博览会，2004 年广西成立了国际博览事务局；2009 年四川成立博览事务局；2010 年 4 月新疆成立国际博览事务局。为加强会展经济的领导，成都市于 2010 年 6 月将会展办正式更名为成都市博览局，在全国副省级城市中首设博览局作为主管全市会展经济发展的政府机构。这一做法既顺应国际化趋势，符合国际惯例，也更有利于成都会展业对外营销推广和开展国际交流合作。成都市博览局与贸促会合署办公，设有综合部、会展调研部、会展经济部、展览事务处、会展开发部等业务部门。

（3）许多城市制定了会展业发展扶持政策

培育一个品牌展会往往需要 5 年甚至更长时间，其间离不开政府的大力扶持。政府支持力度的大小对于一个重要展会举办地的确立起着决定性作用。近几年，我国各地政府加大了对会展经济的培育和扶持力度，纷纷出台有关政策，刺激当地会展经济快速发展。

①设立会展业发展专项资金。国内不少城市设有会展经济发展专项资金，从培育会展市场主体、扶持会展项目、培养会展人才和优化商务环境等方面入手，大力推动会展经济发展。深圳是扶持力度最大的城市，每年度资金规模达 5 000 万元，大连已连续 15 年对会展经济给予资金支持，年资金规模达 1 500 万元。南京、重庆、宁波等城市也纷纷出台了会展专项资金政策，规模分别达到 1 500 万元、2 000 万元和 2 500 万元（表 3.1）。

表 3.1　有关城市专项资金情况表

城市	资金规模/万元	资金用途
深圳	5 000	扶持自办展、规模展、国际展
重庆	2 000	培育和引进大型品牌会议展览、推介会展活动、扶持会展企业、培育非政府主导型会议展览活动和会展业发展研究、信息平台建设、会展人才培养等
宁波	2 500	培育会展主体、展位租金、参展企业税收减免、重点展会补贴等
大连	1 500	扶持符合城市经济建设和社会发展目标的会展项目。截至2010年,已连续支持15年
南京	1 500	展会招揽,专业展会补贴,大型商务会议补助,会展业宣传、策划,会展专业人才培训,大型展会的综合协调保障,基础性工作经费,经市政府确定的其他支出

　　会展资金使用方向主要包括:一是展会宣传推广费用。如深圳对原创自办展会的宣传推广费用给予连续5年、引进展会给予连续3年的资金扶持,资助额度为摊位费的25%,最高不超过200万元。培育期满后如能扩大规模,则继续给予一定的支持,最高不超过100万元。二是展会招揽奖励。南京对争(申)办会展项目的政府部门、商协会、展览公司按展览规模大小给予8万~15万元不等奖励。广州对落户广州的全国性、国际性优质专业展会进行补贴。其中,对新创办的、现时广州没有的同行业、同类题材、展览面积达5 000平方米以上的专业展,按3天实际场租的50%给予补助;对现有展览面积环比增长20%以上的展览,根据面积的大小,对增加部分面积进行补贴;对从省外、境外引进落户广州的全国性、国际性优质展会,根据展览的规模和影响力给予首年一次性奖励,从20万元到40万元不等。此外,对专业化程度高、在广州连续举办10年以上(含10年)并不少于10届(含10届)的展会给予最高一次性15万元的奖励。三是专业展摊位补贴和商务会议补贴。为鼓励展览会做大规模,政府对重点专业展览按照实际出展规模给予不同额度的摊位补贴。如南京对展览规模达300个以上的,每个展位补助120元至160元不等的补助。深圳对重要国际会议按照实际场租费50%、境内外专业媒体广告费的30%给予补贴,最高100万元。四是鼓励会展人才的引进和培训。重庆对会展企业引进符合《重庆市引进高层次人才若干优惠政策规定》条件的高层次人才,可享受安家资助、分配激励、项目扶持、培养使用、保障服务等优惠政策。引进人才在该市工作并在本市缴纳个人所得税的,地方留成部分实行前5年全额返还。同时,对参加培训并取得会展执业资质类证书的参加培训人员,按培训费的一定比例实行补贴。五是补贴重要展会开闭幕式及重要嘉宾接待。如苏州对一些重大会展活动举办开闭幕式和重要海内外嘉宾的接待、宴请等费用给予补贴。六是综合费用支持。对全市会展经济的统一宣传、协调、保障等

费用给予支持。大连利用专项资金建立了会展经济信息化平台；宁波利用专项资金在全国性、国际性重大活动上进行整体形象宣传等；南京利用财政资金中的20%用于综合的广告宣传推介等。

【案例4】

杭州市会展业发展扶持资金管理办法（试行）（节选）

第一章 总则

第一条 为大力发展杭州会展产业，推进国际会展目的地城市建设，提升城市国际化水平，更好地发挥财政资金在促进会展业发展中的引导和激励作用，根据《杭州市会展业促进条例》及《杭州市级财政专项资金管理办法》等相关规定，特制定本办法。

第二条 杭州市会展业发展扶持资金是指财政预算每年安排专项用于扶持我市会展业发展的资金。

第三条 会展业发展扶持资金的年度预算和管理使用本着公平公正、重点突出、专款专用、绩效评价的原则，由市财政局和市发展会展业协调办公室（以下简称市会展办）共同负责。

市财政局负责扶持资金的预算编制、审核、资金拨付、监督管理和绩效评价。

市会展办负责扶持资金使用计划编制和申请受理、核查评估、审核报批工作，配合市财政局做好监督管理和绩效评价工作。

第二章 资金的使用范围

第四条 会展业发展扶持资金主要用于下列事项：

1. 举办重大会展活动；

2. 引进国内外大型会展活动；

3. 会展业的宣传推广、对外交流；

4. 引进知名会展机构；

5. 会展项目进行国际权威认证；

6. 品牌会展项目培育；

7. 其他促进杭州会展业发展的事项。

第五条 会展业发展扶持资金扶持奖励对象为在杭州市范围内举办的、举办经费未使用市级财政预算资金的、符合相关管理规定的、按规定在市会展办备案的由企业、社会组织等市场主体举办的会展项目及符合第四条规定的其他市场主体。

第三章 扶持标准

第六条 参会人数100人以上、境外参会代表不少于五个国家或地区、注册国际代表不少于参会人数20%的国际会议，给予会议举办单位会议实付场地租金50%的扶持，或给予每位注册参会国际代表每天100元（人民币，下同）的扶持。每届最高不超过100万元。

第七条 国家级、全国性的学会、协会等社会组织、中央直属企业、世界500强企业、国内民营经济前百强企业（上年度排名）等机构或企业举办的、参会人数1 000人以上、实际会期3个半天或在杭住宿1天以上的会议，给予会议举办单位会议实付场地租金50%的扶持，每届最高不超过100万元。

第八条 由本市市场主体在我市专业展馆举办、符合我市会展产业指导目录、展期不少于 3 天、室内展览面积不少于 8 000 平方米的市场化贸易类展览项目(即不包括以个体消费为主的商品展览、展销及各类成就展、人才交流会、图片展等项目),按项目展览面积规模给予扶持;

(一)项目展览面积在 8 000(含)~20 000 平方米的,一次性给予 20 万元的扶持;

(二)项目展览面积在 200(含)~4 000 平方米的,一次性给予 30 万元的扶持;

(三)项目展览面积在 40 000(含)~800 平方米的,一次性给予 60 万元的扶持;

(四)项目展览面积超过 800 平方米(含)的,一次性给予 100 万元的扶持。

外地企业来杭举办的国际展览业协会(UFI)认证的品牌展览项目或 40 000 平方米(含)以上的贸易类展览项目参照本条款标准给予扶持。

第九条境外展商不少于 5 个国家和地区、国际展位(面积)20% 以上的国际化展览项目,扶持标准在第八条规定的基础上增加 10%,总金额不超过 110 万元。

第十条每个展览项目扶持不超过三年(届),第二年(届)至第三年(届)分别按照项目举办当年扶持金额的 100%、80% 给予扶持。

(资料来源:快资讯)

思 考:

1. 结合以上案例,分析政府为什么要扶持会展业的发展?

2. 思考展览会的国际化程度是否会受到城市等级的影响?

②给予各种税收优惠。一是营业税的优惠。北京、广州、上海、深圳、重庆等地已经陆续出台政策,将会展经济界定为代理行为,按照营业税服务业"代理业"税目征收营业税。其计税营业额为组办单位直接向参展商收取的全部价款和价外费用扣除代收代付的场地租金、展位搭建费、广告费、交通费和食宿费后的余额。深圳从 2010 年 7 月 1 日起(税款所属期),会展经济业务按"服务业—代理业"税目征收营业税,实行差额征收,使该行业营业税税负由调整前的 5.2% 下降为调整后的 1.5%,减负幅度达 70% 以上。二是所得税地方留成返还等优惠。重庆对注册资金 500 万元以上的新办会展企业,自开办之日起,两年内按企业所得税的市级留成部分实行全额返还;宁波制定了有利于国展中心运营的税费扶持政策,包括:对入驻国展中心的进出口企业、服务机构和办展单位给予一定的所得税、水利建设基金、印花税减免;对国展中心运作主体在开发建设和运营过程中涉及的有关税费实施减免和财政补助;允许 15 年内将国展中心入驻企业所交税费的地方财政留成部分全额返回给平台运作主体公司,并将土地出让金扣除必要成本全额返还等优惠的政策。

(4)各地场馆经营管理情况

【案例5】

2018 年中国会展场馆规模、会展场馆经营模式、利用率及优劣势分析

1. 全国展览场馆情况

据不完全统计,2017 年,全国投入使用的展览场馆达 348 座,较 2016 年增加 32 个,增长 10.12%。其室内可供展览总面积为 1 187.99 万平方米,较 2016 年增加 187.29 万平方米,增长 18.71%。

2014—2017 年全国展馆数量情况（不含港、澳、台地区）

（资料来源：中国会展经济研究会）

2014—2017 年全国展览面积情况（不含港、澳、台地区）

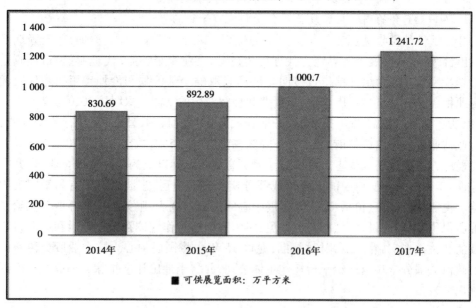

（资料来源：中国会展经济研究会）

　　2017 年,全国有 15 座展览场馆在建,其室内可供展览总面积达 209.31 万平方米。全国有 6 座展览场馆已纳入规划待建,其室内可供展览总面积达 103 万平方米。

2017 年各省(区、市)展览场馆数量情况(不含港、澳、台地区)

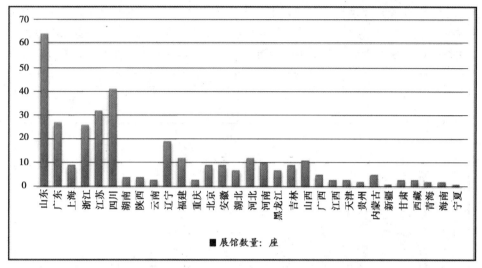

(资料来源:中国会展经济研究会)

2. 各省(区、市)展览场馆情况

从数量看,山东省展览场馆数量全国各省(区、市)第一,有64座。四川省41座位居全国第二,江苏省32座居全国第三。

按投入使用展览场馆的室内可供展览总面积看,山东省148.75万平方米依然位居全国第一位,广东省126.94万平方米,上海市97.7万平方米,浙江省96.74万平方米,江苏省89.01万平方米,分列全国前2至5位。

2017 年各省(区、市)投入使用展览场馆面积情况(不含港、澳、台地区)

省(区、市)	展馆数量/座	展览面积	省(区、市)	展馆数量/座	展览面积/万平方米
山东	64	148.75	河南	10	20.2
广东	27	126.94	黑龙江	7	19.28
上海	9	97.7	吉林	9	19.21
浙江	26	96.74	山西	11	18.77
江苏	32	89.01	广西	5	16.22
四川	41	88.21	江西	3	15.12
湖南	4	73.2	天津	3	14.1
陕西	4	59.17	贵州	2	10.35
云南	3	55.48	内蒙古	5	10.31
辽宁	19	54.91	新疆	1	10
福建	12	43.15	甘肃	3	6.74
重庆	3	30.52	西藏	3	6.25
北京	9	26.28	青海	2	5.69
安徽	9	25.95	海南	2	5.19
湖北	7	24.54	宁夏	1	3
河北	12	20.74	—	—	—

(资料来源:中国会展经济研究会)

3. 各城市情况

全国共有 21 个城市展览场馆室内可供展览总面积超过 20 万平方米。其中,上海市以 97.7 万平方米居首,青岛市以 80.4 万平方米位居次,深圳市以 61.8 万平方米位居三。

2017 年全国展览场馆室内可供展览总面积超过 20 万平方米的城市(不含港、澳、台地区)

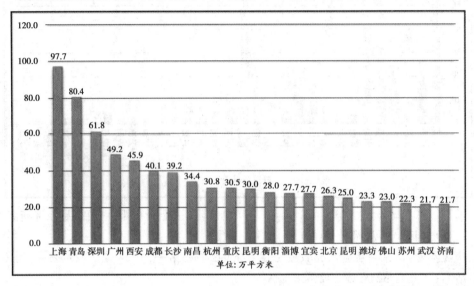

（资料来源：中国会展经济研究会）

4. 会展场馆的经营模式

国内会展场馆目前主要分布在北京、上海、广州、深圳及成都等会展中心城市。纵观这些城市会展场馆的经营格局,会展场馆大部分由政府进行全额投资,也有部分经由多种所有制形式筹集资金进行的投资,包括国有控股、民营投资、股份制等。国内的会展场馆经营模式主要包括以下几种:

①国建国营模式,即国家投资并由国家进行经营。主要是指由各级政府投资建设,然后由出资政府下辖的事业单位或国有企业负责场馆的运营。这种模式是现阶段的主流管理模式,国家展览中心和广交会的场馆就是采用此种模式,前者属于国家贸促会,后者隶属于国家对外贸易中心。

②国建民营模式,即政府投资建设场馆,但选择市场化企业负责展馆的经营,即将所有权和经营权进行分离。由于目前建设场馆的投资巨大,如上海国家会展中心的投资额为 50 亿元,单就政府投资回报率而言,这种投资金额仅银行借款利息就已很高。而所有权与经营权分离可以减轻场馆在经营方面的成本压力,激发活力,可采取多元化经营方式。

③民建民营模式,即采用企业市场主体是民营私人资本或其他资本,通过组建场馆经营管理公司来负责进行经营管理。这一模式的典型代表为成都世纪城新国际会展中心。成都世纪城新国际会展中心是成都会展旅游集团下属企业,属民营资本投资,专门负责成都会展中心的运营管理。公司经发展形成以会展旅游拉动区域经济、带动城市建设的多业态协同和大会展集群复合经营道路,创立了独特的多元化、多产业联动的“会展业的成都模式”。该模式以民营投资建成会展综合体,由企业投资并经营,实现市场化运

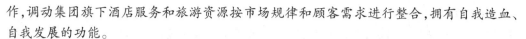

作,调动集团旗下酒店服务和旅游资源按市场规律和顾客需求进行整合,拥有自我造血、自我发展的功能。

④外商投资外方经营模式,即利用外商投资来进行场馆建设并由外方进行专业化管理。这种模式成功案例是上海新国际博览中心,由上海浦东土地投资发展有限公司与德国的三家公司(慕尼黑展览有限公司、杜塞尔多夫展览有限公司和汉诺威展览有限公司)投资兴建,总投资为 9 900 万美元,在总投资中中方投资占 50%,三家外资公司投资占50%。经营管理以外方为主,整个经营管理期为 50 年。该模式通过引进国际先进管理团队,实现会展场馆的高效管理与利用。

5.会展场馆的利用情况

2017 年全国展览场馆利用率前 10 名(不含港、澳、台地区)

序号	场馆名称	使用面积/万平方米	利用率/%
1	成都世纪城·新国际会展中心	485.73	63.13
2	上海新国际博览中心	892.72	57.14
3	上海世博展览中心	268.23	56.81
4	北京中国国际展览中心(朝阳馆)	160.88	54.33
5	北京中国国际展览中心(顺义馆)	327.28	45.68
6	郑州国际会展中心	203.34	44.19
7	青岛国际会展中心	190.67	41.25
8	海南国际会议展览中心	123.03	40.14
9	南京国际博览中心	237.55	37.55
10	广州保利世贸博览馆	192.37	37.34

6.优劣势分析

结合对我国大型会展场馆利用现状进行优劣势分析。

1)优势分析

①本土化经营的文化优势。我国各地大型会展场馆的本土化经营,基于文化背景的一致性,与当地客户有着深厚的乡情。因了解客户现状和本土文化,拥有固定的网络和渠道,熟悉政策环境,故而可以利用广大社会资本争取到更多客源。

②区位优势。举办大型会展活动的场馆通常位于经济比较发达的地方或大城市,场馆区位好,交通便捷,公共基础设施配套完善。场馆选址地区经济相对发达,土地资源稀缺,且很多建设较早的会展场馆大多位于市中心或较热闹的商业中心地段,优越的区位优势使得场馆运营可实现成本最小化与项目效益最大化。

③政府的政策与财政支持。大型会展场馆作为多种公共服务功能实现的综合载体,通常肩负着当地的重要公共服务平台功能,且大型活动一般是由政府主办居多,因而能够得到当地政府及各级主管部门在管理政策与财政拨款等多方面的支持。

2)劣势分析

①前期投入大,运营成本高。我国各会展场馆为满足大型会展活动的需要,场馆投

入日益上升,导致会展场馆前期投入大,运营成本高。此类大型会展活动,如世博会、世界园艺博览会场馆,占地面积广且展馆众多,经营收入主要依靠门票和广告赞助等。但是,在大型展会活动结束后,由于参展商撤展、大型活动吸引力下降,导致参观人数减少收入下降,而场馆的维护费用依然巨大,大部分场馆无法单纯依靠政府补贴实现收支平衡。

②布局不合理,实用性不强。由于很多会展活动的场馆建设在市中心,使得本来存量不多的土地因开发受限而愈加紧张;同时,货物的进出口、交通、绿化等一系列问题也接踵而至。另外,部分展览中心建设之初便缺乏准确定位,并未充分考虑场馆的实用性和功能性,而是以建设当地形象工程和标志工程为目标,盲目追求场馆造型的新特奇,导致场馆布局欠合理、展馆实用性不强等问题凸显。

③功能单一,配套设施欠完整。目前,国内很多大型活动场馆的建设,由于在设计时主要是为了满足某种单一功能的需要,如奥运会是为了体育比赛而主要建设比赛场馆,上海世博会是为了展示主题内容而主要建设展览展示馆,世界园艺博览会是为了展示园林园艺等,使得展览场馆功能和基础设施配套都比较单一,而现代大型展会要求会展中心具备完善的功能及并与周边基础设施配套。由于住宿、餐饮、交通、物流、通信等配套设施相对滞后,配套设施不齐全,不能全面满足展览、会议、商务、节事活动等对场馆功能的要求,势必给展会乃至展览中心的运营带来影响。

（资料来源:中国产业信息网）

思　考:

1. 结合以上案例,分析我国 2017 展览场馆使用情况是否达到合理化?

2. 思考城市可供展览面积的多少与该城市举办展览会的数量和规模有怎样的关系?

会展场馆是会展业的主要基础设施,在欧美会展业发达的国家普遍由政府投资建设。场馆的运营是可以由政府投资的公司或委托专业公司运营。"有了场馆,不一定有会展",目前我国许多城市场馆的利用率普遍较低,平均不足 30%。在江苏省内,除南京、苏州之外,场馆使用率不足 20%。我国国内现有的场馆经营方式主要有以下 3 种:一是单一场馆经营,如上海新国际博览中心只负责场馆出租经营。二是场馆经营 + 多元经营,如武汉会展中心、重庆会展中心除了场馆出租以外,还负责配套酒店、展览搭建工程等服务。三是场馆经营 + 多元经营 + 自主办展。如苏州国际博览中心、昆明国际会展中心和济南会展中心,不仅经营场馆和其他服务,还成立展览公司,直接组织展览项目。

【案例6】

典型展馆分析——广州保利世贸博览馆

广州保利世贸博览馆是保利会展旗下的标杆项目,占地 28 770 平方米,地上建筑面积 9.23 万平方米,拥有 6 个标准展厅,室内可租用面积 71 400 平方米。广州保利世贸博览馆拥有完善的配套设施,不但承接大型经贸类展览会,还通过设施改造为大型活动及会议的举办提供便利条件,成为极具特色的涵盖"会展、商务和休闲"等多种业态的会展商业综合体。

广州保利世贸博览馆建成于 2008 年,坚持以"星级会展星级服务"作为管理理念,以服务带动展览品质提升,注重人性化和细节服务优化管理。经过10年发展,广州保利世贸博览馆已成为年展览数量全国第十、年展览面积全国第七、年租馆率全国第三,国内极具影响力的重要展馆。十年来,广州保利世贸博览馆累计承接专业型展览会近700场,大型活动及会议累计高达1 538场次:展览和会议涉及的行业超过38个,接待会展业务相关商务人员超过4 000万人次。

广州保利世贸博览馆2018年举办经贸类展览会72个,比2017年增加9个,展览会总面积首次突破300万平方米大关,达到约302万平方米,比2017年增加约47万平方米。

广州保利世贸博览馆注重以管理与服务吸引客户,通过顾问式营销服务及一站式统筹服务为展会主办机构提供最优解决方案,成功引进具有国际影响力、享誉国内外的展览会项目入驻,其中包括广州国际玩具展、广州国际汽车零部件及售后市场展览会(AAG展会)、全国摩托车及配件展示交易会、上海国际酒店用品博览会(广州)、广州国际水处理技术与设备展览会等。

近年来,广州保利世贸博览馆一直保持展览会总面积快速增长,从2014年的约173万平方米,以年复合增长率约11.8%的速度,一路攀升至2018年的约302万平方米。广州保利世贸博览馆展览会总面积占广州市展览会总面积的比例也从2014年的18.36%增长至2018年的24.56%,显示出良好的发展势头。

2014—2018年广州保利世贸博览馆展览会数量面积变化图

广州保利世贸博览馆深耕轻工业展会领域,举办的展会多为规模大、质量高的优质轻工业展会,行业领域涵盖建筑材料、家具木工机械、玩具妇幼用品、广告摄影器材等。据统计,2018年广州保利世贸博览馆举办的展会中,规模最大的是2018广州国际汽车零部件及售后市场展览会,展览面积达10万平方米,全国同类专业展览会中规模位居第四。其他如全国铝门窗幕墙新产品博览会、家居用品及礼品展览会等也都是各自行业的顶级展会。

2018 年广州保利世贸博览馆主要展会一览表

序号	展览名称	行业	展览面积/平方米
1	2018 广州国际汽车零部件及售后市场展览会	重工业—汽车产业	100 000
2	2018 第24届全国铝门窗幕墙新产品博览会	轻工业—建筑材料	85 000
3	2018 第37届广州(锦汉)家居用品及礼品博览会	轻工业—家具木工机械	85 000
4	2018 第38届广州(锦汉)家居用品及礼品博览会	轻工业—家具木工机械	85 000
5	2018 第30届广州国际玩具及模型博览会	轻工业—玩具妇幼用品	81 200
6	2018 第十八届迪培思广州国际广告展	轻工业—广告摄影器材	80 000
7	2018 广州(国际)演艺设备、智能声光产品技术展览会	轻工业—乐器舞台设备	80 000
8	2018 上海国际酒店用品展览会(广州)	服务业—酒店设备	66 000
9	2018 中国(广州)国际漫画节动漫游戏展	服务业—休闲时尚艺术	60 000
10	2018 第八届中国(广州)定制家具展览会	轻工业—家具木工机械	60 000

保利会展还积极通过资本运作和服务管理输出实现跨越式发展,如收购迪培思广州广告标识展览会,竞标获得广东珠西国际会展中心、衡阳国际会展中心经营管理权等。

(资料来源:2018 中国展览经济发展报告)

思 考:

1.结合以上案例,分析广州保利世贸博览会能够成为国内极具影响力的重要展馆的原因。

2.你知道广州保利世贸博览会与广交会的区别是什么吗?

【案例7】

旅行社:糖酒会订单数量较平日增30%

国庆、春节等法定假日是所有旅行社的旺季,但每年春季的糖酒会对于成都本土的旅行社来说,也是一个特别的"小狂欢"。

杨世骏是四川省中国青年旅行社有限公司副总经理,说起糖酒会的影响,他直言:"糖酒会对成都的旅游业有明显的拉动作用。"杨世骏告诉记者,在刚刚过去的大约一周时间里,也就是2018 年3 月22 至24 日第98 届全国糖酒会在成都召开的前后,省中青旅的订单数量较平日增长了30% 。

"这就是糖酒会'惯性'。"杨世骏表示,每年糖酒会旅行社都会迎来一个小旺季,持续时间大概是一周。"大部分展商都是外地人嘛,来了就顺便玩一转,一般就是这几天撤展之后参团的人最多。"正是看到了糖酒会带来的庞大客流和藏在背后的市场,杨世骏告诉记者,目前包括他们在内的很多成都旅行社都会在糖酒会期间接洽参展商、达成合作。

(资料来源:成都商报)

思 考:

1.结合以上案例,分析展览会对旅游业的带动作用

2.思考展览会如何与旅游、酒店等相关产业进行良性互动?

项目2 展览旅游的策划

3.2.1 展览旅游的策划内容

1)展览旅游的名称

(1)项目名称

展览旅游的项目名称,可以根据此次旅游活动的目的及意义来命名,也可以根据此次会展的主题或地点来决定,关键是要反映此次展览旅游的内容,突出此次展览旅游的特色风格和核心吸引力。这样,便于游客和参展商了解本次展览的内容、目的和特色,并利于和其他展览区分开来。

(2)主题定位

主题定位对于展览旅游策划部分来说是十分重要的。对于主题定位,专人策划组必须有一个清晰、一致的认识,它是保证策划顺利进行的基础。在明确主题的基础上,才能围绕这一主题进行设计和策划,并且在这一过程中,始终要将主题作为线索贯穿其中,以保证其他流程与步骤都是围绕主题而进行的,从而突出此次活动的意义。

(3)活动背景

根据本次展览旅游活动的背景阐述,具体项目有:基本情况简介、活动负责人及主要参与者(注明组织者、参与者姓名、嘉宾、单位)、活动开展原因、社会影响,以及相关目的动机。如果活动有主办单位、协办单位和承办单位,那就要一一介绍,有媒体合作方还要介绍媒体合作方。活动背景中很重要的一部分是应说明活动的环境特征,主要考虑环境的内在优势、弱点、机会及威胁等因素。

【案例8】

陕西旅游纪念品展览旅游活动策划书

1.活动背景

旅游业是战略性产业,资源消耗低,带动系数大,就业机会多,综合效益好。改革开放以来,我国旅游业快速发展,产业规模不断扩大,产业体系日趋完善。旅游作为第三产业,在当今社会发挥着越来越重要的作用,如何充分利用发展机会积极发展旅游业,是目前所有旅游行业提高竞争力的核心。

本次展览旅游活动策划主要侧重于对陕西省旅游纪念品的策划与设计,旅游纪念品

作为旅游活动中得不可缺少的一部分,其质量的高低直接影响着游客的重游率及宣传效果。本次旅游纪念品的策划与设计时,注重充分挖掘陕西历史文化内涵,将陕西文化融入旅游纪念品中,同时与陕西现代文化融合,体现着古典文化与创新的紧密结合,将陕西推向旅游的前端。

本次策划主要划分为三部分:

①旅游纪念品内涵延伸区。

②传统旅游纪念品地区代表展览区。

③旅游纪念品创新区。

陕西作为一个旅游大省,其旅游纪念的开发与设计有其自身的优缺点与机会和威胁。以下通过 SWTO 分析对其进行分析,为开发提供参考。

1)优势(strength)分析

①旅游资源丰富。自然旅游资源丰富:关中、陕南和陕北都有着丰富的自然旅游资源。

秦巴山系中生物旅游资源丰富,大熊猫、金丝猴、朱鹮等国宝级动物独具特色,更有"天下第一险"的华山吸引着大量冒险者的前来。人文旅游资源多样化:陕西是文物大省,积淀深远的历史文化,名胜古迹得天独厚,闻名遐迩,是发展历史文物旅游的理想地区。如十三朝古都西安,历史文化厚重;号称"天下第一陵"的黄帝陵是华夏子孙的心中圣地。

②交通便利,区位优势明显,可进入性强。

③陕西人民勤劳,聪慧,富于创新。

④陕西少数民族众多,是民族融合的集中区,能取多个民族之长,富有民族特色。

2)劣势(weakness)分析

①人口密度大。陕西省的总面积为20.58平方千米,据2011年4月统计数据显示,陕西常住人口达3732万,人口密度为182人每平方米。相对来说,展区的开发空间的潜力较小。

②经济发展水平有待提高,城乡收入差距大,应缩小城乡差距,吸纳更多的省内的短距离旅游者。

③在设施方面,基础配套设施不完善。

④在投入方面,政府投资较少,人力资源配备不齐,经营管理水平过低;重复建设,造成投入浪费现象。

⑤意识方面,旅游促销力度不够,对外开放程度较低,对旅游产品综合开发不足,后继产品开发不力,缺乏创新意识和旅游品牌意识。

3)机遇(opportunity)分析

①西部大开发下的机遇和国家政策的扶持。

②今年世园会的成功举办,提高了西安乃至周边地区的知名度。

③陕西经常举办大型旅游节庆活动,如陕西西安古文化艺术节、长安国际书法年会、西安临潼石榴节、丝绸之路狂欢节、元宵节城墙灯会等。此外,还举办专题性宗教旅游、修学考察旅游等。西安"仿古入城仪式"使宾客享受到古代迎宾的最高礼遇,每年11月份的第一个周末举办的"西安城墙国际马拉松赛"等都吸引着中外游客大量前来古城

西安。

④陕西高校云集,每年大量外地青少年涌入高校,带动了学生游的热潮。

⑤各地的旅游纪念品具有浓厚的地方特色。如铜车马复制品、秦俑仿制品、仿古青铜器、秦绣、蓝田玉、工艺瓷器、户县(现陕西省西安市鄠邑区)农民画、唐三彩、景泰蓝等都是西安的旅游纪念品的特色产品。榆林地毯、岚皋藤编、凤翔彩绘泥塑、耀州瓷器等是各地纪念品的佼佼者。

2. 活动目的及意义

旅游纪念品不是单纯的纪念品,它浓缩着一个地方放的民俗风情,沉淀着一次旅行的记忆。在新的市场条件下,对旅游纪念品推陈出新传承旧工艺,提出设计新理念,开发新种类,设计出具有浓郁地方文化特色的旅游纪念品,对完善陕西旅游市场,宣扬陕西地域文化特色,以及拉动陕西经济发展具有重要作用。设计具有陕西特色的、文化内涵深厚的旅游纪念品。旅游纪念品作为承载了特定功能和意义的商品,其设计首先应考虑它的纪念性功能,要以人为本,从消费者的需要出发,充分体现人性化设计理念;同时,要与地域文化内涵紧密联系在一起,切实把握好人、设计、文化三者之间紧密相关的联系。

(资料来源:网络)

思 考:

1. 运用所学知识结合以上案例,思考案例中的活动背景还需要补充哪些内容?

2. 一份完整的展览旅游策划方案有哪些基本内容?

2)展览旅游的活动

(1)展览旅游活动策划内容确定

展览旅游活动流程,把活动分成几个大块来做。写出详细工作分解预案及活动的前期准备,安排整体工作的进程,拿出详细的时间推进表。在此部分中,不仅局限于用文字表述,也可适当加入统计图表等。人员的组织配置、活动对象、相应权责及时间地点也应在这部分加以说明,执行的应变程序也应该在这部分加以考虑。展览旅游活动包括展馆区域布置、办证接待、参展商布展、赞助方式、合同协议、媒体支持、海报制作、主持、领导讲话、司仪、展馆现场服务、灯光、音响、信息联络、技术支持、秩序维持、衣着、指挥中心、现场气氛调节等。如果有促销活动,要有促销现场布置效果图,人员的有效分工,商品陈列、上货,广告宣传品的布置,促销人员的礼仪、服装、工作纪律,做好促销后的销量预估等安排。

(2)展览旅游的行程

展览旅游的一般行程安排是先出席主办者举行的开幕式,然后在展览期间参观展览活动现场,最后进行其他游览活动,娱乐购物等休闲旅游活动。

由于参加展览旅游的游客与一般的旅游者不同,他们基本上是在单位或公司的安排下带着选购任务来参加展览会的,因此他们会把选择订购厂商和完成购买任务放在首位。他们可以在展览场馆区内自由参观选购,了解各参展商的基本情况,有目的地选择所需产品。他们通过参观场馆,对参展商有了初步的了解,就可以在众多参展商中选择出较为满意的几家厂商,为签订购买和合作协议作好准备。

如果条件许可,他们还需要参观目标厂商的工厂或工业园区,目的是对选出的较为满意的几家厂商进行深入的了解,包括厂商的机器设备、科学技术、生产管理、质量管理和售后服务等状况的了解。

同时,通过这种工业园区的参观活动,企业向社会展示了企业形象、提高了企业产品的知名度。另外,通过向游客销售商品,企业还可以获得一定的经济效益,并且游客也体验到一种新型旅游所带来的感受,这就是以生产场景、高科技生产设施、厂区环境和企业文化为资源的"工业旅游"。工业旅游不同于风光游、民俗游,它在观光休闲的同时,还能满足游客的好奇心和求知欲。例如,燕京啤酒集团下的玉林工业园不但是全国知名的高科技啤酒生产企业,而且已成为旅游观光的工业景区,吸引着国内外众多游客。

参加展览的游客在展中或展会利用空闲时间进行景点旅游、购物娱乐等都市旅游。参加展览会的游客通常会选择展览场馆所在城市或周边的景点,一日往返,既轻松又方便。近年来发展"都市风光游""都市文化游""都市商业游""都市休闲游"等为主题的旅游越来越受到游客们的青睐。都市旅游已逐步形成了3个重要的旅游圈:以休闲广场和大型商场为中心的城市观光、商务、购物旅游圈,以公共活动中心和社区为主的都市文化旅游圈,以山水名胜古迹为重点的远郊休闲度假旅游圈。通过这样的旅游,游客可获得旅游的满足感,达到会展旅游的效果。这些旅游形式能很好地满足展览旅游游客的需求。

3) 展览旅游的运作模式

展览旅游的发展依靠相应的内因和外因,内因是旅游业的发展情况,外因是展览活动的开展情况。在具体运作过程中,展览旅游的实施主要依靠展览旅游的组展商、参展商和观展者,这3个方面是展览旅游发展的基础和条件。

展览旅游的组建商在整个展览旅游运作中处于主导地位,他们在参展商和观展者之间起着桥梁作用,并提供相应服务,满足参展商和观展者在展览旅游活动期间的各种需求。参展商和观展者则是整个展览旅游的主体,对其展览旅游的满意程度直接关系到展会的成功与否。如果参展商和观展者对展览旅游保持支持和信任的态度,能使展览旅游参与各方盈利。

一般来说,展览旅游的运作模式如图 3.3 所示。

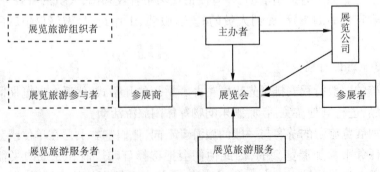

图 3.3　展览旅游的运作模式示意图

从图 3.3 中可以看出,尽管展览旅游的主客体是稳定的,但具体运作过程中,由于展览旅游性质、目的、内容等不同,展览旅游活动的运作模式有所不同,主要有以下 3 种模式。

(1)专业展览公司承接展会

展览旅游的组建商将展览旅游承包给专业展览公司,由展览公司对展览旅游活动进行策划、组织,在展会前进行展会的营销、宣传,并进行展览会的展台设计、搭建、展品的运输等工作。作为展览旅游的一个重要内容,开发设计能够反映当地特色的展览旅游产品也是展览公司需认真考虑的方向。

(2)专业展览公司主办展会

一些实力雄厚的专业展览公司可以直接主办或承办展览会,不仅可以使展览旅游活动更加专业,也能给公司创造更多的效益。

(3)组建商主办展会

展览旅游组建商独立完成展会的策划与组织,同时在展会各个阶段完成对参展商和观展者的接待与服务工作。

一些创办初期的展览旅游活动,往往由当地政府等主办单位提出展览旅游创意、主题,再由专业展览公司进行策划、组织和承办工作。随着展览旅游发展的成熟,由专业的展览公司对展览旅游进行创意、策划、组织等工作的各类展览将越来越多。

除此以外,展览旅游的每个阶段都有众多的展览旅游服务商为组织者,参展商和观展者提供各种服务,如旅行社、旅游景区、旅游交通部门、旅游餐饮、住宿设施等部门。

【知识拓展】

燕京啤酒(玉林)工业园旅游

燕京啤酒(玉林)工业园位于广西玉林市城区东南部的玉林市经济开发区内。在 324 国道旁,市内 7 路公交车经玉林市经济开发区后可到达,距玉林市中心约 7 千米,交通十分便利,是一个集啤酒生产、科普、观光等功能于一体的工业展示类人文风景旅游区。

燕京啤酒(玉林)有限公司是北京燕京啤酒集团与燕京啤酒(桂林漓泉)股份有限公司共同投资的啤酒生产基地。公司总体规划生产规模 40 万吨啤酒/年,占地面积 320 亩,首期 10 万吨啤酒/年工程项目于 2004 年 12 月 25 日破土动工,仅用 5 个月 23 天时间建成投产。公司拥有目前世界最先进的 3.6 万瓶/小时德国克朗斯纯生灌酒机、大容山森林公园得天独厚的优质水源及现代化的信息沟通系统。公司建立了完整的环保设施,各项指标达到清洁生产和循环经济的要求。公司既具有国际一流水平的啤酒专业生产企业的特点,又有风景宜人的园林景观特色,形成一个现代化的"花园式工厂",吸引着大量游客前来游览。园区的主要参观点有啤酒文化展示厅、糖化车间、发酵罐区、灌装车间、参观长廊、成品库、生产总控室、污水处理站等。啤酒文化展示厅给游客展示了啤酒的起源、啤酒的原料、燕京啤酒的历史、啤酒产品的展示,还有啤酒生产模拟工艺流程图。整个真实的啤酒生产流程由参观长廊贯穿糖化车间、发酵罐区和灌装车间三大工段,以啤酒的酿造原理结合生产现场为主线,引导游客亲身感受从一粒麦芽到一瓶成品啤酒的酿造过程。

3.2.2　展览旅游的策划流程

展览旅游的策划工作必须按照一定的程序来进行,展览旅游策划的程序性的流程图如图3.4所示。

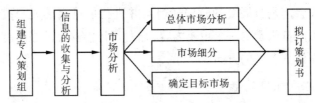

图3.4　展览旅游策划的流程图

为了保证会议与展览旅游策划的有效进行,应该按照图3.4来实施各步骤。

1)组建专人策划组

专人策划组可以是展览活动的主办者或承办者等具体组织展览(旅游)活动的机构或单位,或者专门的策划公司。在进行展览旅游策划之前必须首先做的工作,是组建一支强有力的策划工作小组,制订细致合理的执行手册,从每一个细节开始,在严谨正常的基础上,灵活应变。很多情况下,一次展览(旅游)活动的策划工作小组是由活动组织者高层领导人直接领导或者监督,由各个部门派出一至两个清楚本部门工作的人共同组成。

专人策划组应具备以下5个方面的能力。

①加强策划力量,组建兼具理论、实战能力的策划组,加强对策划的控制和指导,掌握策划流程的节奏,力求达到最佳的销售效果。

②加强市场调查与研究工作,准确判断、把握市场竞争形势,掌握市场、消费心理的变化趋势及动态,增强策划的准确性,为策划提供依据。

③加强专人策划组的团队合作能力,完善策划组人员职业素养、策划技能、策划理论的培训体系。

④利用网络、通信等现代科学技术作为策划、调研市场的手段,对市场作全面充分的分析,收集充分且可靠的资料。

⑤策划组要具有清晰科学的组织结构,要注意策划人员的职员分工,充分发挥每个组员的作用。

2)信息的收集

一般而言,展览旅游策划者需要收集的信息主要有以下3类。

(1)组织者信息

组织者信息包括本次活动组织者的性质、规模实力、组织形象及有无开展展览旅游的相关经验等方面的信息。只有通过认真分析组织者自身信息,策划者才能明确该组织者开展本次展览旅游活动的优势和机会所在,找出其劣势和面临的威胁,从而在策划中扬长避短,确定具体目标,进行有针对性的策划。

(2)产品供需信息

分析本次展览旅游活动中产品的供给和需求,可以通过考虑参展商数量和观展者的数量,以及其他方面来确定。

(3)社会背景信息

社会背景信息包括市场信息、政府决策信息、活动的协作伙伴信息、传播媒介信息等。这是成功策划展览旅游活动之前非常重要却经常被忽视的信息。

3)信息的分析

在收集信息之后,要进行的下一步工作则是调研分析,调研分析的基本步骤如下:

(1)资源评价

采用专家打分模型和专家知识模型两种方式进行资源评价,策划组人员可自行选择其中的一种方法,策划组人员可以自己选择评价的内容和评价指标,应用于不同的评价对象。

①专家打分模型,实现对资源定量化评价功能,可以任意选取评价指标,并自由确定指标权重。允许为每项指标制订评分细则,允许多名专家打分。

②专家知识模型,以专家对资源评价的专业知识及专业评价规则为标准,用语言文字的形式对评价对象进行分析评价,最后评定级别。

(2)市场分析

市场是一群有具体需求而且具有相应购买力的消费者集合。通过分析已有数据的过程来细分市场结构,评估目前的市场状况和预测市场活动。分析考虑地点的可行性、市场动态和市场供求。基本的市场分析有以下4个步骤:

①对客户类型和展品类型分析的研究基础上确定项目的前景。

②从宏观到微观的不同层次上评估市场。

③分析财务可行性。

④作出展览旅游的实施决策。

4)运作分析

运作分析涉及资金筹备、经费预算、资金流向等各个较为具体的方面。因为涉及资金,所以这一环节更为重要,一定要根据具体情况进行有效的分析,作出可行的最优的策划方案。

(1)项目定位

项目定位也就是为本次展览旅游制订总体战略目标,打造核心吸引力,并尽量详细地论证这样的方案"行"还是"不行"。项目定位的原则具体分析如下:

①从消费者的心理谋求定位,而不是从生产或销售者的立场定位。

②针对特定目标市场,而非整个市场。

③充分考虑市场风险和市场潜力。

④结合本项目区位特点,充分发挥区位环境优势。

⑤走自己的路,走别人尚未走或不能走的路,寻求差异化的产品,创造品牌。

借助以上科学的分析方法,策划者将刚开始得到的大量且无序的信息进行了合理切分、归类、总结,取得由此及彼、由表及里的认识,从而做到有效地利用信息,进行科学的策划。

(2)市场分析

市场分析的一般内容如下:

①总体市场分析。总体市场分析是对市场环境的综合性分析,包括市场占有率情况、经营环境状况、总体市场规模、用户的需求现状等。目的在于掌握总体的市场化发展水平,以及行业市场化进程与地区市场化进程,以便准确获取信息进行策划。

②市场细分。市场细分的概念是美国市场学家温德尔·R. 史密斯(Wendell R. Smith)于20世纪50年代中期提出来的。所谓市场细分就是指按照消费者的欲望与需求把一个总体市场(总体市场通常太大以致企业很难为之服务)划分成若干具有共同特征的子市场的过程。因此,分属于同一个细分市场的消费者,他们的需要和欲望极为相似;分属于不同细分市场的消费者对同一产品的需要和欲望存在着明显的差别。

市场细分就是根据消费者各方面的属性,按照科学的方法把市场分割为具有不同需要、性格或行为的购买者群体,其主要目的:使同一细分市场内个体间的固有差异减少到最小,使不同细分市场之间的差异增加到最大;在市场决策上,进行市场细分的目的是针对不同的购买者群体采取独特的产品组合战略以求获得最佳收益。细分市场还有利于掌握潜在市场的需求,不断开发新产品,开拓新市场。

市场细分是一个动态的过程,整个过程可以分为6个阶段:定义市场,确定细分标准,收集并分析数据,完成市场的初步细分,评估各细分市场、选择目标市场,设计策划战略。

5)拟订策划方案

在进行策划工作后,紧接着就是制订策划方案,即拟订一份专门针对本次展览旅游活动的详细策划书。会议与展览旅游策划书是整个策划过程最终形成的文件,是经过选择的最优方案和最佳途径所形成的书面材料,是文字化了的承载了会议与展览旅游策划劳动的物质载体。

拟订策划书应注意内容的完整性和条理性,形式的标准化和规范化,要切实做到清晰明了,有严密的逻辑性和程序性,一般思维规律之下是先交代策划背景,然后由大到小,由宏观到微观,层层推进,再把策划书中心和盘托出,还要突出主干、重视枝干。主干部分是活动的大构想、重头戏,应给予重点展开;枝干部分虽是配角,却是具体实施中的重要依据和手段,少了这部分枝干,本次策划的血肉就不丰满。要保证让执行者、过程实施方看过策划书以后,可以明确地、有步骤地开展工作。

为保证内容的完整性,会议与展览旅游策划书应包括以下内容:策划书目录、策划组成员、策划书提要、策划前提和目的、策划的环境分析、策划的行动提案、策划的问题点、策划的目标和任务、策划的预算、策划的日程等。

具体的会议与展览旅游策划书还因每次展览旅游的不同特点、不同情况有所不同,从而突出各自的特点,保证会议与展览旅游策划的顺利实施。

3.2.3 展览旅游的营销策划

1）展览旅游的招商

（1）展览旅游的目标客户和开发方法

包括参展商和观众在内，一个展览旅游的客户数量常常高达数万。如此庞大的客户数量，如果用传统的办法来开发，不仅费用昂贵，针对性不强，而且效果还有限。会展行业要求有与传统方法不同的新客户开发方法，这种方法是：通过市场细分选定特定的目标市场，经过特定的渠道在目标市场中收集目标客户资料，将这些资料建立客户数据库，通过聚类分组办法将客户按展会的需求分成不同类群，再通过数据挖掘技术，从大量的数据中发掘有用的信息，寻找到展会的潜在客户。一般步骤如下：

①确定目标市场。主要是根据展会的展览题材范围和展会定位，经过市场细分确定目标参展商的行业范围地区范围；根据展会题材产品的用户特征，经过市场细分确定目标观众的行业范围、地区范围。

②收集客户信息，编制客户数据库。确定目标客户行业范围、地区范围以后，可以通过以下渠道去收集展会目标客户的具体信息：行业企业名录、商会和行业协会、政府主管部门、专业报刊、同类展会、外国驻华机构、专业网站、电话黄页等，还可以利用朋友、熟人、社会和行业知名人士牵线搭桥等方法来收集目标客户资料。这些目标客户资料收集到以后，展会可以将它们输入客户数据库中，通过进一步的处理来分辨出哪些是真正有用的目标客户。

③通过聚类分组和数据挖掘技术找到潜在客户。

（2）展览旅游的招商模式

以某次文化节为例。

①电商招商。在各大网上招商平台发布本次文化节的招商信息，吸引商家前来参与本次文化节。

②电话招商。主动致电目标商家，尽可能对商家进行宣传及招揽，了解商家意愿。

③传真招商。主动向商家发送本次文化节的招商函，让有意愿的商家加入文化节。

④重点客户招商。在招商工作的开始阶段便第一时间拜访该类客户，尽可能签订参与协议。

⑤展会招商。在有关的展会中投放本次文化节的招商信息，让更多的企业参与本次文化节。

⑥新闻招商。举办新闻发布会，散播本次文化节招商信息，制造文化节的影响力。

⑦专人拜访。派专门的工作人员到每一间商家进行一对一面谈招商，展示主办单位的诚意。

⑧微博微信招商。建立本次文化的微博和微信平台，进行宣传和招商。

（3）展览旅游的招商策略

根据数据挖掘出来的主要商家，每一家招揽都任重道远。

第一,除了要利用传统的招商手段之外,还要结合更多新型的手段配合同时进行,给商家更大的吸引力。

第二,招商要线上线下同时进行,多手段多途径,确保更多商家加入本次展览活动。

第三,利用价格这个杠杆来吸引更多的商家。一方面,要配合一定的优惠方式吸引更大的商家参与到本次展览旅游活动;另一方面,在招商出现困难阻碍的时候,应及时适当地让利商家,保证有足够数量的商家参与本次展览旅游活动。

2)展览旅游的宣传推广

(1)展览旅游的宣传渠道

①传统渠道。

A. 报纸、杂志、户外广告、电视等传统传媒。

B. 论坛、微博、官方网站、网络电子周刊。

C. 网上视频分享网站。

D. 在本次展览活动举办之前与各行业协会协商,利用协会的已有会员与 VIP 资料进行宣传,布置本次活动的宣传海报或其他宣传物资。

②新型渠道。

A. 地铁、公交车厢拉环广告:与运营商沟通,把广州客流量较大的部分车厢内拉环更换一种酒杯模型的拉环,并在模型上显示活动信息。

B. 行业黄页:制作各行业信息相关的黄页,整合行业信息并宣传本次展览旅游活动。

C. 微博渠道:利用官方微博在网络上发起有奖转发本次展览旅游活动等宣传微博,增加社会的知名度。微博是一个当今 21 世纪信息传播速度最快的网络媒体,利用微博的爆炸性的信息传播速度,可以为本次活动造势宣传。

D. 交通车辆移动广告渠道:利用计程车、长途巴士、火车和高铁等现代化交通移动工具的互动电视进行宣传,提高本次文化节知名度。

E. 手机渠道:发布本次活动的官方 Ios 和 App 软件及手机广告,消费者可以通过手机扫描本次活动的广告下载此软件。此软件有提供各种活动信息的查询服务。

(2)展览旅游的营销推广进度表

根据本次展览活动的具体内容,制订本次活动的具体营销推广进度,2019 年广州酒吧文化节营销推广进度表见表 3.2。

表 3.2　2019 年广州酒吧文化节

时间	宣传推广手段	目的
第一阶段:文化节准备阶段(2018.10—2018.12)	初步市场调研 建立酒吧商家数据库 筹办文化节官方网站	收集酒吧信息 准备各类宣传工作,为日后宣传工作打好基础

续表

时间	宣传推广手段	目的
第二阶段:文化节起步阶段（2019. 1—2019. 3）	出版文化节期刊 官方网站开始运营 宣布本次文化节的招商信息 直接与商家进行沟通以及接受商家报名	启动官方网站,吸引眼球 确定部分商家,抓住商机 出版期刊,开始进行文化节的初步宣传
第三阶段:文化节临近阶段(2019.4)	全面进行各类新型宣传方式 杂志、广播、网络及其他传统宣传方式进行全面的宣传推广 运营本次文化节的官方网站	全面宣传开始,各种新型渠道开启,全面在全城宣传文化节信息
第四阶段:文化节期间阶段(2019.4.28—2019.5.11)	加大各类宣传渠道的投入,增加本次文化知名度	做好活动宣传工作、制造新闻事件,继续为文化节造势
第五阶段:文化节节后阶段(2019.5—2019.6)	媒体投放活动总结新闻稿 酒吧官方网站运营	延续本次文化节影响力

（3）展览旅游的公共关系

展览旅游的公关方面注意以下几个方面:

①加强对外公共关系的建立和完善,适时邀请业务相关部门和企业参加展览活动,使其在对外公关方面达到一定效果。

②建立信息有效外发的流程,使展览的有关信息能及时传递给相关政府机关、企业和客户等,形成对外的一个窗口,有助于参展企业形象的树立和企业品牌的拓展。

③建立完善的制度,在活动实施前进行人员培训,以提高员工的职员素质,让全体实施工作人员理解策划方案的精神,熟悉策划方案要求,掌握实施方案的工作方法、步骤和技巧。

【案例9】

任丘脚手架展会宣传推广方案

随着经济形势的好转,公路、铁路、机场、地下管廊等领域投资规模的不断扩大,未来我国脚手架行业发展形势一片大好。任丘市脚手架协会将抢抓机遇、奋发作为,努力推介行业最新产品,促进脚手架行业专业化、产业化、集群化发展,引领市场发展需求,不断加大服务行业的力度和责任,充分发挥协会的平台与桥梁作用,为新技术材料、新技术产品应用,争取国家支持与扶持政策,直接反映行业发展情况和存在的问题、反映行业诉求。为了更好地推广、宣传脚手架展会,河北秋之韵文化传播有限公司为展会制订了推广宣传方案。

主办单位:任丘市脚手架行业协会

承办单位:河北秋之韵文化传播有限公司

活动时间:2019年2月—2019年6月

活动地点:任丘市会展中心

媒体邀请:新浪网、搜狐网、腾讯网、《燕赵都市报》、《沧州晚报》、任丘电视台、任丘人民广播电台、华油数字导视、任丘京南第一城、任丘生活圈、任丘人在线、任丘城市向导、任丘房产网等

一、展会前期

1.2019年2月下旬启动脚手架展会新闻发布会暨展会形象代言人活动,为展会前期预热,选出的形象代言人可作为形象大使,为展会拍摄平面图片和视频,作为展会推广的一种形式,并在展会与大家见面互动。

2.邀请众多媒体全程参与报道,推动前期预热。

3.为形象代言人制作各式海报和视频在网络推广。

4.邀请行业领导录制VCR,祝福展会圆满成功。

二、展会中期

1.2019年5月脚手架协会邀请行业相关领导参与展会点睛并主持开幕。

2.邀请全部媒体全面推开宣传,组委会配发文字和图片配合媒体宣传。

3.展会代言人到现场与观众进行互动,更好地宣传展会。

4.开幕式当天设定晚宴,届时协会领导与嘉宾进行互动交流,为下届展会奠定基础。

三、展会后期

1.把展会拍摄的图片制作成精美画册,快递给参加展会的领导作为推广宣传的附加值。

2.展会视频制作成宣传短片在网络推广,上传到优酷、爱奇艺、腾讯等视频网站后进行后续宣传。

展会通过前期的预热,中期的力推,后续的跟进为展会持续不断地进行推广和宣传,也为展会的品牌提升和全面宣传奠定了坚实的基础。

(资料来源:网络)

思　考:

1.阅读以上案例,思考还能利用哪些方式对活动进行宣传?

2.思考除宣传外,展览旅游策划还包括哪些流程?

项目3　展览旅游的管理

在展览旅游的开展中,展览旅游策划和管理都是必不可少的,展览旅游的管理主要包括服务管理,交通管理,游览、购物、娱乐管理,场馆与人员的管理,危机管理,以及质量管理和评估。

3.3.1 展览旅游的服务管理

会议与展览旅游的服务包含很多内容,如根据参会人员的喜好,预订各种形式的餐会,推荐不同的用餐地点;根据参展人员的喜好,设计不同的休闲方式,设计专门的旅游线路,介绍下榻酒店附近的娱乐设施等。

1)餐饮和住宿管理

餐饮和住宿管理的内容,从功能上划分主要包括前厅管理、客房管理、餐饮管理、商品管理、综合服务设施管理等几大方面。

(1)前厅管理

酒店的前厅是销售产品、组织接待服务、调度经营业务、提供迎接服务和沟通内部方面联系的一个综合性业务机构,它是酒店设在前部大厅,最先直接接触客人和服务内容最广泛的业务管理部门。酒店前厅一般由三部分组成:一是前厅厅堂,客人进店作短暂停留、等候办理手续和进出休息的地方,一般设在柜台后面或旁边;二是经理办公室;三是商务中心、行李房、总机房等各种服务设施。酒店前厅是调度和指挥酒店接待服务活动的枢纽。

(2)客房管理

酒店客房,是人们外出旅行游乐过程中暂时居留的投宿之所,是以出租和劳务获得经济收入的特殊商品。客房总是依附于一定的投宿设施而存在。随着现代旅游事业的发展,宾馆客房已经成为高级消费品,它必须设施完善、安全舒适、功能齐全、环境优美典雅。

(3)餐饮管理

酒店餐饮管理,是指利用食品原材料对厨房生产、客源组织、产品销售和餐厅服务等进行的各项组织管理活动的总称,它是一个完整的供、产、销过程。经营过程中,同时向客人提供场所、产品和服务,是酒店产业不可缺少的重要组成部分和经济收入的重要来源。餐饮部的餐厅类型多样,三星级以上酒店通常有中餐厅、西餐厅、咖啡厅、宴会厅、酒吧等,有的还有日餐厅、清真餐厅、海味餐厅和宫廷餐厅等。酒店档次越高、规模越大,则餐厅类型越多,经营风味越多。

(4)商品管理

酒店商品管理,是为满足店内外客人购物需要,对企业商品经营所进行的一系列组织管理活动,它是酒店的重要业务部门之一,在企业中一般单独设立,是酒店经济收入的重要来源之一。酒店商品管理在业务性质上和旅游商店相同,同样具有完整的购、销、调、存的过程,但和旅游商店比较,有4个特点:经营时间连续、销售方式灵活、经营品种有特色、服务对象广泛。

(5)综合服务设施管理

综合服务设施,是指除住宿、餐饮和商品经营以外的,满足客人正当文化娱乐活动需要的各种服务项目。其内容主要包括三大类,即康乐设施、娱乐设施和生活服务设施,具体项目有几十种。在我国,各宾馆综合服务设施的多少不一,管理体制也不一样。主要有两种情况:一是综合服务项目较多的大中型酒店宾馆,设有服务部或康乐中心,统一管理综合服务设施;二是项目少的酒店宾馆,其服务项目分属客房或其他部门管理。

综合服务设施管理,即对酒店各种综合服务项目管理过程的组织和实务操作。由于这些服务设施具有项目分散、用人少、营销活动独立性强、使用价值区分大等特点,因此各种综合服务设施的管理实务是不相同的。总的来说,重点是做好三个方面的工作:一是组织客源,即设法吸引住店客和店外消费者以提高设施利用率;二是设备用品组织,即在保证设施、设备完好的基础上,增加食品、饮料销售,满足客人消费需求;三是接待过程的组织,即在客人利用综合服务的过程中提供高质量、高效率的服务。

2)会议与展览旅游的交通管理

(1)会议与展览旅游交通安排

根据展览旅游的定义,展览旅游开始于交通行为又结束于交通行为。因此,展览旅游交通贯穿了整个展览旅游过程,不论是参加展览活动,还是展览活动之后的休闲旅游,都离不开交通,展览承办方或其交通部门要对整个活动和旅游的交通进行尽可能全面、周到、细致的安排。

展览活动的承办方通常将所有的会议运输事务外包给专业运输公司,但是展览承办者必须参加决策。如果会议规模较小,可以自行解决运输问题,但是这种情况较少。如果会议规模较大,大多数都会将会议全部或部分的运输事务外包给运输公司。

在展览运输的问题上,承办方需要求助于专业人士,因为这个领域过于复杂和专业化,很难直接介入处理。承办者必须与几家候选的运输服务提供商进行接触,得到他们的报价,并进行比较,一定要注意分辨哪些公司具有专业水平,而哪些公司能力不足。

展览活动常常需要在旅客运输、行李运输两方面与航空公司进行合作。现在已经有越来越多的航空公司设立了专门处理展览运输的部门,并在其中配备了经验丰富的专家。由于与会者有时集体旅行,有时单独旅行,因此相关的旅游费用也有很大的差别,而且标准相当复杂。和展览旅游的其他方面一样,在运输问题上与服务提供商签订书面合同是十分重要的。

在需要与某个旅行社接触解决展览旅游中的交通问题时,应该要求对方提供其曾经服务过的会议列表,然后仔细察看其中是否有与本次展览类似的先例,以及相关的与会人数、出发地点、具体旅费和其他安排。

汽车租赁公司也可以为展览旅游运输服务。承办方可以与汽车租赁公司协商确定一个价格标准,参展人员在展览旅游期间需要租赁汽车的话,可以使用这个价格标准。

(2)旅游者对交通的要求

①安全。

安全是人类的基本要求之一。尽管外出旅游不是为了求得安全的需求,但求安全的心理却是每一位旅游者出门远游时的共同心理特征。对旅途中不可预测因素困扰的担忧,使人们对旅游交通安全的关注度更高。虽然现代交通的安全性日益提高,交通事故日益减少,但仍有伤亡事故发生。但旅途安全受到威胁时,旅游者可能会考虑改变行程。因此,交通安全是旅游者对旅游交通的基本要求,也是最重要的要求,从事旅游交通工作的各个部门和个人要明确意识到安全工作的重要性,确保旅游者的安全。

②快捷。

一般来说,旅游的时间都是非常有限的。在有限的时间中,旅游者无不希望能快捷地到达目的地,从而游览到更多的景点,乘兴而来,尽兴而归。交通状况在很大程度上决定了旅游目的地和景点的可进入性,交通行业在其自身发展中应充分考虑到对旅游业的影响,尤其是注意对旅游者心理需求的满足,因为这反过来会影响到交通的良性循环。

交通服务首要应该考虑到游客对到达目的地的高度渴望心理,尽量安排快捷直达的交通工具,避免过多地更换交通工具增加游客的经济、体力消耗。直达可以更好地确保游客的财物和人身安全,使游客产生首因效应,获得美好的第一印象,为后续的旅游奠定一个良好的开端。因此,旅游交通服务应尽量减少旅客在途中时间。由于旅游中人们不仅考虑金钱花费,而且在现代旅游中,人们往往选择耗时少的交通工具,因此旅途耗时多少直接关系到一个地区旅游业的发展状况。

③交通环境温馨、舒适。

旅游者在旅游中一个最重要的心理诉求就是消除紧张感,获得轻松和解放感。特别是人在旅途,只有消除了紧张感,才能全身性地投入旅游中,充分享受旅游的乐趣,因此,旅游交通环境的好坏也会对旅游者产生影响。这里的环境既包括交通工具内在的环境,也包括外在的自然和人文环境。

A. 内在环境的温馨。旅游不仅是对旅游地区及其景点的游览,实际上也是一个过程,一旦乘上交通工具,旅游就已经开始。人们经常用"旅游愉快"作为对整个旅途的祝愿。温馨舒适体现在交通工具的内在环境上,如果交通工具噪声大,颠簸动荡,空气浑浊沉闷,空间狭小,座位不合适,卫生设施不齐备都会给旅客带来不便,导致不愉快。因此,为旅客营造家庭式的内在环境是交通部门应该重视的问题。现在,许多旅游车、船、飞机装上影视、音乐设备,提供报纸杂志,以增加旅客途中的乐趣,使游客倍感温馨。

B. 外在环境的温馨。交通的外在环境在旅途中也纷纷扮演着相当重要的角色,它和内在环境互为表里,相辅相成。单调的环境易使人疲劳,比如高速公路,目前,路两旁大部分是水泥柱、铁丝网、稀疏而单一的树木,甚至光秃秃的,一无所有,给人一种单调、枯燥、乏味之感。如果多种植花草树木,且注意品种和色彩的变化,就可增加游客视觉的新鲜感和美感,减少和消除单调所造成的视觉疲劳,也有利于司机安全驾驶。再加上沿途的田园风光、地形地貌,游客的心情无疑会倍感舒畅。

3)游览、购物、娱乐管理

(1)游览管理

①接待能力。要考虑参观、考察、游览的目的地是否有足够的接待能力。有些项目或路线非常适合,但如果当地的接待能力有限就可能被迫取消或改变游览的方式,如分配游览或减少游览的时间等。

②内外有别。当参观游览的人当中包括外国人,要考虑有的项目是否适宜组织外国

人参观游览,是否存在一定的限制要求等。因此,要了解有关的规定,做好内外有别,作好保密安排。如外国客人提出参加不宜参观的项目,应婉言拒绝或者托词谢绝。有的项目还要报经有关部门。要照顾参加对象的兴趣。参加游览的对象的兴趣、擅长和要求也是项目和线路策划应当考虑的因素,要尽可能安排大部分参加对象都感兴趣的项目。安排参加对象兴趣不大或毫无兴趣的项目,则组织的游览就毫无意义。

③制订详细计划、安排参观游览路线、具体日程和时间表,并准确告知参加对象,让他们作好思想准备和物质准备。大型展览活动的游览活动应该在会议通知、邀请函中加以说明,并列举考察观光项目和路线报价,以便参加对象选择。

④落实好交通车辆,安排好食宿,旅游项目也可以委托给旅行社实施,但必须选择信誉好、价格合理的旅行社,并与其签合同。

⑤参观游览,安全第一。在参观游览时,解说员或导游要尽到对有可能发生的危险进行提醒和警示义务。在参观特殊项目,如实验室、工地等时,应事先做好安全工作,向参观者宣布注意事项。参观完一处,开车前一定要严格清点人数,避免走失,以及时发现问题。

(2)娱乐安排

在旅游中,游览和娱乐几乎密不可分。在有的游览景区同时又有娱乐设施,旅游者在游玩的同时,又可以进行娱乐享受。这里的游乐安排是指展览方为参加者组织提供的表演、展会等娱乐活动。承办方在举办娱乐活动时一般要考虑以下问题:

①是否安排娱乐活动。

在安排娱乐活动时,必须仔细考虑这些活动与展览目的以及主办方形象之间的关系,没有经过周密计划的娱乐节目会显得过于轻率,而且会被视为是对主办方资源的一种浪费。当然,娱乐活动也可以被视为对展览活动参加者的一种额外福利。营利性展览活动可以利用娱乐节目来吸引参加者,因而娱乐活动要具有较高的质量,才能产生足够的吸引力,而非营利性的展览活动是否安排娱乐节目则必须从展览活动目的、主办者和资金等角度进行考虑。

②预算中是否包括了娱乐节目的经费。

娱乐节目的成本应该包括在展览活动的经费预算中。随着协商的进展,最初的预算可能需要进行一些调整,如果成本低于原来的预算当然不会造成什么问题,但是如果协商进展表明需要比原来的预算要更多的资金,展览承办方就要尽快对预算作出调整。预算中不仅要包括演员的报酬,还有旅行、补助、预演、背景音乐等与娱乐活动有关的其他费用。

③应该安排何种类型的娱乐活动。

娱乐节目应该与展览主题关系最为密切,要使展览主题语与娱乐节目之间的关系能让所有的人一目了然,如果这种关系要解释才能让人明白,就说明安排的节目还不是最佳的选择。娱乐节目还要选择最适合展览活动参加者口味的内容。

④娱乐节目要准备多长时间。

娱乐节目所需要准备的时间取决于娱乐节目的具体类型,以及它与展览主题的关系,通常展览活动的主题和核心理念是由展览方面事先制订的,如果需要安排娱乐活动,就要事先进行演出预约。

⑤是否将娱乐节目的组织外包给专业公司。

几乎所有的优秀演员都是由专业公司代理的。与专业娱乐公司合作可能要较高的成本,但是如果不由这些专业公司服务,而由承办单位自己组织,往往成本会更高,手续会更加烦琐。因此,如果将娱乐节目外包给专业的演出公司,不但可以保证演出的质量,而且承办方可以节省很多的人力、物力乃至财力。

⑥应该选择何种专业公司。

选择信誉好、水平高的演出公司是娱乐节目成功的关键。在与几个专业公司洽谈时,应该重点了解它们是否拥有举办活动的权限,是否获得了政府和文化部门的许可,它们代理的演员表演过什么样的节目,它们获得的评价是怎样的。

⑦会议承办者是否应该就娱乐节目安排签订正式的协议。

与演员或娱乐公司签订正式的演出协议很重要。这需要得到一些法律方面的建议,不过大多数时候只要签订一份简单的协议书就可以了。大部分协议的目的不仅是为将来可能发生的纠纷提供一份可以递交法庭的证据,而且可以将承办者与演员或娱乐公司就演出日期、费用、旅费、补贴、报酬、人员成本、设备成本及取消预订等事项协商的结果落实到文书中。

⑧展览举办地有哪些可以利用的娱乐设施。

演出的舞台可以是一个简单的高台,也可以是设备齐全的剧场,有布帘、通道,以及复杂的灯光系统、音响设备和其他一些设备,并且可能是固定在剧场中的。另外,展览活动举办地可能也有一些漂亮的景色或背景。若演出需要承办方提供一些道具或乐器,承办方就该在事先准备好并进行调音。

(3)购物安排

一般来说,旅游者的购物行为是旅游者的个人行为,作为展览活动的承办方不宜干涉,而且展览旅游作为一种商务旅游,购物在其中的重要性远不及休闲旅游。因而,本书不对购物安排作详细的介绍,但是从我国目前的旅游商品和商店情况来看,作为展览承办方还是有必要为旅游者提供一些购物方面的信息。如在展览活动的宣传手册或参展指南、会议指南上推荐一些信誉好、服务好、有特色的旅游商品销售单位或旅游购物商店,为旅游者提供本地购物中心的信息等。若在一些商业城市举行展览活动,展览旅游的目的之一就是旅游购物,这时承办方应尽可能地为旅游者提供各种旅游商品信息、购物中心信息及适用的购物指南,以便旅游者享受购物的乐趣。

3.3.2 展览场馆与人员管理

1)展览场馆与设施管理

展览场馆与设施管理,其目的在于保证展会的安全、技术、清洁等方面处于正常,其内容包括:电力、音响、闭路电视系统和通信装置等各项设备的调试安装及管理维护,还有展台的布置及展示等。管理要求如下:

①对展览场馆的配套设施有较高的管理水平。例如,展馆中的电路设备,灯光、音响

的正常运行。

②维护良好的场馆环境。例如,垃圾的及时处理,货物的整齐堆放,卫生间的清洁干净等。

③能够保证在突然发生紧急情况时,有充分的补救措施和应急能力,能够较快调配人员维持现场秩序。

2)展览场馆的人员管理

展览的工作人员直接参与整个会场、展览过程中的巡视服务,以及与会场、展览有关的其他服务管理。由于展会服务人员工作在会场、展览现场,直接面向参会者、参展商、组委会、参观者,他们的言行举止、服务规范、服务质量直接展示了企业的形象和水平,因此对展务人员的素质要求比较高,而且要求他们反应灵敏,应变能力强,能迅速处理各类突发事件。与此同时,展览本身是个动态的过程,展会服务也必然是动态跟踪管理和动态服务的过程,因此,展会服务体系还是展会事务与物业管理企业联系的桥梁,分别在会展前、中、后三个阶段中发挥重要作用。

在展会的人员管理方面,要注重人事招聘和培训这两个环节,对优化各部门的人员组合做大量工作,如针对工程管理人员薄弱的问题,通过招聘考核及时进行补充,确立主、副分管的合理架构,补充具有一定专业技术能力的工程师到一线进行设备的安装和维修,确保整个会场的现场管理安全。

要通过培训,提高会议现场、展台管理人员的各项技能与素质。在展览过程中,上级应积极指导会议现场、展台管理人员,并合理分配足够的保安人员,并要求这些保安人员具备专业素质,遵守展览的管理制度。

3)会展旅游中导游的管理

(1)会展旅游中导游的特点

由于会展旅游不同于一般的旅游活动,特别是旅游的主体——旅客,是一群特殊的群体,因此对会展旅游的导游人员提出了更高的要求。

①人数多、实务繁。由于展会旅游参加的人数多、涉及面广,使得组织环节事情烦琐,结构复杂。例如,同天抵达的代表可能来自不同的国家,因此抵达航班就无法统计,这就和旅游团队同进同出的抵离规则完全不同,如何接机和送机就需要进行充分准备。由于会展旅游参加人员组成复杂,很多组织者需作最详尽的考虑。导游人员不能只按照一般旅游的接待程序和要求按部就班,而是要经过特殊的培训,掌握比较完善详尽的展览旅游接待服务。

②服务要求高。会展活动本身是一项公务活动,每个参加人员必定代表了一个特定的组织,参加人员的社会、经济或文化层面比一般旅游团队要高很多,因此会展旅游组织者就无法按普通团队操作,必须在文化娱乐活动等方面花费心思,要努力满足各种要求,特别是要考虑到他们的工作背景,从而使会展旅游参与者留下最难忘的回忆。

(2)导游应具备的基本能力

①独立工作能力。导游在接受任务后要独立组织旅游者的游览参加活动,对某些安

排要独立作出决定,对出现的问题要独立处理解决。

②组织协调能力。在实际工作中,导游不仅要安排好旅游者的生活,还要组织旅游者的游览活动。这一过程中要与饭店人员、景区管理人员等打交道,导游必须掌握良好的组织和协调能力。导游工作是由地陪、全陪和领队三者相互合作,相互协调,共同努力完成。

③随机应变能力。在旅游者的游览过程中,并非一帆风顺,往往会出现这样那样的意外事件,特别是在旅游过程中的突发事件和事故,如有人员走失、发生交通事故等,要求导游临危不乱,一边安抚旅游者的情绪,一边协助相关部门进行解决。

(3)导游的管理内容和管理模式

虽然与一般旅游活动中的导游相比,会展旅游中的导游要求更高、更专业,但是作为一种旅游服务,他们所服务的内容是一样的。目前,没有把从事会展旅游服务的导游单独管理,仍旧是在这一大概念之中,因此,以下内容主要针对一般的导游而言。

①导游管理的内容。导游管理的内容包括"导游服务质量管理"和"导游人员的管理"。

所谓"导游人员的管理"是指为保证导游人员工作规范和服务质量,通过工作能力和工作投入程度而制订的一系列规定。包括两个方面的内容:一是加强导游的业务培训;二是激励导游员的工作积极性。

所谓"导游服务质量"是指导游员提供的服务所能到达的规定性程序,在使用价值上能满足旅游者的需求程度。导游员提供的导游服务能满足旅客的程度越高,其服务质量也越来越高。

②导游管理的模式。导游管理一般有三种模式。

模式一:旅行社管理。旅行社管理模式是我国对导游人员进行管理的传统方式,其主要特点是导游人员完全归属于某旅行社,是旅行社的正式员工。

模式二:导游公司管理。导游服务公司是一个中介服务机构,负责旅行社兼职导游人员的日常管理业务、培训及考核,向旅行社出租导游人员并收取中介服务费。

模式三:导游协会管理。在国际上,导游人员是社会化的自由职业者,并非为某一家旅行社所有,这些自由职业者就是通过行业协会来进行管理的。在我国,导游职业社会化已成为一种趋势,这就需要一个强有力的行业性管理机构对全社会的导游人员进行统一管理。以导游协会取代导游公司对导游人员的管理。

3.3.3　展览旅游的危机管理

1)展览旅游危机管理的内涵

展览旅游危机是指影响展览旅游者对展览旅游目的地的信心和扰乱展览旅游业正常运转任何非时期性事件,并可能以无限多样的形式在较长时期内不断发生。

所谓"展览旅游危机管理",是指为避免和减轻危机事件给展览旅游业所带来的严重威胁所进行的非程序化的决策过程。其目的是通过研究危机、危机预警和危机救治达到恢复展览旅游经营环境和展览旅游消费信心的目的,并将危机所造成的损害限制在最低限度,如图3.5所示为展览旅游危机管理流程。

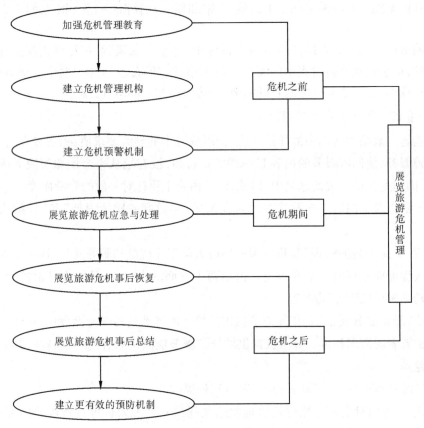

图3.5 展览旅游危机管理流程

展览旅游危机管理涉及很多的管理主体,不能单纯地依靠个别主体通过建立危机防范系统、提高经营管理水平等来防范或得到控制,而必须建立起政府、会展旅游企业和行业协会分工合作、共同努力的运行机制。展览旅游危机管理的主体主要包括以下几点:

①政府。政府的主要职能是通过宏观职能来预测和识别可能遭受的危机,采取防备措施,阻止危机发生,并尽量使危机的不利影响最小化。

②展览旅游企业。会展旅游业是敏感度很高的行业,目前我国展览旅游企业经营单一、规模较小的现状不利于展览旅游企业分散风险。因此,要加强展览旅游企业集团化经营,实现规模经济,增强自身实力和抗风险能力;同时,还要成立危机管理的领导机构,树立危机管理意识,建立危机管理制度。

③展览旅游主管部门。要建立一个有效的危机应急机制,必须充分发挥主管部门的作用,加强会展旅游专业人才的培养,加强会展旅游各参与主体的合作,有效防范危机的发生。

④展览旅游从业人员。展览旅游从业人员要积极参与培训和学习,树立正确的危机意识,提高危机应对能力,积极参与政府和展览旅游企业的危机救治。

2）会展旅游危机管理工作步骤

（1）加强危机管理教育

危机管理教育是展览旅游企业预防危机的有力保障。展览旅游企业要对员工进行危机意识教育和危机预控专业知识的培训和学习，培养员工"居安思危"的旅游危机观，使员工树立正确的危机意识和主人翁责任感，提高员工对危机征兆的识别能力；同时，通过对一定危急情境的模拟对员工进行演习和培训，通过接触各类危机情境，积累处理各种危机的技能知识。只有树立了正确危机意识和提高危机反应能力，才能增强企业抗风险的整体能力，也才能使会展旅游服务质量精益求精，提高会展旅游企业的信誉度。

（2）建立危机管理机构

展览旅游企业要正确评估危机对企业的潜在影响和发生的可能性，需要展览旅游企业高层和专业部门的管理人员组成危机管理机构。危机管理机构的主要职能是收集和分析危机情报和外界信息，建立展览旅游企业与其他负责安全保障部门的工作联系，及时地预测和预防危机的发生，协同有关部门制订有效的危机处理措施。

（3）建立危机预警机制

所谓"展览旅游预警机制"，是指展览旅游企业通过对政治环境指数、商业环境风险指数和自然环境指数等危机预警指标不断监测，分析危机发生的概率及危机发生后可能造成的负面影响，作出科学的预测和判断，在有信号显示危机来临时，予以及时发布并警示，从而有利于企业自身和会展旅游者预见问题，并主动采取积极的安全措施。建立危机预警机制主要有以下4个程序。

①收集会展旅游预警指标。
②接受并检查预警指标。
③分析和处理预警指标。
④危机管理机构发布并警示潜在的会展旅游危机。

3）必要时要对危机管理计划进行预演排练，并不断修正和完善

（1）会展旅游危机应急和处理

①加强媒体合作，发布危机信息。要以诚实、透明的态度和各类媒体沟通，可设立一个新闻中心适时地向社会公众发布客观、准确、诚实、透明的危机信息。发布信息既不能夸大事实，也不能为了达到某种目的而隐瞒或扭曲事实真相，防止谣言和小道消息的散布，最大限度地消除展览旅游者的恐惧心理。

②控制危机发展态势，制订安全保障措施。

A.危机管理机构发挥快速信息沟通、快速判断、快速反应、快速行动和快速修正等一系列组织能力，采取及时措施防止危机扩大。

B.任命专人负责与政府和展览旅游主管部门进行安全保障方面的联络，制订安全保障措施。

C.建立微机监测系统，必要时应组建能用多种语言提供服务的旅游警察队伍和紧急

电话中心,随时对危机的变化作出分析判断并采取应急措施。

③保持客户沟通,巩固企业形象。

A.以电话、传真、互联网以及各种新闻媒体等方式,与客户保持沟通,向他们通报企业的情况,争取客户的理解和支持,保持客户对企业的信心,为危机后开展新的展览旅游业务作好准备。

B.根据自己的实际情况,配合政府和媒体,做一些有利于树立企业形象的广告宣传,吸引公众的注意,巩固甚至提升企业的形象。

④采取应急措施,化解危机。

A.建立企业突发重大事件储备金,同时与保险公司合作,投保重大突发事件险种,转移风险。

B.对于有重要人物参加的展览旅游活动必须对展览现场和会展旅游路线进行安全检查,布置好安全保卫工作,配备专业医护人员和救护设备。

C.对于会展旅游者的信息安全和财产安全也应采取措施予以保障。

D.对于政治危机事件,必须要加强与政府和展览旅游主管部门的联系和合作,通报危机事件的进展情况,配合政府的安全应急措施行事。

E.强化危机管理领导小组的职能,保障展览现场设施安全,提供医疗服务和解决参展商的突发性问题。

⑤转变危机为生机,寻找新的发展机遇。

展览旅游危机给展览旅游企业带来的不仅仅是损害,也可能带来一些新的发展机会。展览旅游企业应充分把握这些机会,转变危机为生机,使企业获得新的发展。

A.利用危机期间的经营淡季,抓紧时间对员工进行全面培训,提高员工的专业化素质。这样在危机过后,企业的服务和管理能够上一个台阶,赢得更对的顾客,从而弥补在危机中遭受的损失。

B.对硬件设施进行更新改造,增强企业的发展后劲。

C.资金雄厚的大企业可以较低的收购成本进行并购,走专业化、规模化、集约化的经营发展道路,例如,在"非典"时期,中国旅行社总社、上海国旅及上海春秋旅行社都在积极并购,借其实现其战略扩张。

(2)展览旅游危机事后恢复

展览旅游危机的应急与处理主要为了阻止危机蔓延以及减少其造成的损失,而使已经造成的损失部分恢复到危机前的状态则需要通过危机事后恢复实现。展览旅游危机事后恢复主要围绕3个目标实现。

①恢复展览旅游目的地形象。展览旅游企业要配合政府和主管部门有效利用报纸、电视等新闻媒体,大肆宣传展览旅游目的地的安全形象,尽快恢复国内外会展旅游者对展览旅游目的地的信心。必要时,可请国家和地方政府领导人出面,亲自对展览旅游主办方和客户进行宣传和促销。

②恢复展览旅游客源市场。展览旅游企业要通过市场调查和收集相关资料,分析主要客源市场和营销渠道受危机影响的程度,进行针对各市场的特点采取应对措施,相应地调整展览旅游产品结构和价格策略,也可请客源市场旅游媒体、旅游专栏作家、旅游批

发商和旅游代理商进行实地考察。做好展览旅游企业形象宣传,引导展览旅游消费,从而刺激、鼓励并帮助客源市场和营销渠道复苏和繁荣。

③恢复展览旅游企业内部信心。危机事件不仅会使企业经营效益受到影响,还会使企业内部员工在工作积极性方面受挫。在危机后的恢复时期,有效利用企业文化,重塑企业内部信心,增强企业的凝聚力,制订新的发展战略,做好危机过后的新的展览业务,抓住新的客源市场,开发一些新线路、新项目、新产品,策划一些新活动,打造新的展览旅游品牌,实现企业复兴。

(3)展览危机事后总结

展览旅游危机事件消除或告一段落之后,展览旅游企业要对危机事件进行详细全面的总结,主要包括对危机预控管理的总结和对危机事件管理的总结。

①对危机预控管理的总结。危机预警机制是否为危机管理提供了有用的指导,存在哪些问题,与其制订成本相比较是否合算;演习和危机教育是否对危机处理起到了作用,有哪些项目有待加强和完善,预警系统是否发出了及时的警报,人们是否对预警系统的警报予以足够的重视并采取了正确的反映。

②对危机事件管理的总结。危机在预防阶段是否被识别;识别危机后的反应行动是否有效组织或延缓了危机的爆发;危机爆发后,展览旅游企业反应是否迅速合理;危机处理中的资源供给是否及时,配置是否合理;危机处理中成功避免或减少了哪些损失;危机管理中机构运作是否高效;媒体管理是否合理;向媒体传递信息是否合理;展览旅游企业的形象维护得如何;危机恢复目标制订是否合理;危机恢复工作是否有效,还存在哪些问题。

(4)建立更有效的危机预防机制

总结工作做完后,展览旅游企业要认真回顾危机处理过程中的每一环节,针对前面的预防系统进行反馈,帮助危机管理机构重新修正预防系统的失误,进行相应的改进或调整,以便建立一个新的更有效的预防机制,从而加强危机管理员指导性和可操作性,为应对下次展览旅游危机作好准备。

3.3.4 质量管理和评估

要进行评估,就必须收集反馈信息。因此,寻找展览旅游者对展览旅游企业所提供的产品和服务的反馈意见是展览旅游满意度调查的一个重要环节。在收集到大量、真实的反馈意见后,就要进行经济效益评估和质量管理评估。

1)经济效益评估

经济效益评估的内容包括投资估算、成本预测、收入与税金预测、利润预测、贷款偿还期预测、现值与内部收益率的预计、企业投资利润。通过评估这几个方面,可以说明此次活动的经济效益是好是坏,从而表明此次活动的可信性。

经济效益评估的前提条件是抓好基础管理工作:建立展会旅游经费内部稽核制度,对内部稽核工作的职责内容方法和要求进行明确规定,以保证科学有效地进行展览经费决算、审核。

①建立展览信息反馈和效益考核制度。每一展览结束后,展览业务部门应对展出效果进行量化统计和全面客观评估,对重点展览、重点参展企业跟踪。每一年度结束后应对全年出展情况进行认真总结。

②向参展企业收取的摊位费,其收入和使用按照财政部有关事务服务收入管理的规定办理,并在预、决算中加以说明。

③在加强日常财务监督检查工作的基础上,结合决算批复工作,对资金的使用情况进行全面检查、审核,发现不符合财经法规的,要予以纠正,情节严重的按照有关规定进行严肃处理。

2) 质量管理评估

展览旅游的质量评估最终反映在各方参与者的满意程度上,对满意度的调查可以从以下几方面进行:

①满意度调查表回收状况。

②综合满意度状况。

③今后意愿状况。

④从参加到展览旅游进程的满意度状况。

⑤导游服务的满意度状况。

⑥展览旅游结束后的满意度状况。

⑦纠纷处理的满意度状况。

将其结果汇总分析,可以得到质量评估的最终结果,从而知道此次展览旅游的成功与否。

调查评估完以后,还应根据展览旅游调查所得的意见反馈进行改进和完善。展览旅游企业要从这些反馈信息中获得开拓新市场,并在改进展览旅游企业的服务质量及策划组织等方面作出努力。

【案例10】

浅谈大型会展危机管理——以2017四川国际航空航天展览会为例

2017四川国际航空航天展览会在四川省德阳市中国民航飞行学院广汉机场和德阳国际会展中心举行,由四川省德阳市人民政府、四川航空集团有限责任公司共同主办,广汉市人民政府、德阳高新技术产业开发区管委会承办,国防科工局新闻宣传中心、四川省经济和信息化委、四川省投资促进局四川博览事务局四川省外事侨务办、中国民航飞行学院、捷克共和国驻成都总领事馆、捷克共和国工贸部驻成都代表处、中捷航空协会等单位协办,捷克共和国为本届航展主宾国。基于以上展会背景,本文主要针对政治危机、文化冲突、经济危机和突发事件进行危机分析。

(一)文化冲突

文化是指一个民族的生活特色、风俗习惯、情感素质、审美方式、思想内容、语言思维等。2017四川国际航空航天展览会举办场地离城区较为偏远,这对当地的居民来说无疑是一种文化冲击。

（二）经济危机

捷克将以主宾国的身份深度参与四川航展，推动四川航空航天等领域国际交流合作，基于中捷友好的国际元素借力市场发展产业。本次会展邀请四川省发展改革委员会等相关政府管理部门深度参与航展，与企业进行供需对接、精准交流。航展共规划了动态飞行展区、飞机静态展区、企业形象商务洽谈展区、无人机专项展区军民融合专项展区、航空航天文化展区等板块。其中，企业形象商务洽谈展区主要展出航空航天设备器材，为展商搭建商务交流平台。无人机专项展览及系列活动突出展示国内航空航天重点企业、高校的产品。

从整体上看，双方的合作性是大于竞争性的，因此在本次会展中双方经济矛盾较小，合作和获利空间增大，利益分配上矛盾和冲突也较小。

（三）突发事件

会展期间的突发危机事件包括违反会展的相关规定如派发虚假广告导致会展展品丢失、会展商品被盗，以及侵权盗版等突发性的安全事件，包括火灾、人员伤亡等事件；会展期间由于食品处理不当造成的大规模人身伤害，自然灾害的发生如天气、海啸、地震等意外事件。

本次会展应主要考虑自然条件和食品安全。一是受会展的展览项目所限，需要因天气情况来决定展览的流程（即飞行流程）。飞行是受天气所限制的，如果强行飞行的话会对人员造成不可估量的伤害。二是该会展属于大型会展，参展人流量较大，且举办地距离城市较远，导致参展人需要在会展地用餐。

这一类的危机主要指不可抗拒的自然灾害及人为造成的事故。对于会展业来说，类似情形都充分表现出了危机的特点，也是对办展机构的应变能力、管理者的决策能力、全体参与者的综合素质的严峻考验。

（资料来源：中国知网）

思 考：

1. 阅读以上案例并思考，你能为每个危机提出相应的应对措施吗？
2. 思考除以上三种危机外，展览旅游还可能出现哪些危机？

模块4
节事旅游

【教学目标】

能力目标	知识目标	素质目标
■具备节事旅游市场调研和分析能力 ■具备节事旅游发展的趋势判断能力 ■具备节事旅游项目策划和营销策划的能力 ■掌握节事旅游活动的流程操作 ■具备节事旅游项目管理和现场服务能力	◆掌握节事旅游的概念、类型、特点、作用等系统知识 ◆了解节事旅游国内外的现状和发展趋势 ◆了解节事旅游的运作模式 ◆掌握节事旅游的策划内容和流程 ◆掌握节事旅游活动管理和服务的知识	▲团队合作精神好、协调性高、管理能力强,具备较高的分析与策划能力 ▲具备主动学习的精神,积极参与课堂教学活动,按要求完成教学准备 ▲具备严谨、勤奋、求实创新的学习精神

【重点与难点】

本模块内容学习的重点在于掌握节事展览会议旅游的概念、类型、特点、作用等系统知识,掌握节事展览旅游的策划,包括营销策划,并掌握节事展览旅游项目的管理运作,了解节事展览旅游的现状,把握节事展览旅游的发展趋势。

项目1　节事旅游的现状

节事旅游活动早已有之,但在我国的兴盛却始于20世纪90年代,其典型代表是山东潍坊风筝节,它的成功举办,创出了一条通过举办节事旅游活动来招商引资、发展旅游、促进经济发展的新路子。近年来,宣传和推出各种特色的节事旅游活动成为吸引游客的重要由头之一,许多地方纷纷举办各种节事活动来推动当地旅游业的发展,其中不乏成功的例子,如大连的时装节、青岛的啤酒节、哈尔滨的冰灯节等。节事旅游已日益成为各地发展旅游业、提升城市形象、促进地方经济发展的重要方式。

4.1.1　节事旅游的概念、类型、特点和作用

节事旅游属于节事活动的一个范畴,近年来,随着国内各种各样节事旅游的频频举行,节事旅游逐渐成为国内学界的研究热点。许多学者对我国的节事旅游进行了研究,包括节事旅游的功能、意义、作用,以及现存的问题、对策。总体上讲,举办节事活动对举办地具有优化旅游资源配置、完善旅游环境、塑造旅游整体形象、提升地方知名度、弥补淡季需求不足、弘扬传统文化、推进精神文明建设、带动旅游相关消费、推进招商引资、促进相关产业发展和创造就业机会等作用。

1）节事和节事活动

（1）"节事"和"节事活动"的概念

"节事"一词来自英文的"event"，有"事件、活动、节庆"等多方面的含义。相应衍生出的另一概念"FSE"（Festivals & Special Events），译为"节日或特殊事件"，即各种节事活动的总称，其内容多样，外延十分广泛。

"节日"是世界人民为适应生产和生活的需要而共同创造的一种民俗文化，同时它也是有着特殊意义的日子，一般为纪念这种特殊日子而在固定时间举办。人们在这种特殊日子里参与各种活动、举行各种庆祝仪式或欢庆活动等，因此，节日也被称为节庆。

"特殊事件"是指人们日常生活和工作以外的一种不同于平常休闲、社交或文化体验机会的实践。特殊事件既可是一次性的，也可以是固定举办的，但应该是非经常发生的，如某次盛大的庆典、一场特别的演出等都属于特殊事件。

节事活动是指城市举办的一系列活动或事件，包括节日、庆典、地方特色产品展览会、交易会、博览会、会议，以及各种文化、体育等具有特色的活动或非日常发生的特殊事件。从概念上来看，节事是节庆，事件是精心策划的各种活动的简称，其形式包括精心策划和举办的某个特定的仪式、演讲、表演和节庆活动，各种节假日和传统节日，以及在新时期创新的各种节日和事件活动。

（2）节事活动的分类

节事活动指举办地（国家或城市）组织的系列节庆活动或有特色的非经常发生的特殊事件。其划分的方式根据节事活动的影响度、社会知名度、主题等进行。

①按节事活动的主题类型进行分类。

在节事活动按主题的类型进行划分时，通常有商贸、文化、自然景观、民俗风情、宗教、体育及综合7大类型。

A. 以"商贸"为主题的节事活动。这类节事活动是以地区的工业产品、地方特色商品和著名物产特产为主题，辅以其他相关的参观活动、表演活动等而开展的节事活动。商品节事活动除了可以起到商品交流、经贸洽谈等经济功效以外，还可以为举办城市带来很多社会效益。

B. 以"文化"为主题的节事活动。文化节事活动就是依托当地文脉的，该区域在历史上或现存的典型的、特质性的地域文化类型而开展的节事活动。这类节事活动文化底蕴深厚，对游客吸引力强，常常与当地特色文化的物质载体相结合，开展丰富多彩的观光、文化活动。如中国淄博国际聊斋文化节事活动，以耳熟能详、流传很广的聊斋文化为主题，举办各种与聊斋主题相关的活动，来活化人们心中的聊斋故事，深受游客喜爱。

C. 以"自然景观"为主题的节事活动。自然景观节事活动是以当地地脉和具有突出性的地理特征的自然景观为依托，综合展示地区旅游资源、风土人情、社会风貌等的节事活动。这类节事活动与自然景观的观光旅游活动有相似之处，也有不同之处。自然景观仅仅是该类节事活动的主打产品而已，不是全部。因此，在节事活动中，除了突出自然景观的主体地位之外，还有很多其他的相关活动为陪衬。类似的节事活动有：中国哈尔滨国际冰雪节（是我国历史上第一个以冰雪活动为内容的区域性节目）、张家界国际森林节、中国吉林雾凇冰雪节、云南罗平油菜花旅游节。

D. 以"民俗风情"为主题的节事活动。民俗风情节事活动就是以本民族独特的民俗风情为主题,涉及书法、民歌、风情、风筝、杂技等内容的节事活动。我国是多民族的国家,各民族的习俗各不相同,可以作为节事活动的题材非常广泛,因此,该类节事活动非常多。

E. 以"宗教"为主题的节事活动。宗教文化是中国传统文化的重要组成部分,宗教文化内容丰富、风格多样。宗教节事活动就是基于宗教对于游客的吸引力而创办的。宗教节事活动吸引的游客大多是宗教信仰者,这类参加者由于信仰关系,对宗教节事的参与热情程度很高,并且重游率很高。

F. 以"体育"为主题的节事活动。体育节事活动主要以举办各种体育赛事为主题。如我国每年举办的全国大学生运动会、北京国际马拉松赛、香港赛马会等。

G. 综合性的节事活动。综合节事活动大多是综合几种主题在大城市举办。这种节事活动一般持续时间比较长,内容综合、规模较大,投入较多,取得的效益也会比较好。在我国的许多大城市都有此类节事活动,如2010年的世博会。

②按节事活动的影响分类。

综合节事的规模、目标市场和个体、媒体关注度等主要因素对节事活动产生的社会影响度,节事活动可划分为以下4种。

A. 重大节事。重大节事是指规模庞大以至于影响整个社会经济,同时拥有众多参与者和观众,对媒体有强烈吸引力的节事活动。国际会展专家盖茨提出,重大节事至少应有两项定量标准:一是参与人数大于100万人次,二是投资成本大于5亿美元。如全球三大顶级盛事"奥林匹克运动会""世界杯足球赛""世界博览会"。

B. 特殊节事。特殊节事是指借助一定的主题,能够吸引大量参与者或观众,同时能引起国内外媒体跟踪报道,并可带来可观经济效益的节事活动。如国际旅游文化节、世界羽毛球锦标赛、巴黎时装周等备受瞩目的特殊节事活动。

C. 标志性节事。标志性节事是指某些大型节事活动在一个地区长期举办,并逐渐与举办地融为一体,成为该地有标志性的节事活动。如大连国际服装节、釜山国际电影节。

D. 社区节事。社区节事是指规模较小,影响局限在某个地区范围之内的节事活动。

③按节事的内容分类。

对节事旅游的分类众说纷纭、见仁见智,习惯上可以按节事的内容和节事的主题对其进行分类。

A. 传统节庆类。主要是以传统民俗活动为吸引内容的旅游事件,如中秋节、春节、元宵节、各种宗教节日和庆典活动等。

B. 演艺类。如音乐节、艺术节、舞蹈节、戏剧节及各种一般文化活动节等。

C. 体育类。如奥林匹克运动会、世界杯足球赛、国际马拉松比赛等体育活动。

D. 商业类。如广交会、糖酒会等。

2) 节事旅游

(1) 节事旅游的基本概念

随着节事活动的开展,节事旅游在全球各地以各种各样的形式频频举行,也开始受到高度重视。

所谓节事旅游,是指依托某一项或某一系列节事旅游资源,通过开展丰富、开放性强、参与性强的各项活动,以吸引大量受众参与体为基本原则,以活动带动一系列旅游消费,进而带动地方经济增长为最终目的的所有活动的总和。简而言之,节事旅游是由节事活动作为旅游吸引物而引起的旅游活动。

节事旅游本质上是一种社会文化活动,是人们利用经济手段对地方(或城市)文化价值的创造和发扬。在知识经济时代,节事旅游活动不失为一种保护地方文化、提升旅游综合效应的有效手段,因而仍将大有发展前途。

(2)节事旅游的特点

节事旅游作为会展旅游的一个部分,除了具有会展旅游的一般性以外,还具有自身的一些特性,主要包括文化性、地域性、时效性、体验性、多样性、交融性、二重性、个性化、吸引性、认可性等。

①文化性。

节事从出现至今,一直就作为一种文化现象的表现,在人类发展历史中延续着。作为以节事活动为依托的节事旅游来说,虽然是现代性的表述,但它却是历史性的载体,在它的发展过程中布满了文化的印记,不断地表现着历史和文化的特性。也正是由于它所具有的这种文化属性,旅游者才会把内心的情怀寄托于一项看似简单、休闲的旅游活动。因此,文化性构成了节事旅游的根本特性。

②时效性。

节事旅游对节事的依托性决定了节事旅游的开展和节事活动的举行是同步的。而节事活动作为一种地方形象和传统文化的表现手段,一般举行时间是相对固定的,由此就使得节事旅游的进行也必须在此时间段内。在节事活动举办期间,怀有节事情怀的旅游者,在节事举办地可以充分地体味节事的魅力,完成其内心对于节事的诉求。一旦节事活动结束,旅游者就无法参与节事,也不能感受节事的魅力,由此节事旅游就无法开展。因此,节事旅游具有很强的时间性。

③地域性。

节事作为历史的产物,存在地域性的差异。不同地区由于风俗习惯,以及资源条件的差别会形成不同的节事活动。对于现代性节事这种表现更为明显。因为在目前,节事活动被普遍作为地区形象的塑造者,如此就使节事要更能体现地方和资源的特色。换句话说,就是节事活动必须依托地域和资源的特色。只有这样,节事旅游才可以产生较强的吸引力。例如,相对于南宁来说,武汉举办国际民歌艺术节的效果就会大打折扣;同样,在北京举办荆楚文化旅游节也是不现实的。

④规模性。

节事旅游的规模性根源于节事活动的规模性。节事活动作为地方标志性活动,反映了节事举办地独一无二的城市特征,一般具有较大的规模,会带来大规模的旅游流。

⑤双重性。

这里的双重性主要指的是旅游者的身份在参加节事旅游过程中具有双重性。节事旅游者的第一角色一般是某个主题节事的参加者。比如,观看世界杯足球赛事的球迷,首先以球迷的角色出现在这个节事活动之中,在时间充足的前提下会作出旅游的选择,至于说是赛前还是赛后就难确定了。再比如,参加经贸洽谈会的商人,首先是以生意人的角色展示其身份的,只是在旅游活动之中才转换了他们的角色。

(3)节事旅游的作用

节事旅游的目的不仅仅在于吸引旅游者、投资者、赞助者等参与者,成功的节事旅游活动可以带来多方面的牵动效应。

①提高举办地的旅游竞争能力和知名度。

节事旅游活动不仅本身具有旅游吸引力,更重要的是它还起到旅游市场营销的作用。在一定程度上,旅游节事活动对举办地的营销功能要大于其自身的旅游功能。活动举办前夕,举办者会对当地的历史、文化、工业、农业等旅游资源进行整合,扬长避短,发挥优势,提高当地的旅游竞争力;对旅游景区、景点、线路进行研究,增强和完善旅游设施,积极宣传促销。节事发生期间,高强度、多方位、大规模的宣传活动以及所引起的广泛关注,形成巨大的轰动效应,使更多更大范围的人通过各种媒介或实地游览对城市留下深刻的印象,从而在短期内强化了城市旅游形象。如20世纪90年代,大连市依据其区位优越、环境优美、气候宜人的特点,实施"城市环境名牌"战略,经过多年的努力,大连欧式建筑与现代建筑交相辉映,城市广场星罗棋布,女骑警的风采、足球城的美誉、服装节的大气都迅速提升了大连的知名度和美誉度,吸引了大量的国内外游客前往游览。湖北省九宫山避暑节从2000年开始举办,每届活动前夕都以各种各样的方式大力宣传九宫山的历史文化、道教圣地、青山绿水、自然生态、风景名胜。这些宣传使避暑节的知名度越来越高,形象越来越好,吸引了众多国内外游客来休闲度假、消夏避暑,促进了当地旅游业的发展。成功的节事活动的主题还能够成为城市形象的代名词,正如人们一提到斗牛,就想到西班牙;一提到民歌节,就想到南宁;一提到风筝节,就会想到山东潍坊;一提到啤酒节,就会想到青岛。这些成功的案例都说明,节事活动与举办地已经形成了很强的对应关系,能够迅速提升举办地的知名度。又如,海南省博鳌原本是个贫穷乡村,就是因为博鳌亚洲论坛的举办,使得博鳌乃至整个海南省知名度得以大大提升。

②弥补旅游淡季供给与需求不足的情况。

旅游业受季节变化的影响会产生淡、旺季之分。旺季时,游人如潮;淡季时,资源闲置。多样化的旅游节事活动为游客提供更多的选择机会,也使得目的地旅游资源在不超过承载力的前提下获得最大限度的利用。比如在哈尔滨国际冰雪节期间,有逾百万的游客来旅游,市内各大宾馆、酒店的入住率比以往同期普遍提高了30%～50%。同样,在旅游景区的淡季,举办人们喜闻乐见的节事活动也会吸引大量的旅游者。

③调整举办地的旅游资源结构及促进旅游经营者经营水平的提高。

节事旅游是个综合性很强的旅游活动,通过举办节事活动,可使举办地的旅游资源获得最佳的优化组合,这对改变举办地旅游活动的单一性有着极大的推动作用。节事旅游属于典型的专项旅游项目,其市场运作的复杂性高于普通旅游市场的运作。因此,就要求旅游经营者要对这一市场在策划、主题、选择、旅游推广等方面下功夫。

④可以满足游客多层次的需求。

节事旅游的内容包罗万象,涉及服饰、建筑、宗教、礼仪、时令、歌舞、戏剧、饮食等诸多方面。游客可以通过参加各种各样的节事活动,使身心得到放松,同时又可以领略异域的文化历史。例如,武汉国际旅游节通过节事活动充分展示湖北楚文化、三国文化、宗教文化、水文化、武汉近现代文化及市民文化等。旅游者在文化氛围的陶冶中,既可以欣赏东湖、长江等优美的自然风光,又可以参与到花车巡游、焰火晚会等大型的娱乐活动。游客不管男女老少,都能在节事活动中找到自己的所好,满足其体验的要求。

⑤提高和完善举办地的基础设施。

良好的基础设施和旅游服务设施是旅游业发展强有力的依托和必不可缺少的条件。通过举办旅游节事,可以使举办地的基础设施,如交通、环境状况、宾馆、体育运动场所、休闲场地等得到改善,从而进一步提高和完善举办地的旅游综合接待能力。在旅游节事举办之前,举办者会对旅游地的景点、道路、桥梁、房屋、绿地、宾馆、饭店、游乐场所、车站、码头、供应设施等集中进行整治,拆除违章建筑、清理占道物资、疏通道路、维修景点、打扫卫生等,使举办地更加清洁、美观、漂亮。旅游节事举办期间还会加大管理力度,建立健全规章制度,完善服务功能。如昆明世博会,为保证前来参加世博会的众多游客的旅游质量,昆明除了对各个景区进行整治和宾馆的翻修以外,还投资10多亿元进行了18项重点配套设施建设工程,包括道路拓宽、绿化、立交桥建造、15条道路大修、城区水体治污等。同时,购置了1 000多辆出租车和近300辆公交车,完成了世博园及市区通信设施和旅游信息网络的建设,城市的基础设施得到了极大改观。这一切不但保证了世博会期间的交通、通信、咨询服务能力,而且将为昆明市居民的日常出行带来长期效益。

【案例1】

节事活动效应彰显巴州文化旅游魅力

从2018年6月17日起,巴州各县市先后启动了"端午节""东归节""捕鱼节""乡村文化旅游节"等系列活动,为巴州旅游市场持续发力打下良好的基础,取得了良好的经济效益和社会效益,并且通过各种媒体及平台的宣传,打响了巴州文化旅游的品牌,彰显了巴州文化旅游的魅力。

2018年6月15日至18日,以金沙滩传统龙舟赛为代表的"端午节"系列旅游活动启动。端午节小长假期间,巴州实现接待游客52万人次,直接收入2 605万元,旅游经济复苏迹象明显。其中重点景区金沙滩接待游客1.6万人次,旅游企业直接收入316万元;5A级景区博斯腾湖景区接待游客3.6万人次,旅游企业直接收入343万元;和静景区巴音布鲁克、巩乃斯实现接待游客5.6万人次,旅游企业直接收入289万元;焉耆系列乡村旅游接待游客4万人次,旅游企业直接收入64.7万元。

2018年6月23日至24日,"东归节"期间巴州实现接待游客42.6万人次,直接收入2 694万元。旅游经济持续发力、效果明显。其中"博斯腾湖第十届捕鱼节"两天接待游客28.4万人次,实现旅游直接收入1 996.9万元,县域农牧(渔)民近2万人参与活动;和静"东归节"主题游活动接待游客10.2万人次,实现旅游直接收入184万元;"焉耆县包尔海乡东归文化旅游节"接待游客5.4万人次,实现旅游直接收入252万元。以博湖、和静、焉耆的特色节事活动为引擎,再次为巴州文化旅游业带来强大的市场影响力和吸引力。

(资料来源:搜狐网)

思　考:

1. 结合以上案例,分析节事活动是如何带动巴州旅游业发展的?
2. 思考节事旅游对城市发展的影响有哪些?

4.1.2　节事旅游的发展现状

1)国外节事旅游

(1)国外节事旅游概况

西方国家民众对大型节事旅游活动以及学者对节事旅游活动的研究都早于我们国家。西方最早从旅游角度研究节日(festival)、特殊事件(special event)、体育(sports)和仪式(ritual)的文献分别出现在 1961 年、1963 年、1966 年和 1972 年。

国外影响较大的节事活动主要有西方一些国家的复活节,巴西、墨西哥的狂欢节,西班牙的斗牛节,法国的葡萄节,德国的慕尼黑啤酒节等。这些节事活动多有悠久的举办历史,逐渐发展壮大,是一种参与性很强的文化活动。以巴西狂欢节为例,巴西狂欢节最早开始于 1641 年,当时的殖民统治者为了庆祝葡萄牙国王的寿辰,下令民众游行、舞蹈、畅饮娱乐。经过 300 多年的发展,巴西狂欢节已成为民间最重要的节日,灿烂的阳光、缤纷的华服、火辣的桑巴舞构成一幅具有浓郁拉丁民俗风情的节日景观,故巴西狂欢节又有桑巴嘉年华之称。美国的玫瑰节、西班牙的奔牛节等都是世界著名节庆,为当地的经济和旅游发展作出了巨大贡献。

2000 年在澳大利亚举办的奥运会,给澳大利亚带来了 42.7 亿美元的旅游收入。

(2)国外节事旅游现状分析

节事旅游发展是受到地方经济限制的,因此国外尤其是欧美经济强国的节事旅游发展历史比我国悠久,目前国外节事旅游的特点归纳为以下几点:

①节事活动公众参与性强。

国外很多节事活动的设计特别重视参与性,为旅游者提供丰富多样的不同于日常生活的旅游体验。国际上有一些狂欢娱乐性质的节事旅游活动享誉全球,如巴西狂欢节、威尼斯狂欢节、西班牙奔牛节、西班牙番茄节、法国尼斯狂欢节等都是全民参与的节日,活动与环境共同形成的特殊氛围特别吸引游客。以西班牙番茄节为例,每年"参战"和"观战"的人数达 4 万之多,已成为当地重要的旅游资源。另外西班牙奔牛节不光是与牛同跑,还包括民间表演,一些乡间运动比赛,比如伐木比赛、举大石头比赛等。还特别考虑到孩子们,专门为孩子们准备了表演和活动,充分考虑到了全民参与性。即便是文化艺术类节事,也都不光是表演展示,也注重设计一些公众参与的单元。像有 60 年悠久历史的爱丁堡艺术节是世界大型综合性艺术节之一,2006 年爱丁堡国际艺术节开幕式就吸引了十几万名观众,来自世界各地两万多名表演者参与了 1 600 多场演出,旅游效应巨大。

②节事旅游活动具有鲜明特色。

国外很多城市从地方文化中着手开发节事旅游活动,使得节事活动极具民间特色。例如,日本各地开发出很有民间特色的民俗节事活动,札幌的雪祭、青森的"睡魔"节等,尤其是京都的时代节,将京都成为日本首都后1 000多年来的风俗习惯按各个不同时代的风貌列队展现,使人感到好像目睹了日本历史画卷。另外像比利时,这个欧洲国家一向以民间节日丰富多彩而著称于世界,号称"千节之国"。"飞龙战斗节""巨人节""火腿节""虾节""啤酒节""肉馅饼节""狂欢节"……数不胜数。同是狂欢节,巴西狂欢节和德国狂欢节就各具特色,巴西狂欢节最精彩最热烈的场面是桑巴舞比赛,而德国狂欢节的高潮出现在"玫瑰星期一",人们举行化妆大游行,大型狂欢集会和舞会。狂欢集会和舞会要持续到午后。

③市场认知度较高。

由于具有鲜明的特色,国外很多知名的节事活动有着悠久的历史,成为每年的盛会,国际上认知度很高,形成了品牌基础上的文化冲击力和特色震撼力。如西班牙奔牛节举办期已长达4个世纪,节间活动发展到156项,成为最为人所知的西班牙节事活动。另外,一些极具特色的地方性节事活动也做得很精致,着力打造地方节事品牌。在当地认知度很高,对当地及周边地区也很有吸引力。

④节事活动市场运作程度高。

在西方社会,很多节事仍然是立足社区的民间自发活动,完全的市场化运作。此外,一些经过策划的特殊事件,如城市标志性事件,在产生之初就具有强烈的地区营销导向。因为这样的一个运作方式是在市场机制比较健全的条件之下,大家认为有必要来做的,所以大家共同来做,而不需要更多的行政干预。换句话说,是市场有需求,为了满足市场中的需求才设计了节事旅游产品。

⑤节事旅游行业相对完善,相关研究多。

节事旅游行业在欧美发达国家有很广泛的基础,从节事服务、节事整合营销到节事相关技术的开发及节事活动的运作管理,从节事行业协会组织到节事传媒、节事教育培训机构,整个行业已经具备了健全的基础,形成了较完整的节事产业链。另外随着节事旅游的发展,国外对节事旅游的研究形成了一股热潮。研究范围广泛,有从社会、经济、心理等角度的研究,也有从行业各个层面的研究,如行业效应、市场营销、旅游者行为等方面的研究,还有从管理层面着手的研究,探讨了节事活动的组织、风险规避等问题。这些研究对节事活动的实践操作提供了理论支持和科学指导。

2)国内节事旅游现状分析

我国的节事旅游活动大致始于20世纪80年代,发展到现在也有30多年的历史了,目前节事活动已经成为旅游发展中的一个亮点。虽然形成了这样蓬勃的发展局面,但还存在着一系列的问题。与国外节事旅游现状相对比可以发现以下的问题:

(1)节事活动公众参与性不强

节事旅游者首先关注的是节事活动本身,希望通过参与节事活动来获得不同的旅游体验。公众参与性的强弱直接影响节事活动生命力的强弱。我国多数节事活动的一贯风格是具有华丽宏大的开幕式和闭幕式,经常会邀请各级领导和国内各个大企业家出席并讲话,大腕明星现场助阵,领导精英济济一堂。表面风光,但却忽略了节事活动的主体,节事旅游者及当地公众。节事活动管理者普遍存在一种过度防范的心理,对公众"严加防范","害怕"公众"侵入"会破坏节事的"正常进行"。节事旅游的主体变为了旁观者,并不能很好地参与其中,享受其中的乐趣。排斥节事核心主体造成节事的参与性不强,氛围不浓,直接影响旅游节事的综合效益,节事活动的魅力和积极作用也就无从体现。

(2)节事活动选题重复,缺乏鲜明特色

目前我国节事活动数量多、类型多,但主题雷同情况严重,活动设计相互模仿的情况严重。2007年国庆期间,仅江苏省内就有两个动漫文化节、3个美食节。另外对旅游节来说,2007—2012年间有很多地方都搞了旅游节,包括上海、安徽、重庆、湖南、贵阳等,且多数旅游节都宣称以"旅游搭台、经贸唱戏",但在活动的设计方面大多为明星模特表演、电视旅游大使选秀、民众巡演等,毫无地方特色,也很难给人留下鲜明的印象。通过旅游节来拉动地方经济的目的也难以达到。

(3)节事活动持续时间短,市场认知度低

在过去的30多年的时间里,被称作旅游节事的活动数以万计,遍及全国各地。与西方一些具有悠久历史的节事活动相比,我国多数城市节庆活动举办届数不多,有些甚至昙花一现,能持续举办并发展成为国际节庆活动的则更是风毛麟角。学者余青曾在《中国城市节事活动的现状及发展》一文中提到,通过对收集资料的分析,可发现目前我国多数城市的节庆活动历史不超过4年(假设每年一届)。从节庆届数的分布上看,节史在1~4年(届)的城市占总样本数的60%以上,其中仅办一届的占15.88%,两届的占17.65%,三届和四届的分别为13.53%和14.12%。我国很多节庆很快就完成了成长—发展—衰落这一过程,陷入一种"节庆短路"的怪圈。究其原因,是由于忽略主体,没有特色。有些还面临公众的舆论压力,只能停办。这些节事活动在当地公众中认知度和认可度都不高,更不可能有全国乃至国际的认知度了。

(4)运作模式落后

目前,我国的节事活动大多由政府主办,没有引进市场化运作的模式,存在着利用办节事活动彰显政绩的情况,使节事活动片面追求轰动效应,与市场需求脱节,造成节事质量不高,专业性不足,参与性差,商业意味浓,最终导致效益不够理想。另外,大型节事活动的投入相当巨大,单一依靠政府投资,会给政府带来沉重的财政负担,容易出现向企业强行索取赞助,向公众摊派的情况,最后导致公众怨声载道。反观国外的著名节事活动,慕尼黑啤酒节、里约热内卢狂欢节等,都是完全的市场化运作,当地政府更多的是在宣传推广、后勤保障、安全防范等方面提供协调支持,而在活动的策划实施方面,并不过多干涉。

(5)节事旅游相关研究滞后

我国节事活动的开展已有30多年,但相关的学术研究相对滞后,直到20世纪90年代才有学者开始关注这一新兴领域,开始提出节事旅游的概念。之后,随着我国开始承办一些大型的节事活动,诸如奥运会和世博会,节事旅游才开始受到学术界的广泛关注,但研究广度和深度都远远比不上国外的同类研究。这也直接导致专业人才匮乏、管理理念落后、节事活动的开展缺乏科学的指导。

项目2　节事旅游的策划

4.2.1　节事旅游的策划内容

1)旅游节事活动策划理念

通过对中外节事活动策划运作的对比和分析,我们得出旅游节事活动的策划应该坚持这样一种理念:以人为本,充分考虑公众的真实需求,为公众制造一种欢乐的体验和美好的回忆。

2)旅游节事活动策划原则

(1)特色和创新原则

旅游节事活动的魅力在于特色和创新。在策划和构思的时候,应当注重对旅游地文化内涵的挖掘,根据当地实际,应对市场需求,利用独特优势,选择鲜明特色的主题定位,这是成功举办节事活动的支撑点。

一个成功的节事活动还要具备创新性。首先,必须坚持常办常新,这样才能保证节事活动的持久生命力。没有人喜欢年复一年地参加同样的活动,如果没有人喜欢,节事活动就失去市场了;其次,还要让每个人都能从中找到乐趣,这样才会激发人们的兴趣,增强节事活动的吸引力。

例如,世界闻名的节事品牌——迪斯尼就是通过富有诱惑性的创新活动来不断吸引群众参与,从而兴盛至今。

(2)公众参与性原则

广泛的参与性是节事活动取得成功的关键所在。节事活动的魅力不在于安排多少项活动,而在于有多少大众身临其境感受其间的人文气氛,节事活动要的就是成千上万人扶老携幼、结伴前往的这种普天同庆、万民同乐的节日气氛。大众性是节庆营销的前提,为此,应该努力改变目前我国许多节事活动带有较强的"官方色彩",改变现场观众作为一种"与君同乐"的陪衬状态。

(3)长效性原则

所谓长效性,就是能够定期(一年一度或间隔一段时日举办一次)举行,以充分发挥节事活动的长期效应。如果只搞一次,然后就冷却,各种资源不能长效地利用,是不可取的。节事活动应作可持续发展,因为所带动的不是单方面的经济发展,更重要的是整体经济的提高和长远效益的回报。

（4）品牌化原则

对节事活动的策划要贯穿品牌化运营理念,要从品牌定位、品牌塑造、品牌推广、品牌维护等方面着手,把节事活动打造成具有独特个性和超强吸引力的品牌。节事品牌的创立和维护是一个长期的过程,要不断进行投入和创新。

3）旅游节事活动主题设计

创意旅游节事活动的最大难点,就是如何从形式到内容,使活动本身和旅游地的核心价值理念完美融合,避免出现活动和旅游地"两张皮"。这就需要对旅游地的品牌价值内涵进行系统的梳理和发掘,要根据当地的资源特色,紧扣旅游地的形象定位进行活动主题的创意和确定。

首先,要梳理旅游地资源,深入研究当地的自然环境、社会经济环境、历史文化和民俗风情,并进一步发掘旅游地的价值内涵。要考虑下列问题:旅游地最大的特色亮点是什么? 旅游地能给游客带来哪些独特的感受和体验? 举办某个节事活动的支撑点是什么?

其次,要分析市场需求,主要包括人们的文化需求、休闲需求和健康需求,要考虑目前游客的心理趋向和偏好是什么? 有哪些需求他们已经基本可以得到满足? 哪些需求还没有得到满足?

最后,把旅游地的独特的资源优势与当前市场需求合理对接,提炼出一个内涵丰富、特色鲜明、极具文化张力的活动主题。

4）旅游节事活动内容策划

（1）寻求最佳切入点

节事活动的主题确定后,接下来应该寻求一个最佳的切入点,所谓"切入点"就是用什么东西使游客感兴趣,然后就是一种表现形式,一种载体,通过什么形式表现,即策划什么样的活动。活动内容必须与旅游地的资源、旅游主体形象有较强的关联性,如果策划一些与旅游地毫不相干的活动是没有效果的。

（2）策划系列活动

围绕主题从不同的角度切入就可以策划一系列的活动内容,也只有系列化的活动内容才能发挥节事的规模效应和集聚效应。节事活动内容的系列化运作要依据传统性、文化性、综合性和动态性特点,以形成不同时间尺度、不同规模等级的系列节事活动。

①传统性是指活动内容要体现地方文脉,突出文化传统。

②文化性是指活动安排突出展示地方博大精深的文化,使节事成为文化的重要载体。

③综合性是指活动安排体现文化性（突出文化特色）、经济性（追求经济效益）、技术性（展示相关设备和技术）的结合。

④动态性是指在活动时间安排上,体现节事活动的动态特点,每日、每周、每月、每季、每年有不同的主题和活动项目。

节事活动需要系列化,但活动内容并非越多越好,假如活动内容的设计过于庞杂,主题过于分散,就会造成景区形象模糊不清。比如一个自然景区,既搞民俗活动,又搞宗教活动,还搞现代娱乐活动,结果造成游客不明白其到底是一个什么样的景区。

(3)不断推陈出新

时代在变化,节事活动必须常办常新才能保持其持久的生命力,节事活动内容如果总是年复一年的陈俗老套,就会渐渐失去光泽和魅力,逐渐走向枯萎和灭亡。一般来说,一项活动的吸引效应随时间是递减的。根据调查,同一项目在第二次上演时比第一次上演的吸引效应递减20%,第三次上演时又比第二次上演的吸引效应递减20%,依次类推,到第五次上演时已没有多大意义了,这就是吸引力的边际效用递减规律。一般情况下,同一项目上演三次后就必须有所突破和创新。节事活动在围绕活动主题的前提下,各种活动内容应该稳中有变,既要有保持其特色的传统项目,还要挖掘和创造一些紧跟时代潮流、追随人们意识观念转变轨迹的亮点项目。

4.2.2 节事旅游的策划流程

节事旅游策划是一项复杂的系统工程,包括确定节事旅游的主题、拟订活动的方案(含费用运算和宣传方案)、方案审批、组织实施(包括工作协调)及活动评估等繁杂的工作(图4.1)。·

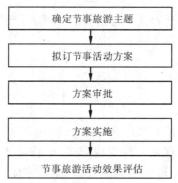

图4.1 节事旅游活动策划的步骤

1)节事旅游活动的主题选择

成功的节事旅游活动的主题能够成为目的地城市形象的代名词,如一提到风筝节,就会想到山东潍坊;一提到啤酒节,就会想到青岛。这说明,节事旅游活动与举办城市之间已经形成了很强的对应关系,能够迅速提升城市的知名度。因此,对活动主题的选择不能随心所欲或掉以轻心,要注意把握以下几点:

(1)市场调研

一地节事旅游主题的确定,必须经过审慎的市场调研,使其既能反映目的地特色,又能满足节事旅游者的心理需求,激发其旅游动机。

例如,海南三亚是我国著名的旅游度假胜地,但在高端旅游消费层上始终没有突破性的发掘。怎样利用三亚独特的资源品牌,吸引更多的高层次的旅游消费者呢?

三亚的决策者们在旅游市场调查中发现,韩国旅游者有一个新动向:第一,出游多选择近距离的目的地,且对我国有较高的认同感,有65%的韩国人都将中国作为首选的旅游目的地。第二,韩国游客更偏好阳光明媚的海滨度假地,而三亚号称"东方夏威夷",是理想的度假天堂。第三,韩国年轻人结婚,一般多选择蜜月旅游的方式,而号称"幻想之岛"的韩国济州岛受季节影响,一年当中只有6—9月适合游泳,而且一到夏季就人满为患,根本没有度假的情调。这对于高收入的韩国白领青年来说,吸引力是较低的。第四,与三亚旅游资源相同、号称"蜜月天堂"的马尔代夫又距韩国较远,旅游花费时间长、开支大。因此,三亚对他们来说是非常适合的蜜月度假地。第五,中国传统的婚俗文化为韩国青年所喜爱。针对上述分析,三亚市推出了"天涯海角国际婚庆节",结果在韩国一举打响,迅速占领了韩国蜜月度假市场。

（2）依托当地文化资源

2003年陕西华商报策划的"金庸华山论剑"的节事旅游活动,依托的就是华山深厚的道教文化的内涵及金庸先生本人所创造出来的"金庸现象"。金大侠以陕西的华山、"书法之乡"碑林、佛教圣地法门寺为基地,分别开辟了三大论坛,即"华山论剑""碑林谈艺""法门说禅"。此次活动不仅是文化名流们的天下大聚会,更重要的是为陕西旅游做了一次美妙的宣传。

（3）捕捉热点

这是激发节事旅游者旅游动机、创造旅游需求的策划要领之一。陕西宝鸡市原先有个"炎帝节",由于时间上与黄帝陵公祭有冲突,虽固有"炎帝故里""青铜器故乡"的美名,但旅游业却迟迟火不起来,与其所拥有的"中国旅游城市"的身份极不相称。对此,当地策划者决定改变思路,即依托号称"中国气候南北分界线"及"中国生物基因宝库"的秦岭做文章,推出"太白观花赏雪节",并给其定位为"中国天然的第四纪冰川地貌博物馆""中国高差最大的国家地质公园""离城市最近的城市公园"。2004年,该节组织者又申办成功"中国森林旅游博览会",进一步提升了宝鸡作为一个独立的旅游目的地的国内旅游形象。

（4）主题鲜明

主题是向节事旅游者展示旅游目的地现象的简洁明快的宣传广告,它揭示并聚焦了节事旅游活动的吸引力。主题口号设计得好坏与否,将直接影响游客的心理和旅游行为。

江西景德镇国际陶瓷节的宣传口号是"到中国怎能不到景德镇",英文译作"To know China to china"。策划者巧妙地利用英语单词"china"中所包含的"中国"和"瓷器"的概念,使这个古老的瓷都一举打入国际节事活动市场。

【案例2】

青岛啤酒节二十九年:城市与啤酒共繁华

全城欢动,激情狂欢。7月26日,第29届青岛国际啤酒节在金沙滩啤酒城隆重开幕,一座城市也迎来了她一年中最激情澎湃的时刻。

不知不觉中,青岛国际啤酒节已经陪伴岛城市民走过了二十九个年头,二十九年的时间,一个初生的婴儿长成了三十而立的青年,而青岛啤酒节也已经从本土节会成长为国际知名节庆品牌。

同样在这二十九年里,青岛的经济规模实现了近百倍的增长,成功跻身新一线城市之列。

二十九年里,城酒共荣共生,青岛啤酒节成为青岛的一张城市名片,也成为让世界了解青岛,青岛走向世界的一座桥梁。以海口为例,该市是今年最早启动青岛啤酒节的城市,无论是 2018 年的 7 天狂欢,还是 2019 年的 3 天狂欢,海口青岛啤酒节场地的人口密度均达到 250 万人每平方千米,是该城市人口密度的 2 525 倍,青岛啤酒节让举办地纷纷调至"热力聚拢模式"。

有人说,日落之后,城市的生机才真正浮现出来。如果说城市的生机活力,需要"催化"才能释放,那么啤酒节,正如一把热力十足的火把,把城市的活力真正点燃。青岛啤酒各地市场部有关负责人均表示,当前,城市夜间经济正走入新一轮的复兴,而青岛啤酒节在各地实践,都赢得当地政府有关部门的欢迎与支持,而这正是因为青岛啤酒节作为夜间经济的一大力量,为城市夜生活创造了独特的价值。

青岛啤酒曾经还打造了海上啤酒节、空中啤酒节、高铁啤酒节、海外啤酒节等多种时空维度的啤酒节,为让青岛啤酒节成为永不落幕的节日,在全国创新打造了啤酒花园、社区酒吧等啤酒新消费业态。

（资料来源：搜狐网）

思 考：

1. 结合以上案例,分析青岛啤酒节在主题的选择上有何特色?
2. 思考节事旅游活动如何与城市相互促进发展?

2)拟订节事活动方案

体育节事是传统节事旅游的一种,以荆州国际龙舟节为例,通过对其运作过程进行分析,给出了相关体育节事旅游活动的营销策划方案。

(1)营销宗旨

使龙舟节成为一个地方标志性的节庆活动,突出龙舟竞渡,特别是龙舟文化,以营造古城荆州充满生机和活力的整体氛围,放弃第一,追求唯一。

(2)问题分析与市场机会

大多数体育节事的策划者容易将节事的营销等同于促销,从而缺乏整体活动营销规划。在现实操作中,他们主要从节事产品的角度出发,考虑更多的是尽可能地增加门票及相关收入,忽略了从市场需求的角度来进行旅游城市的经营和社区的整体功能的系统性策划。并且,在采用广告和公共关系等多种促销手段的同时,往往不太重视潜在旅游市场的细分,对体育节事产品的价格定位也比较模糊。缺乏与消费者的联系沟通,导致营销行为的不完整性。根据产品的特性、吸引力及交通状况,现将荆州龙舟节赛事活动的客源市场细分如下。

一级市场:湖北省内旅游者。省内居民本身对于龙舟和屈原有着浓厚的情感,通过适当的宣传促销容易激发其潜在的旅游动机,且路程较短,交通方便,易于成行。虽然此类旅游者的旅游消费可能较少,但是他们的到来可有效积聚人气,形成节庆氛围。

二级市场:湖北省周边省市和地区的旅游者。湖北地处华中腹地,交通便利,具有较强的进入性,且消费水平与周边省市相当。在龙舟举办的五一期间吸引这些中短途的旅游者进行2~4天的旅行活动,无论是在消费或是在时间上都较为适当。

机会市场:海外华人华侨。龙舟节除了国际性的参赛队伍之外,由于文化的差异,要吸引更多的境外游客似乎比较困难。但是作为常年生活在海外的华人,本身就具有强烈的民族情感,龙舟节以此作为卖点,应该可以吸引一部分高消费水平的华人华侨,一方面增加节庆收入;另一方面也可以扩大海外影响。

(3)营销方案

由于体育节事产品的公共性特点,在市场营销总体方式上也应分为两个层面来进行:一是以政府为主导的城市形象宣传;二是由承办企业或旅行社跟进的项目产品促销。通过前面产品市场机会与问题的分析,初步形成以下策略建议:

①产品。

将龙舟节定位于五一期间的休闲大餐,既不会旅游劳累、跋山涉水,又能真切感受到具有国际性的趣味赛事和山清水秀的古城风采。并通过每年的连续举办,使其成为一个知名品牌,在体育活动的基础上,进行相关概念品和娱乐活动的开发,让举办体育节事的场所、城市社区和目的地共同赢得市场优势。更为重要的是,在总体风格下,每年举办的龙舟节都要有鲜明的特色,其总体规模和影响力要有逐年上升的趋势,具体的活动项目要围绕风格和主题来选择,且各项目档次质量要一致。

②价格。

以体育节事的具体运作成本为基础,参考省内三日、四日游的旅游价格,在门票定价上尽量拉大批零差价,调动旅行社的积极性,并给予适当数量的折扣,鼓励多购。这样既能保证较为稳定的门票收入,又能较好地聚集体育赛事的人气。还可以实行分等级制,将头等或贵宾票保留给机会市场和豪华旅游团的客人。在其他附属产品的定价上则可根据市场原则,参考同类型产品的价格,在保证质量的基础上不作更多的限制。

③分销渠道。

主办方可保留一部分项目的门票用于政府接待,大部分则可通过市内、省内的旅行社进行销售。并将龙舟举办以外的时间与之结合起来,承诺给予在其他时间来古城荆州旅游的客人以更多的优惠接待政策。

④促销。

交由企业或旅行社的各个分项目促销应服从整体营销宣传策略,树立龙舟节形象,同时特别注重树立举办地古城荆州的城市形象。从长远看,以城市形象为主题的宣传不宜变动过大,应冠以一致的口号,如“龙舟情、三国结、荆楚风”等,但在细节上力求新颖,强调每年节事活动项目的改进,突出三城的旧时风貌和时代变迁,力求同时给予新、老旅游者以新鲜感和亲切感。一般认为,旅游广告要在消费者作出购买决策的时候进行,而不是真正开始购买的时候。因此,此类宣传应着力在重点时段,每年长假特别是春节前后,在各大报刊及电视台投入一定预算,刊登一致的广告宣传。而短期的促销则应掌握适当的时机,建议在3月底4月初,首先在省内各报刊前期推出具有本届龙舟节特色的形象广告,稍后在五一黄金周前的旅游专版广告中,以各代理旅行社的名义进行具体宣传。积极利用新闻媒介,召开"龙舟歌会"等类似活动的新闻发布会,通过明星效应,创造新闻事件,以提高节事活动的知名度。

在体育节事的促销活动中,应充分利用 SWOT 分析的结论来进行策划,建立良好的市场情报和研究信息库,更好地了解举办地消费者的特点、目的和需求,对所有的促销活动进行有效的监控,确保已达到预期的效果。

3) 方案审批

节事活动方案拟订之后,还要报请上级主管部门审批,得到当地政府的认可和支持。因为节事活动往往是大型社会活动,牵扯到众多的服务企业、新闻媒体和工商、卫生防疫、公共安全等部门,是一个系统工程,没有当地政府的支持和参与,是不可能成功的。

在向上级主管领导呈送方案的同时,还要附带申报活动的请示报告或情况汇报。

【案例3】

关于举办 2018 第七届上海民俗文化节暨"三月半"圣堂庙会活动的请示

浦东新区文广局:

在市文广局、浦东新区人民政府等上级部门的支持和关心下,三林镇人民政府已连续成功承办六届上海民俗文化节,形成了"古镇联动、文旅联合、社团联手"的办节机制,已打造成"海派民俗、都市风情"人民大众的文化品牌。

经过组委会前期的精心策划和筹备,2018 第七届上海民俗文化节暨"三月半"圣堂庙会活动拟定于 4 月 28 日至 5 月 3 日在三林老街举行,共设开幕式、闭幕式、文化论坛、水上风情、民俗风情、非遗展会、艺术展览、道教文化和企业文化展示等八大板块内容。为了确保本次活动安全、有序、顺利地举行,主办方将从压缩时间跨度、挖掘文化深度、加大可控力度三个方面,精心策划和组织实施以上活动。此次活动为确保安全有序,加大了活动安保力量,制订了严密的安保预案,做到统一指挥、人流可控、万无一失。

鉴于上海民俗文化节的活动影响力,作为一项市级文化活动,恳请市文广局、新区政府为指导单位,并给予大力支持和指导,并协调公安等相关部门配合协同,确保活动圆满举行。

当否,请示。

附件:2018 第七届上海民俗文化节暨"三月半"圣堂庙会活动总体方案

浦东新区三林镇人民政府

2018 年 4 月 18 日

(资料来源:上海浦东门户网)

思　考:

1. 结合以上案例,思考申报活动的请示报告中有哪些必要的内容?
2. 思考如何确定节事活动的请示报告或情况汇报的申报对象?

4) 方案实施

经政府主管部门批准后,就由主办单位具体组织节事活动,按照既定目标,争取实现最理想的经济效益和社会效益。

5) 节事旅游活动效果评估

旅游节事活动举办后应该对活动效果进行分析和评价,根据活动的目标不同评价标准也有所差异。但总的来说,对节事活动的评估要从计划执行的偏差、游客量的增加、媒体的报道篇幅与数量、公众的参与度、社会的关注程度、参加者的满意度、资金投入与回报等各方面进行全面分析,从而为以后的活动积累经验。

【案例4】

大型节事活动对举办地餐饮业的影响——江苏仪征市举办省园博会为例

第十届江苏省园艺博览会于2018年9月28日在仪征枣林湾举行,会期持续一个月,这是仪征新时代以来承办的最重要的活动;同时本次省园博会也是为仪征2021年承办世界园博会进行预演。世界园艺博览会将于2021年4月至10月在此举办,会期将持续半年。世界园艺博览会是最高级别的专业性国际博览会,也叫世界园艺节。它是世界各国园林园艺精品奇花异草的大联展,是以增进各国的相互交流,集文化成就与科技成果于一体的规模最大的A1级世界博览会。因此可以说2018年的省园博会将是仪征综合接待能力的一次检验,其中餐饮作为旅游出行的六大要素之首,园博会对餐饮业的影响评价及相应的改进对策分析显得十分必要。

省园博会对仪征餐饮业的影响

1. 正面影响

(1)餐饮需求旺盛。在园博会开展期间,仪征餐饮业整体营业收入明显上浮,特别是与园区所在地枣林湾紧邻的三星级酒店枣林山庄,餐饮订餐情况达到了爆满的状态。距离枣林湾5千米的餐饮企业如荣琴饭庄、金渔头土菜馆、张姐农家饭庄等,餐饮订餐量也增加了三成以上。

(2)从业人员素质提升。为了给旅游者更好的体验,政府、餐饮商会组织本地餐饮企业举办了多场针对性的培训,重点提升从业人员的服务技能、食品卫生安全、烹饪技能等方面,确保在园博会期间服务环节不拖后腿,据统计,各种培训累计参加人次超1 000人次。除了本地的新增从业人员,本次园博会很多企业还增加了兼职的岗位,从扬州市区高校招收酒店管理、餐饮管理专业的学生,以便给旅游者提供更加专业的服务。

(3)餐饮企业服务质量经营水平得到历练。园博会的举办将直接促进接待地的餐饮接待能力,来自不同地区的旅游者对餐饮业提出了新的要求。比如就餐地点Wi-Fi的全覆盖、分性别设施的洗手间,这些简单的设施设备的要求,就是很多仪征本地餐饮企业未达标的方面。面对这次省园博会的种种考验,餐饮企业的服务质量和经营水平得到了历练,这也为两年半后举办的世界园艺博览会打下了基础。

2. 负面影响

大型节事活动给接待地的餐饮业带来正面影响的同时,也存在着一些消极效应,这些消极影响包括:

第一，造成饭店人均消费的上涨，对本地居民的餐饮消费带来影响。在园博会期间，靠近原址的餐饮企业价格略微上涨，这些增长对于旅游者来说可能是可接受的，但是对于当地居民而言，他们对价格是敏感的。损害了利益相关者社区的利益，这点对餐饮企业的长远发展是不利的。

第二，未做好充足准备的餐饮企业面对剧增的接待人数时，很难做好周到的接待工作，将直接影响服务质量，导致服务水平的不稳定，客人的投诉量有所增加。

第三，大型节事活动举办后其后续开发不力。为大型活动建造的场馆建筑和其他一些设施出现闲置状况。在这一问题上饭店受到的影响比较大，客流量的陡然减少，客源类型的转变，这些变化会让很多的餐饮企业措手不及。如果不及时做好经营策略的调整，大多数的餐饮企业都转向亏损。

(资料来源:道客巴巴)

思 考:

1. 结合以上案例，分析仪征市餐饮业应该怎样应对省园博会带来的负面影响?

2. 思考大型节事活动如何与餐饮业进行良性互动?

像奥林匹克运动会或世界博览会这样的大型节事，一向与大规模的公众消费、相关设施和基础设施的建设、城市地区的再发展和再繁荣等问题相联系，这些都会对当地社会造成相当大的影响。然而，也有学者通过研究发现，大型节事未必能带来游客数量和投资的持续增长，并不是所有的节事都能成为旅游吸引物或提升当地的旅游目的地形象。如果节事没有得到很好的规划或营销，节事很可能不会引起当地居民及旅游者的兴趣，从而招致失败。此外，还有以下原因导致节事以失败告终:没有充分认识到节事的多重作用、影响;没有将节事营销融入目的地规划与营销框架中;目的地没有充分地利用节事的吸引力进行产品的开发，提升目的地形象。

【案例5】

从世界杯看节事旅游如何激活目的地

俄国副总理达瓦科维奇援引政府的一份报告称，在2013—2023年间，也就是俄罗斯成功申办世界杯后的10年内，世界杯将拉动俄罗斯GDP 260亿～308亿美元。

在过去5年世界杯的筹备工作中，世界杯给已给俄罗斯带来140亿美元的经济效益，22万个就业岗位，而未来5年还将再创造16万～24万个就业岗位。

另外有机构预计，世界杯期间约有150万外国球迷进场观赛，而球迷将给俄罗斯经济带来20亿多美元收入，其中酒店、餐馆和纪念品商店将会是最大受益方。

几届世界杯主办地的收益情况也毫不逊色:

1998年法国GDP增长率是3.4%，其中世界杯贡献了1%，世界杯所处的第三季度，GDP更是猛增6%。

2002年韩日世界杯投入仅为65亿美元，而经济效益收入高达346亿美元。

2006年德国借世界杯狂赚47亿美元，为GDP增长贡献0.2%。

2010年南非世界杯则是带来了13万个工作机会，49亿美元的财政收入，旅游业增长15%。并且有数据显示，世界杯过后，南非经济有了明显的复苏。

2014年巴西世界杯也不例外,上座率高达98%,仅仅当时巴西就获得了超过140亿美元的收入。当年,巴西的经济上升了0.2个百分点。

(资料来源:网络)

思 考:

1. 结合以上案例,思考世界杯属于哪种类型的节事旅游活动?

2. 思考世界杯在拉动举办地经济效益的同时,还可能带来哪些负面影响?

4.2.3 节事旅游的营销策划

1)旅游节事活动招商策划

节事活动的策划、组织、宣传都需要有很大的经济投入,吸引社会力量参与节事活动投入往往是节事策划者不得不考虑的问题。而由于企业的这种投入的最终目的还是追求企业的最大经济效益。因此,节事活动的招商策划一定要站在赞助企业的立场考虑问题,然后制订出几种可选择的赞助方案或组合回报方案,这些回报要能给赞助企业带来利益,对赞助企业要有足够的吸引力。

企业在一个地方赞助节事活动时往往会考虑以下内容。

①企业品牌在当地影响力有多大;企业产品在当地的市场潜力有多大。

比如滑雪产品就很难为南方旅游地节事活动提供赞助。

②企业目标市场与节事活动目标市场是否一致;企业产品与该节事活动关联性如何。

例如,泰山国际登山节就可以寻找体育用品厂商作为重点招商企业;再如,每年12月在亚布力举行的中国国际滑雪节就是把同样瞄准中国滑雪者这样一个潜力巨大的目标市场的国际雪具生产厂商、雪服生产厂商、缆车生产厂商、造雪机生产厂商、滑雪手套生产厂商和滑雪风镜生产厂商等联合起来,形成一个长期的赞助与合作联盟,出现了一个多赢局面。

③企业形象在节事活动中是否能充分传播。

比如在冰雪节的重要组成部分冰雕展的招商策划中,可以为赞助商提供展示其企业或产品形象的地方,如手机商可以做一部巨大的冰雕手机。

④企业产品在节事活动中能否与目标消费者充分沟通。

例如,赞助2005年济南泉城路花灯节的青岛可口可乐公司就在这条"金街"设置了很多促销点,用于促销其产品。

⑤企业赞助投入跟同等投入的常规宣传相比效果是否更好。

比如,企业会综合考虑投入50万元的赞助费用得到的回报是否高于同等投入的广告宣传所获回报,假如效果明显好于常规宣传,那么企业才会认为这种赞助有价值。

……

总之,节事活动的招商一方面要练好"内功",让节事本身更具影响力和含金量;另一方面,要切实为赞助企业考虑,多给赞助商创造展示其企业形象和产品的机会,真正为他们带来实际利益。

招商的具体办法很多,比如公开拍卖各项主题活动的独家冠名权,提高服务质量和对赞助商的回报水平等。但法无定法,重要的是要根据赞助商的需要灵活设计,在不破坏原方案的前提下,为主赞助商量身定做赞助回报方案,使赞助商真正觉得钱花得有价值。

2)宣传策划

旅游地举办大型节事活动,是营销手段而非目的。活动规模大,并不等于社会影响一定大。要让活动深入人心,切实提高旅游地的品牌影响力,还要进行强有力的市场传播。

当然,强有力的市场传播并非盲目宣传,而是要强求传播的"有效性"。很多走向国际的大型节事活动都非常注重市场传播的作用,并且已经积累了大量的市场推广经验。但是对于很多"年轻"的节事活动来说,动辄投入上百万甚至上千万,效果却不尽理想,这样的例子可以说不胜枚举。尤其是对那些刚刚创立的需要大打品牌的节事活动的组织者来说,他们并非不知道传播的重要性,而是不知道如何进行有效的传播。

要保证传播的有效性,需要从以下几个方面入手:

①明确目标受众。要对目标市场进行细分,要明确目标受众是谁,是一般游客还是旅游中间商。

②找准宣传点。要考虑节事活动的亮点、特色点在哪里,有哪些新闻点,针对不同的群体强调的侧重点在何处等。

③选择合适的宣传媒体。节事活动进行宣传时要选择那些符合活动特点、和活动密切相关的媒体;要安排专门人员负责媒体的邀请、组织与接待,并及时跟媒体沟通;要让媒体的宣传作用发挥到极致,把要传播的信息借助媒体及时传达出去,吸引游客前来参与和消费。

④综合运用各种宣传形式。不同的宣传形式发挥的作用也不尽相同,比如新闻主要是吸引公众关注;形象广告用于塑造和提升节事品牌形象;活动广告主要发布活动信息;招商广告侧重于节事的赞助招商;线路广告则侧重旅游产品的推介等。营销人员要根据实际情况综合运用各种宣传方式对节事活动进行多角度的宣传策划。

3)销售策划

旅游节事活动销售的最直接目的就是增加游客量,因此需要与节事活动策划、宣传紧密结合才能达到最佳效果。节事活动的销售策划也要从营销组合着手。

（1）设计节事产品

根据目标市场的需求和旅游地资源设计节事产品,可以对现有旅游产品围绕节事主题重新组合,也可以设计专项旅游产品。例如,曲阜国际孔子文化节期间就推出孔子家乡修学旅游、孔子周游列国游、孔林朝圣游等多项专题旅游产品。

（2）制订价格策略

节事旅游产品价格策略是旅游市场营销组合策略的重要组成部分。由于节事旅游产品价格相对于其他因素更大,因此节事旅游产品价格制订得合理与否,策略运用得否,直接关系到旅游企业市场营销组合的科学性、合理性,进而影响旅游企业市场营销的成功。

一般来说,旅游产品定价策略包括旅游产品的定价原理、定价策略和定价方法等内容,节事旅游产品的价格制度要以产品或服务的价值为基础。影响节事旅游产品价格制订的因素有很多,包括节事活动的主题吸引力、节事活动的规模、节事活动的知名度和影响力、目标的购买能力、政府公益活动等。如果价格制订得过高,就会缺乏足够的客源市场和活动的活力;如果价格制订得过低,则很难体现产品和服务的价值,也很可能使活动低端化且不利于活动的健康发展。总之,要综合考虑,科学定价。

(3)销售渠道

要将活动内容、节事产品、优惠措施等相关信息及时通告给各旅游中间商。如果旅游中间商能在活动举办前后推销相关的节事产品,必然对节事活动及旅游地的宣传和销售起到非常好的效果。

(4)运用促销手段

一流的策划,一流的产品,再加上一流的促销,才能创造一流的效益。旅游节事活动时间短,产品性质特殊,临时调整难度大,对促销的要求较高。要综合运用公关活动、人员销售、互联网、旅游小册子和活动宣传单等多种促销和组合促销手段。

节事旅游促销主要是将节事旅游产品和服务通过上述各种方式,传递给旅游产品的购买者或潜在购买者,使其了解本次节事旅游的产品和服务,以达到扩大销售的目的。

此外,旅游节事营销应采取分时段的旅游节事营销策略,在不同的阶段根据不同的目标公众,策划设计相应的宣传策略和创意营销的表现形式,具体内容见表4.1。

表4.1 节事旅游营销时期和内容

节事活动时间	分阶段营销内容
准备初期	一般宜采用概念营销,策划一些新闻发布会、新闻报道等软性宣传方式,把此次旅游节事活动的理念、主题、宗旨、意义等让所有的公众知晓,并炒热此活动,让各类潜在参加者了解活动中蕴藏的玄机,吸引他们的注意力和视线
准备中期	让节事主办者主动参加旅游产品交易会,与旅行社、旅游公司、海内外批发商联系。可以设计一些招贴图、小册子、旅游节事宣传片,以及通过策划一些旅游节事咨询活动等途径来促销。同时,利用节事创造一定的商业机会,吸引商家参与,借助商界人士达到营销目的
举办前夕	加大宣传力度和密度,特别是在当地火车站、汽车站、机场等第一印象的促销活动,与潜在和现实的参与者进行沟通,可以采取旅游节事倒计时策略。这一时期的宣传应该是全方位、多层次的宣传,不仅包括理念、宗旨的宣传,还包括活动内容等具体性的宣传;不仅有软性的新闻宣传,还要有硬性的广告宣传,加大宣传、包装和促销力度;不仅要有正面的宣传,必要时还要有负面宣传。总之,要为活动造势

续表

节事活动时间	分阶段营销内容
举办期间	安排各种媒体报道节事盛况,继续塑造与传播区域旅游形象,并为周期中的下一次节事活动造势

项目3　节事旅游的管理

4.3.1　旅游节事经济效益形成分析

一个地区发展旅游节事活动,从宏观上讲,要具备一定的经济、政治、文化、制度和地方优势等多方面的条件,这是节事经济效益形成的背景条件。

1)经济条件

任何地区举办旅游节事活动,都是在一定的经济基础上开展的,具体表现在以下3方面:

(1)一定的基础设施条件

节事活动的开展有极大的基础设施依赖性,如果没有较为完整的基础设施条件,一些大型活动,如奥运会、展览会、交易会等,根本不可能举办。基础设施包括饭店住宿、便捷的交通和通信设施、发达的餐饮业等,同时还包括良好的社会化服务体系。如1997年第一届宁波国际服装节主展览中心设在宁波国际会展中心,由于场地太小、缺乏停车场、设施不够先进,受到国内外宾客的非议;1998年第二届宁波国际服装节将主展览中心移至亚细亚商城,但各种条件仍未能满足来宾的需求,可见缺乏功能齐全的现代化大型会展中心已成为宁波举办大型节庆活动的一个制约因素。

(2)开放的市场化运作的经济体系

封闭的经济体系,会严重制约要素的流动,影响节事活动的形成和发展。节事活动需要招商引资,需要人才的自由流动,需要多家企业单位共同联手操办。如果旅游节事活动市场化运作不成熟,活动资源无法优化配置和整合利用,部分设施可能闲置,达不到效益最大化。

(3)相当的经济发展水平

很多旅游节事活动的受众客源是当地的居民和近区域居民。只有当他们的人均收入达到一定的水平,有相当的消费能力时,才有可能形成对节事产品大量的有效需求。

2)制度条件

制度条件主要指经济制度的形态、变动规律及相关关系的协调。旅游节事活动的参办组织或个人是在一定的社会政治、文化、经济背景和各种具体的决策、管理、分配制度下参加旅游节事经济活动。在举办过程中,经济制度更多地反映在活动主体的行为规则和行为规范的具体组合上,即经济制度更多地表现为经济资源配置的方式和配置的内容。制度条件主要有以下两点:

(1)高效、开放、创新、竞争、有序、稳定的制度安排

目前我国各地都在争办各种旅游节事活动。作为一项经济活动,追求效益是举办商的共同目标。如果制度不稳定,就会增加节事活动举办的制度成本和制度风险。许多新兴的旅游地区,发展节事旅游热情很高,但活动举办与传统的经济体制不相适应,如地方政府对活动引资的条件、利润提成问题等都没有相应的规定,又由于市场化运作的观念尚未深入人心,制度变迁与创新安排困难重重,旅游节事活动的地区进入壁垒高。

(2)经济制度对旅游节事活动的许可和支持

如果经济制度对某些节事活动缺乏必要的许可,则此性质的节事不可能形成和发展起来。任何一类旅游节事活动,如果得不到制度许可,则会转入地下。如在泰国,"人妖"表演活动是其重要的旅游产品。但此活动在其他许多国家却得不到制度许可。同样,埃及的"肚皮舞"表演,拉丁美洲地区的"桑巴舞"表演,都是这些国家或地区传统民族艺术和文化对外的展示,是其特色旅游产品。但在世界的许多国家和地区,由于宗教、政治、社会、文化、经济背景的不同,这些具有节事活动特点的行为都得不到制度认可。因此营造一个良好的制度环境,使之容忍和许可各种节事活动的存在,对能发挥本国、本地区优势的新兴节事活动,政府要在制度上提供必要的帮助和鼓励。

对稳定状态的文化,有利于吸收优秀文明,使节事活动固定化,同时又在不断创新的文化环境中,顺利实现节事活动的再创新发展。节事活动是以一地的文化底蕴为依托,是一种文化产业。有了文化内涵,节事活动才有它的生命力。

3)文化条件

稳定的社会秩序和开放、包容的文化传统是节事产业形成和发展不可缺少的条件。一个具有开放意识的地区,往往能随着时代的进步,开展反映各种风格、不同文化传统,包括已有的和新发展的节事活动,实现节事经济产业化。一个有序的社会,能够提供较为稳定的法律、法规和制度保障。一种处于相对稳定状态的文化,有利于吸收优秀文明,使节事活动固定化,同时又在不断创新的文化环境中,顺利实现节事活动的再创新发展。节事活动是以一地的文化底蕴为依托,是一种文化产业。有了文化内涵,节事活动才有它的生命力。

4)优势条件

(1)独特的城市印象

城市印象,即城市在人们心目中的形象。城市形象由城市的多个元素组成,包括居民好客度、城市总体景观以及相关旅游基础设施等。实践证明,只有那些具备独特形象的城市才有可能创造具有一定影响的节事旅游活动。但是,城市形象的创立不是一朝一夕就可以完成的,需要长期的宣传,才能使人们潜移默化地接受并形成对某一城市的认识。

（2）强大的吸引力

节事旅游的节事本身必须具备强大的吸引力,给人以非常好的感知印象,在心理上产生非去不可的愿望。例如,荷兰海牙的国际室内爵士音乐节,对音乐人士具有相当的吸引力。在没有举办之前,人们仅仅知道海牙是国际法庭的所在地。现在,它已成为"世界音乐的天堂",每年吸引 70 万左右的游客到此一游,并为当地的季节性工人提供了就业机会。

（3）便利的交通

节事旅游必然引来大量的人流、物流,城市交通的便利就显得格外重要。我国的香港及东南亚地区的新加坡之所以能成为世界级的会展节事之都,有一个重要因素就是这两个地方都拥有高效、快捷的公共交通系统。

（4）宜人的气候

所谓"宜人的气候",是指人们无须借助任何消寒、避暑的装备和设施,就能保证一切生理过程正常进行的气候条件。北京奥运会选定在 8 月份举办,其中部分原因就是我国气候专家根据科学研究和分析,认定"2008 北京奥运会"在 8 月份举行,不会有恶劣的气候现象。

（5）丰富多彩、充满个性化的选择

节事旅游者往往具备较高的收入和较好的素养,个性化十足。如果举办地没有特别出色的旅游产品以供挑选,一般很难打动他们。我国的昆明在"绿色"上做文章,哈尔滨在"冰雪"上下功夫,青岛打的是"蓝天碧水"牌,就是要让节事举办地用特色来吸引游客。

【案例6】

众多游客和当地群众欢庆拉萨雪顿节

看展佛、过林卡、吃酸奶、赏藏戏……眼下的"日光城"拉萨正沉浸在雪顿节的欢乐气氛中,众多游客和当地群众济聚拉萨欢庆节日。

在藏语中,"雪"是酸奶的意思,"顿"是"宴"的意思,因此雪顿节又称酸奶节。雪顿节于 2006 年被国务院列入首批国家级非物质文化遗产名录,是西藏拉萨重要的民俗节日。

今年 2018 年雪顿节在 8 月 11 日至 17 日举行,有藏戏大赛、藏戏展演、传统马术表演、民族服装与服饰文化展演、精品唐卡展、纳木错徒步大会、名优商品交易会等多项精彩活动。

节日期间,拉萨罗布林卡公园和龙王潭公园每天都会为观众奉上不同剧目的藏戏演出。离演出场地一条街以外,人们都可以听到藏戏演员们高亢、独特的唱腔。

在雪顿节的七天假期里,拉萨市民以及周边群众还会换上节日服装,背着青稞酒、酥油茶及各种藏式点心,邀请亲朋好友一起来到拉萨河边或者公园里一起过林卡(郊游活动),在酒香和欢笑中,尽享愉悦的节日生活。

夏季是雪域高原最美的季节,特别是进入 8 月以来,进藏游客迎来新一轮高峰。在雪顿节的带动下,西藏旅游市场将进入全年最火爆的季节。

（资料来源:智汇文旅新闻网）

思　考:

1. 结合以上案例,分析拉萨雪顿节为什么能吸引那么多的外来游客?

2. 你还能想到哪些相同类型的节事活动吗?

4.3.2　节事旅游的运营管理

1) 节事活动主要运作模式

节事活动运作模式主要有以下几种。

(1) 政府包办的模式

这种模式的特点:政府在节事活动的举办过程中身兼数职,扮演着策划、导演、演员等众多角色。节事活动的主要内容由政府决定,活动场地、时间由政府选择,参加单位由政府行政指派。这种运作模式给政府带来很大的财政负担,而节事活动给旅游地、社会、当地民众带来的经济效益、社会效益等却大打折扣。

(2) 各部委、局及协会主办或与政府、地区联合主办的模式

这种模式是目前许多专题旅游节事活动采用较多的模式,它具有政府包办模式的一些特点,但也在不断地加入市场化运作的一些成分。

例如,中国国际高新技术成果交易会(深圳),由对外贸易经济合作部、科学技术部、信息产业部、国家发展计划委员会、中国科学院和深圳市人民政府共同举办。它坚持"政府推动与商业运作相结合、成果交易与风险投资相结合、技术产权交易与资本市场相结合、成果交易与产品展示相结合、落幕的交易会与不落幕的交易会相结合"等原则,面向国内外科研院所、企业、高等院校、投资和中介机构,提供交易服务。

又如,桐庐·富春江山水节,提出了"区域联动、行业联合、企业联手、产品联体"合力办节的模式,成功的商业化运作模式,突出的群众参与性,全民办节、全方位联动的方式,使山水节成为提升当地旅游业的重要部分。

(3) 市场化运作模式

节事活动首先是一种经济活动,举办的重要目的之一就是要获得良好的经济效益和市场效果,因此,不论是节事活动举办的需求还是供给方面,都应当遵循一定的市场规律,把节事活动纳入市场经济的轨道,进行市场化运作。可以说,市场化运作模式是节事活动走向市场化的终极模式。市场化运作模式,一是可以节约成本,在节事活动举办过程中,时间地点选择、广告宣传方式等方面完全按照市场的需求来做,可以大大地节约成本,避免因行政力量介入时造成的浪费;二是可以做到收益最大化,这里的收益既包括参加企事业的收益,也包括政府的形象收益,还包括给当地带来的其他社会效益。

目前我国节事活动运作模式正在走向市场化,市场规律在节事活动举办中正发挥着越来越强的作用。例如,南宁国际民歌艺术节从 2002 年起,实行"政府办节、公司经营、社会参与"的运行机制。具体的运作思路:实行民歌艺术节组委会领导下的专业公司经

营与部门负责相结合的机制,提高资金运筹能力,减轻财政负担,最大限度地实现节庆的社会效益与经济效益的相结合。

(4)政府引导、社会参与、市场运作的模式

政府引导、社会参与、市场运作是一种比较适用于中国国情的节事活动运作模式,这种模式显现出来的优越性、带来的效益,正在越来越多地被各方面所认同。这种运作模式的特点如下:

①政府仍旧是重要的主办单位,政府引导作用主要体现在确定节事活动的主题及名称,并以政府名义进行召集和对外的宣传。

②社会参与就是充分调动社会各方面的力量来办好节事活动。社会力量主要体现在:节事活动主题选择时的献计献策,节事环境氛围的营造,各项活动的积极参与等方面。

③市场运作则是节事活动的举办过程,交给市场来运作。比如节事活动的冠名权、赞助商、广告宣传等方面,都可以采用市场竞争的方式,激励更多的企事业单位参加。这样做一方面可以为企事业扩大知名度;另一方面还可以节省大量开支。

如青岛国际啤酒节、哈尔滨冰雪节、中国潍坊风筝节、广州国际美食节、南宁国际民歌节等几个国内著名的大型节事活动就是按照"政府引导、企业参加、市场运作"的模式来运作的。

实践证明,由于我国还处在社会主义初级阶段,尤其是,目前城市节事活动还带有一定的公益性质,完全走市场化运作的模式还行不通。旅游节事活动采取"政府引导、社会参与、市场运作"模式,是比较适合我国大多数旅游地实际情况的。针对节事活动运作涉及部门、行业和企业众多,需要政府对其运作实行整体协调的实际,应该在现有的会展办、大型活动办公室的基础上,建立城市政府的专业节事管理部门,加强对节事活动的宏观管理和指导。同时,建立节事专项资金,为节事活动提供公共服务保障,而节事本身的运作则由专业节事公司操作。

2)节事旅游的管理

节事活动的管理和控制是一项复杂的系统工程,涉及日常运营、组织管理、财务管理、人员管理等内容,需要各相关部门协同作战。因此,在活动举办前要召开协调会,对所有参与节事活动实施的部门和工作人员进行分工与培训,使每个人都深刻理解活动各环节的重要意义,以保障每个环节的顺利实施。另外,还要建立包括诸如交通、食宿、安全、水电等各方面的后勤保障体系。节事活动的对象是旅游者,旅游者十分重视经历和体验,这就要求后勤保障体系的组织,不仅是落实人员、物质,还要落实思想教育和到位的服务。对后勤保障体系的工作应该给予足够的重视。

节事活动的管理和控制费时费力,如何使控制管理更加经济合算就需要设计科学合理的管理控制机制。在设计管控机制时要考虑以下几点:

①注重实际意义和效率。要找出对节事活动成功起关键作用的几项基本工作,对这些重点工作要随时监控,衡量工作成效。

②程序要简洁。管控程序应尽量简洁,程序过于复杂将不利于组织内各机构的及时

沟通。

③责任到人。各部门的管理控制必须有专人负责,各负责人只复制管理和控制本部门事务。

④管控要及时灵活。实际工作如果偏离了计划应及时纠正以免造成更严重的错误。另外灵活性也是非常必要的,因为管理控制要应对实际情况,如果实际情况发生与计划不同的变化,管理控制者要及时调整计划灵活应对。

⑤要具有实践指导性。管控工作要做的是给基层工作人员一些工作原则,而不是要求管理者事无巨细,事必躬亲。

3) 节事旅游的品牌管理

节事旅游的形成需要一张"温床",脱离了这张"温床"便不会产生足够的旅游吸引。根据城市品牌的建设理论,旅游目的地要想进一步提升自己的地位,首先要做的就是使自己品牌化。

节事旅游品牌就是一种用于识别某项节事旅游产品和服务,并使之与竞争者形成差异的名字、规则、标志、符号等要素的综合体。现代市场经济的一个重要趋势就是市场份额越来越向有价值的品牌集中,因此,拥有自己的品牌是节事旅游经营者确保竞争优势,以至于赖以生存和发展的根本。

发展节事旅游是重要问题,可从节事旅游品牌的定位、节事旅游品牌个性化塑造、媒体宣传、品牌营销、服务质量、品牌创新等几方面加强节事旅游品牌管理,并有长远眼光和战略思维来精心打造和维护节事旅游品牌。

【案例7】

打造夏季旅游品牌节事 助力旅游产业高质量发展

中国·阿勒泰首届国际黄金宝玉石文化节将于2019年8月18日拉开帷幕,届时将全方位、多层次、多视角、系统化展示阿勒泰丰富的旅游资源和对外开放的良好形象,呈现阿勒泰精彩的黄金宝玉石文化、歌舞美食文化,打造独具地域特色、规模空前的黄金宝玉石盛宴。

大型旅游节庆赛事活动,极大限度地融合了当地的自然、人文特色,是旅游宣传推介的良好载体,对于提高旅游目的地的知名度,加强旅游项目建设,吸引游客,增加旅游收入,提高旅游的经济效益、社会效益和生态效益有着重要的推动作用。今年,为打造好夏季旅游,阿勒泰谋划了"中国旅游日"阿勒泰"千里画廊百车自驾"主题活动、"阿勒泰号"旅游专机体验活动、"大美新疆"2019中国体育旅游露营大会、阿勒泰探险越野赛等一系列节庆活动,而即将开幕的中国·阿勒泰首届国际黄金宝玉石文化节,更是为了充分发挥地区资源、文化底蕴优势,打造出阿勒泰夏季旅游的新内涵、新品牌、新动力,从而更好地推动地区旅游从一季游向四季游、景区景点游向全域旅游转变,将阿勒泰建设成为世界旅游目的地、世界冰雪旅游目的地和世界冰雪运动目的地。

目前,地区正在积极打造开展"五色游",黄金、宝石、美玉金色游就是其中之一。地区旅游资源十分丰富,具有独特的地域文化和旅游特色,黄金宝玉石文化也是其中不可或缺的重要组成部分。中国·阿勒泰首届国际黄金宝玉石文化节的举办,将进一步推动"一带一路"黄金宝玉石文化发展,提升阿勒泰黄金宝玉、大漠奇石、工艺宝石画等的知名度和美誉度。同时,"以节促旅"带动地区文化旅游产业发展新动能,促进黄金宝玉石相关产业发展,将其变为地区旅游发展新的增长点。

"风情金山汇聚天下美石,一带一路弘扬赏石文化。"发挥特色,推陈出新,才能不断创造出具有阿勒泰特色的旅游精品。中国·阿勒泰首届国际黄金宝玉石文化节在万众期待中临近,我们相信,这次在阿勒泰举办的文化节,将让更多的人走进阿勒泰、了解阿勒泰,形成阿勒泰夏季旅游品牌节事,助力地区旅游产业高质量发展。

(资料来源:阿勒泰新闻网)

思 考:

1. 结合以上案例,分析阿勒泰品牌节事如何助力当地旅游产业高质量发展?
2. 思考品牌对于节事旅游活动的意义?

4)节事旅游的信息管理

节事旅游的信息管理主要包括网上旅游信息公开与提供节事旅游咨询服务两部分工作。

(1)发布旅游信息

节事活动举办前后,要充分利用互联网、电子商务、电子支付等手段,发布相关信息资料,实现与游客互动,提供有竞争力的网上住宿预订、票务预订、旅游线路和产品预订等形式,来吸引游客购买,从而提高节事活动管理的效率。

例如,南宁国际民歌艺术节在举办前期,专门建设了一个网站对该节事旅游活动进行宣传。在该网站上,访问者可以获得关于南宁国际民歌艺术节的各种信息,包括艺术节的活动项目、历届艺术节的回顾等。在网站上还设有票务中心,游客可以进行网上预订。另外,网站上还设置了一个手机访问民歌节短信网的链接,此短信网进一步扩大了民歌节的营销面,也方便了游客随时随地了解民歌节的信息。

(2)提供节事旅游咨询服务

提供节事旅游咨询服务包括公益性服务和经营性服务两类。

公益性服务包括免费信息查询、宣传品发放、各种事故的救援和帮助信息等。

经营性服务主要包括发送和出售地图;旅游纪念品销售和展示;票务(如机票、火车票、船务票、长途客车票、旅游专线票、景点门票、剧院演出票等)预订服务;客房预订服务或餐厅订位服务;出售旅游产品和线路,组织一日游等。

5)节事旅游的现场管理

节事旅游现场管理是指在具体的实施期间,对各项节事旅游活动现场进行管理。现场管理不仅可以有效地保障节事旅游按计划实施,而且可以纠正在实施期间的偏差,保证节事旅游服务与管理的质量。对于节事旅游管理者来说,控制好现场各种工作、保证节事旅游顺利进行是一项非常重要的工作。可以说,现场管理决定节事旅游的成败。现场管理主要包括以下内容:

（1）场地管理

①场地功能区域划分。如舞台和表演区域、观众和参演者区域、设施设备管理区域和服务区域。

②场地布置和装饰。场地布置和装饰必须围绕整个节事活动的主题来开展，如灯光、音响、布景和各种特殊效果，都应是为了烘托主题活动的气氛而设计的。

③活动开始前的场地检查。在活动开始前，必须对场地进行认真检查，如场地的安全性，观众的舒适度，观众对活动项目的可视性，出入区、舞台区等异常状况的排除工作，尽可能减少意外事故发生的概率。

（2）后勤服务管理

①交通管理。节事旅游活动的举办会使当地的客流量在短时间内聚集，容易造成堵塞。

第一，在节事旅游活动举办之前，根据本次节事活动的产品内容、规模，充分考虑举办地交通对节事旅游活动中客流高峰的承受能力，并与相关政府部门协商对节事旅游期间交通设施进行相应的调整，提出改良措施。

第二，主办方的后勤管理部门人员要确保节事活动期间旅游者的接送、停车需求、为客户办理登记车辆通行证和停车证，同时还要做好现场交通调度等工作。

②安全管理。现场管理员应加强现场安保力量，维护现场秩序，防止伤亡事故的发生。应在活动现场设立紧急医疗设施和医护人员，接受消防部门的安全检查，物品存放、装饰性搭建设施须遵循消防部门的规定。同时，应加强人员出入管理及重点区域的安保，建立紧急疏散系统。对有可能发生危险的活动应在现场设置防护设施，并提醒参与者注意安全。

③接待服务管理。主办方应安排迎宾人员指引和接待宾客，使宾客尽快入席并融入到活动的现场气氛中来，适当地为宾客提供饮品和点心，为其赠送本次活动有纪念价值的礼品，营造积极、值得回忆的印象。同时，还要做好宾客的入场和出场的安排，快捷高效地疏导人流等。现场接待服务工作不仅要程序化、规范化，而且要尽量提供宾客所需要的个性化服务。

（3）现场人员管理

现场管理的执行和落实必须依靠具体的工作人员，因而"人"的管理就非常重要，对工作人员的管理主要有以下几个方面：

①教育培训。应在节事旅游活动举办前对员工进行系统培训，提供员工对活动的认识和重视，使其熟悉整个现场管理的内容和流程。

②落实岗位责任。要做到分工明确、责任到人，明确每个人员的工作职责及每项工作的具体负责人。

③加强沟通和协调。应使现场工作人员保持及时、舒畅的联系和沟通，加强分散在各处员工之间的工作协调与协作，从而提高现场管理的效率和效果。

（4）突发事件的处理

开展节事旅游活动过程中，特别是人流量特别大的时候，必须要实现制订各种突发事件的预防措施和应急预案。应将各种可能发生的问题和危险想在前面,切实加强各种防范措施,并进行突发事件模拟演练,强化工作人员应付突发事件的能力。因此,一旦发生突发事件,就不会手足无措,而可以按照预先制订的方案冷静处理,从而最大限度地减少损失。

【案例8】

桂林旅游节庆活动管理规范

1 活动场地设施管理

1.1 基本要求

1.1.1 节庆活动的场地布置应与活动主题所彰显的文化特色相协调,应简洁明快,不用过分装饰,避免出现杂乱无章的背景图画或广告,图形标志的使用应符合 GB/T 10001.1-2012《标志用公共信息图形符号 第1部分:通用符号》和 GB/T 10001.2—2006《标志用公共信息图形符号 第2部分:旅游休闲符号》的要求。

1.1.2 应合理划分功能区,指示标志明显,功能区主要包括活动区、观赏区、展示区、行走通道、停车泊位、绿地、垃圾收集点、厕所等。

1.1.3 公共厕所、垃圾桶等卫生设施数量应充足、分布合理。

1.1.4 应为老人、幼儿、残障人士、孕妇等特殊人群提供人性化设施,宜配备必要的无障碍设施,且图形标志的使用应符合 GB/T 10001.9—2008《标志用公共信息图形符号 第9部分:无障碍设施符号》的要求。

1.1.5 主办方应采取有效措施保护活动区域内的景观、植被、环境不受破坏和污染。

1.1.6 接待设施齐全,应有明显的通往紧急医疗组或厕所的标志,并设有咨询服务处。

1.2 户外节 庆活动场地设施管理

1.2.1 临建设施不应破坏景区环境和景观特色。

1.2.2 户外活动使用的展棚或其他展具应有厂家合格证书,顶棚和围挡应当色彩协调,场地应保持美观、整洁、安全、有序。

1.2.3 户外节庆活动是否设置座位主要根据活动的性质决定,无论是否设定固定座位,在活动现场都应预留人行通道,以便于进出。

1.2.4 如需设置舞台,舞台背景、舞台踏步及其他附属物件应实施有效包装美化,舞台背景的结构应不得裸露,应用画面覆盖。

1.2.5 垃圾收集点和流动厕所应该设置在下风口,且离人群稍远的地方。流动厕所等级应与活动接待等级匹配。

1.3 室内节庆活动场地设施管理

1.3.1 室内节庆活动的建筑物和地面固定设施应定期维护,确保无污垢、无脱落。

1.3.2 保障性基础 设施(包括输电、通信线路和水、气管道等)应隐蔽或美化外观。

1.3.3 如需设置观众席,观众席应编号,以便观众能及时找到座位,并在明显位置悬挂标识指引牌。观众席数量应与节庆活动接待规模相适应,各席位的观看距离和角度合理,无视线盲区。

1.3.4 观众席应设置相应的防护设施,预留缓冲区域,防止演出过程中可能对观众造成的伤害。

1.3.5 室内节庆活动场地应就近设置满足游客需要的厕所、垃圾箱等卫生设施。厕所等级应与活动接待等级匹配。

1.2.6 户外活动结束后,承办单位应及时清理现场,恢复原貌。

1.4 停车场管理要求

1.4.1 应设置在活动场地入口处附近,机动车出入口应尽量与人行通道分离。

1.4.2 交通路口可进出性好,地面应平整坚实,应设有与接待能力相适应的停车场。

1.4.3 应设专人管理,引导车辆有序出入、整齐停放。

1.5 安全设施设置要求

1.5.1 不宜进入的区域应设置护栏和警示标识,发生故障和正在维修维护的设施应有明显的禁用标识。

1.5.2 活动区内应设安全疏散通道,并保持畅通。

1.5.3 危险难行的步行路段应合理设置台阶、扶手。

1.6 消防设施管理要求

1.6.1 应根据《中华人民共和国消防法》的相关规定,配备消防设备、器具和火警监控系统,应设置消防通道,确保消防设施和通道的完好和畅通,消防设施的完好率应达到100%。

1.6.2 活动中使用的易燃、易爆和化学危险品应在规定区域内存放,并设置必要的安全隔离带和严禁游客进入的警示标识。

2.服务管理

2.1 基本要求

活动区域内应对所有服务项目和服务设施制定管理规范并有效实施。

2.2 工作人员管理要求

2.2.1 应具备良好的职业道德,牢固树立时刻为游客排忧解难的服务意识,对于需要帮助的游客,应及时主动地给予援助。

2.2.2 应对所有游客,不分种族、民族、国别,一视同仁,应尊重游客的民族习俗、宗教信仰。

2.2.3 应举止大方、端庄、稳重,态度和蔼诚恳、言行有度,举止符合礼仪规范。

2.2.4 服务工作人员应仪表整洁、着装统一,结合民族风俗,穿着当地民族服饰,并佩戴能够明显辨识的工牌或工卡。

2.2.5 应具备岗位要求,上岗前应接受相应的岗位培训,熟练掌握本岗位的专业知识和服务技能,熟悉相关的法律、法规、制度和规范。

2.2.6 应具备基本的服务技能和应急事件处理能力。

2.3 服务质量

2.3.1 基本要求

活动展示区域内应对所有服务项目和服务设施制定管理规范并有效实施。

2.3.2 现场服务

2.3.2.1 活动域内应公布相关服务工作人员的电话号码、投诉受理电话和服务时间。

2.3.2.2 应提供游客引导服务,观众席配备充足的服务工作人员和安保工作人员,及时、主动地将游客引导入座,关注特殊群体的特殊要求。在开场和散场客流集中的时段,安保工作人员应及时进行疏导,合理安排流量和流向,保持良好的秩序。

2.3.2.3 安保工作人员在活动举办过程中应维持现场秩序,避免观众抛投杂物。

2.3.2.4 服务工作人员应掌握活动信息,随时提供咨询服务。

2.3.2.5 活动场所应保持环境整洁,服务设施清洁卫生,实行跟踪式清扫,活动区内垃圾做到日产日清。

2.3.2.6 活动结束后,安保工作人员应引导观众迅速从规定通道有序离场,避免发生拥挤踩踏事件。

2.3.2.7 清场后,服务工作人员应清理观众席,发现遗失物品或可疑物品应及时上报。

2.3.2.8 应检查场地内的所有设施,发现设施损坏及存在的隐患应及时上报处理。

(资料来源:豆丁网)

思　考:

1. 结合以上案例,思考桂林的这份旅游节庆活动的管理规范是否普遍适用于大部分节庆活动?

2. 思考节事旅游场地管理与展览旅游场馆管理有何异同?

6) 节事旅游的投诉管理

在节事旅游的举办过程中,应及时处理游客的投诉,保证游客权益,以维护节事旅游目的的良好形象。

节事旅游的投诉管理工作包括以下 3 个部分。

第一,完善节事旅游投诉受理和处理机制。可在节事旅游举办地建立起旅游投诉内外受理联动机制,确立投诉公示制度,以监管当地旅游市场的秩序。

第二,应设置投诉处理服务中心或相应场所,并且配备业务熟悉、服务热情的投诉处理人员;在网站、宣传资料上,要对投诉电话、信箱进行公开。

第三,采取相应措施,确保及时、妥善地处理游客的投诉,并建立完善的记录存档。

【案例9】

第十三届中国黄山七夕情人节活动总体方案

为弘扬七夕传统文化、深入推进文旅结合、加快旅游转型升级,今年汤口镇将举办第十三届中国黄山七夕情人节活动,为做好活动的各项安全保障工作,确保活动圆满成功举办,特制定本方案。

一、指导思想

紧紧围绕建设"国际旅游重镇"目标,以传统七夕佳节为契机,深入挖掘爱情文化,做活爱情文章。通过本届中国黄山七夕情人节,全面展示汤口旅游形象,不断提升汤口旅游的知名度和美誉度。

二、活动主题

同心筑梦七十载　爱满七夕翡翠谷

三、举办单位

主办单位：黄山市翡翠谷旅游有限责任公司

承办单位：安徽星报传媒有限责任公司

四、组织领导

为确保活动安全、文明、有序，成立第十三届中国黄山七夕情人节活动保障工作领导组。组成人员如下：

指 挥 长：胡 炜

总 协 调：阎 璐 张贵军

成员单位：汤口镇人民政府、山岔村委会、黄山市翡翠谷旅游有限责任公司

支持单位：风景区消防大队、风景区公安局、风景区市场监督管理局、区卫健委、区文旅体局、黄山供电公司、汤口卫生院

五、工作职责

（一）社会治安维稳工作

加大活动期间对景区及活动区域社会面治安防控力度，健全安保制度，加强安全巡逻，落实安检措施，严禁携带一切易燃易爆物品进景区。摸排、化解信访隐患和矛盾纠纷等不稳定因素，加强信息收集、研判、处置工作，研定应急处置预案，确保大局和谐稳定。负责主题日及子活动日治安秩序的维护，协调、保卫力量的部署。

责任单位：风景区公安局治安支队、南大门派出所、镇三办四局一中心、山岔村委会

牵头领导：王义云、宋玉勇、刘霞光、谢东恩

（二）消防安全保障工作

对活动场地及相关接待和活动单位进行消防安全大检查，消除火灾隐患，杜绝灾害事故发生。针对可能发生的灾害事故，制订突发事故处置方案和灭火救援方案。组织消防大队官兵对活动场地进行现场实装灭火演练，确保如果发生火灾等灾害事故时，能够及时疏散人员，将灾害事故损失控制在最小范围。做好活动现场人车保障，确保如果发生险情，能够及时疏散人员，同时利用灭火器材将险情控制在初级阶段。

责任单位：风景区消防大队

牵头领导：王正好

（三）交通秩序维护工作

活动前对活动所涉路线进行交通秩序整治，查处机动车超速、客车超员、酒后驾驶、疲劳驾驶、摩托车超员、骑摩托车不戴安全头盔等严重交通违法行为，同时对公路沿线车辆违章停车、乱停乱放的现象进行整治。主题日活动期间，对所涉及的路线，在各主要路口安排警力执勤，并在经过路段安排车辆巡逻，保证路面交通畅通。

责任单位：风景区公安局交警支队

牵头领导：陈正付

（四）食品安全保障工作

活动前期对活动区域餐饮服务单位进行食品安全检查，指导经营单位做好食品卫生、消毒、留样等工作，消除安全隐患。根据前期检查情况，制订主题日活动食品安全应急预案。做好主题活动日当天的食品安全保障工作，如有食品安全事故发生，封存导致或者可能导致食品安全事故的食品及其原料、工具及用具、设备设施和现场，对食品安全

事故进行调查处理。

责任单位:镇旅游分局、汤口市场监督管理所

牵头领导:阎　璐、孙春富

(五)医疗卫生保障工作

制定医疗卫生保障预案,活动期间在翡翠谷景区设立临时医疗急救点,由医师、护士、驾驶员组成医疗急救工作组,负责现场卫生应急工作,医护人员及救护车随时待命。如遇突发事件,接到救援指令后要迅速处理,并根据现场情况全力开展医疗卫生救援工作,积极服从镇政府统一指挥,加强与各救援部门的沟通与协调。

责任单位:汤口卫生院

牵头领导:阎　璐、蒋品龙

(六)供电保障工作

活动前期做好线路通道检查、线路设备过热检测、线路及设备本体情况检查,对山岔村线路进行巡查,排除供电安全隐患。做好主题活动日当天用电保障工作,制订应急预案,供电组保障人员提前就位、推迟离场。

责任单位:黄山供电公司

牵头领导:汪宏华

(七)文明创建工作

开展旅游市场秩序整治行动,重点做好尾随兜售、出店经营、流动经营的查处,营造文明有序的活动环境。开展一次环境集中整治行动,重点做好城市规划区主干道和活动场所的保洁工作,七夕情人节期间加强环卫保洁力度、延长保洁时间,确保镇容镇貌良好。做好沿线和活动地点乱堆乱放、乱晾晒、流动店招、出店经营的清理。做好活动沿线绿化除草和维护,开展活动沿线亮化和市政设施的检修。协助交警部门加大机动车和非机动车管控力度,规范机动车停放秩序,加强对停车场的规范管理。加强渣土运输的管理。

责任单位:镇城管执法分局、各村居

牵头领导:杨鹏翔、各村居负责人

(八)氛围营造活动宣传保障

以汤口镇自然人文景观为背景,以情人节活动为亮点,通过新闻媒体的报道,多方位、多角度展示汤口旅游形象,重点对新闻发布会、七夕情人节主题活动日等情况进行系列宣传报道,进一步深入打造"爱情"文化品牌,提升汤口的美誉度和知名度。

责任单位:镇信息中心、镇旅游分局

牵头领导:刘霞光、阎　璐

(九)后勤保障工作

统筹做好汤口镇政府嘉宾媒体邀请、嘉宾媒体接待和食宿安排。做好活动现场政府安全保障工作人员的统一调配、车辆调度、用餐安排等。

责任单位:镇党政办　镇财政分局

牵头领导:刘霞光、孙　斌

六、活动时间

2019年6月14日—8月27日

七、活动安排

(一)前期筹备(6 月 14 日—7 月 6 日)

1.情人节活动方案征集,明确活动内容及形式。

2.招募主题日活动承办公司。

3.筹备新闻发布会。

(二)活动阶段(7 月 7 日—8 月 27 日)

1.新闻发布会(7 月 7 日)

(1)发布第十三届中国黄山七夕情人节口号及本届黄山七夕情人节活动信息。

(2)翡翠谷景区推介。

(3)翡翠谷景区与婚庆公司签订战略合作协议。

(4)领导致辞。

(5)合影留念。

2.叠千纸鹤? 颂新中国成立70 周年祝福语(7 月 17—26 日)

(1)活动相关背景介绍。

(2)亲子家庭游客上台齐唱《我和我的祖国》。

(3)举办"青山绿水翡翠美 祝福祖国童心绘"儿童手绘长卷。

(4)叠千纸鹤写寄语活动。

3.网红秀场(7 月 27 日)

(1)"技术流式"展示景区。

(2)网红"百爱"教学:在百爱碑教写"爱"字的写法,并全程直播。

(3)cp 最佳拍照姿势教学。

(4)网红打卡"明星同款":拍摄《卧虎藏龙》剧照同款。

(5)热舞:在翡翠谷景区各个标志性景点跳当下流行的热舞。

(6)古装穿越视频:网红变身古装美人。

(三)主题日活动(8 月 7—8 日)

1.第十三届中国黄山七夕情人节开幕式。

2.相亲大会。

3.七夕音乐节。

(四)首届"黄山翡翠谷杯"名校大学生辩论邀请赛(8 月 23—27 日)

以长三角一体化战略为背景,采用名校大学生辩论赛为形式,围绕传统文化、爱情文化、青年人婚恋、旅游发展、节庆活动等话题,配合第十三届中国黄山七夕情人节系列活动的举行,提升系列活动的整体文化氛围、进一步增强黄山七夕情人节的影响力。

(五)总结阶段(9 月份)

主题日活动结束后,各部门、参与单位要对本次七夕情人节活动进行全面回顾,分析此次活动中存在的不足和问题,认真总结,积累经验,并就如何进一步提高节庆效益,扩大宣传面,提升活动影响力提出意见和建议。

八、工作要求

(一)提高认识,统一思想。中国黄山七夕爱情文化是汤口重要的旅游文化品牌,中国黄山七夕情人节活动也是塑造和展示汤口旅游形象的重要舞台,各相关单位要高度重视、统一思想、协同作战,确保活动圆满成功。

（二）精心组织,注重细节。各参与单位及部门务必超前谋划、精心组织、注重细节,加强交流与协作,请各单位、各部门按照活动保障工作任务分解表,细化各块工作方案,责任到人,确保各项工作顺利推进。

（三）强化责任,保障安全。各相关单位、部门要按照各自工作职责认真履职,切实做好各类突发事件应急处置工作,分解任务,细化方案,责任到人,确保各项工作顺利推进,确保活动安全、有序、喜庆、祥和。

第十三届中国黄山七夕情人节活动任务分解表

序号	活动内容	责任领导	责任人	活动时间
1	新闻发布会	阎璐	蒋文祥 张泽林	7月7日
2	叠千纸鹤·颂新中国成立70周年祝福语	阎璐	翟瑾瑜 蒋文祥	7月17—26日
3	网红秀场	阎璐	翟瑾瑜 张贵辉	7月27日
4	活动开幕式	刘霞光 阎璐	吕红霞 陈翀 张泽林	8月7日9:00—10:30
5	相亲大会	阎璐	刘赛丽 张贵辉	8月6—8日
6	七夕音乐节	阎璐	陈翀 朱卫兵	8月7日18:00—22:00
7	首届"黄山论辩"辩论赛	阎璐	翟瑾瑜 刘赛丽	8月23—27日

第十三届中国黄山七夕情人节活动保障工作任务分解表

序号	工作任务	责任单位	责任领导	时间
1	氛围营造活动宣传工作	文广站 信息中心 翡翠谷公司	刘霞光 阎璐	6月14日—7月6日

续表

序号	工作任务	责任单位	责任领导	时间	
2	安全保卫	风景区治安支队 南大门派出所 镇综治办牵头 "三办四局一中心"	王义云 宋玉勇 刘霞光	8月7—8日	8月23—27日
3	维稳工作	镇综治办	刘霞光		
4	消防安全	风景区消防大队	王正好		
5	食品安全	旅游分局 汤口市监所	阎璐 孙春富		
6	供电保障	黄山供电公司	汪宏华 孙斌		
7	医疗卫生保障	汤口卫生院	阎璐 蒋品龙		
8	交通秩序维护	风景区公安局交警支队	陈正付		
9	政府拟请人员确定及 接待、后勤保障	党政办 财政分局	刘霞光 孙斌		
10	文明创建	城管执法分局 各村居	杨鹏翔 各村居负责人		
11	翡翠谷公司 保障工作	山岔村委会 翡翠谷公司	谢东恩 张贵军		

注:各项任务排在前面的为牵头领导,阎璐负责统筹协调各项工作

子活动方案

新闻发布会方案

责任人:阎 璐、张泽林、张贵辉、朱卫民

一、活动主题:同心筑梦七十载 爱满七夕翡翠谷

二、活动时间:2019 年 7 月 7 日上午 9:58—11:30

三、活动地点:

会议:浙江省杭州市梅地亚酒店 8 楼国际厅

四、参会人员:

(一)领导邀请:市文旅局、区文旅体局、汤口镇人民政府、山岔村委会

(二)媒体记者(共 30 家)

安徽媒体 10 家:安徽电视台公共新闻频道、黄山电视台、中国旅游报、市场星报、新安晚报、安徽画报、安徽财经网、掌中安徽 APP、直播主持 2 名

浙江媒体 20 家：央广网、中国网、中新社、《文汇报》、浙江电视台《旅游快车》栏目、杭州电视台、浙江在线、《江南游报》、浙江新闻、浙江 24 小时、杭州新闻客户端、《杭州日报》、《都市快报》、杭州网、《浙江工人日报》、《市场导报》、腾讯大浙、新浪网、浙江都市网、交通之声 FM93

（三）杭州组团旅行社（25 家）

杭州金奥国际、杭州金桥、杭州星辰、浙江国际合作、浙江新世界国旅、浙江东方海外、杭州逍遥商务、杭州逍遥商务、浙江省中旅、浙江省职工、浙江光大、浙江中青旅、中国国际、长桥商务、宋都旅游、杭州椰辉、浙江立喜、杭州美景、杭州百缘、杭州磐石、杭州乐途、杭州千岛湖、杭州海天旅行社、杭州大于、杭州友联、杭州中友

（四）杭州自驾协会及机构（5 家）

浙江省自驾游与露营分会、杭州 19 楼快乐车友会自驾游俱乐部、杭州大本营自驾游、浙江省自驾车旅游协会、华东六市自驾游协会

（五）婚庆公司（10 家）

安徽 1 家：安徽金夫人婚纱摄影公司

杭州 9 家：千百合婚礼顾问、兰卡婚礼、神话婚礼策划、柏谷婚礼策划、微致婚礼、杭州艾诺婚礼策划、杭州馨怡婚庆公司、杭州欣雨婚庆公司、百特婚礼、花逸良品婚纱会馆、杭州 19 楼婚庆

五、会场布置

1. 会场 400 平米、LED 屏、发言席、绿植布置

2. 氛围营造：活动展板、签到背景、指引牌

六、新闻发布会流程

1. 播放暖场视频翡翠谷景区宣传片（含联盟宣传片）。

2. 主持人登场，介绍出席领导、嘉宾及活动流程。

3. 翡翠谷公司总经理张贵军致欢迎词。

4. 翡翠谷景区副总张泽林发布第十三届中国黄山七夕情人节口号及本届黄山七夕情人节活动信息。

5. 翡翠谷景区营销总监张贵辉作旅游暨融杭产品、翡翠人家民宿推介。

6. 第十三届中国黄山七夕情人节相亲大会招募启动仪式，邀请 77 对情侣来黄山翡翠谷景区"邂逅爱情"。

7. 翡翠谷景区与婚庆公司签订战略合作协议。

8. 汤口镇人民政府领导致辞。

9. 黄山区文旅体局领导致辞。

10. 黄山市文旅局领导致辞。

11. 活动结束，与会领导嘉宾合影留念。

七、工作职责及责任人

1. 负责新闻发布会全面协调工作。

责任人：阎　璐、张贵军

2. 负责与策划公司对接新闻发布会会场布置等各项工作落实。

责任人：张泽林、张贵辉、朱卫民

3.负责与汤口镇人民政府对接新闻发布会参会领导邀请名单及邀请。

责任人：阎　璐、张泽林

4.负责与策划单位对接落实好新闻发布会流程。

责任人：张泽林

5.负责新闻发布会营销推介(含优惠政策制定及发布)、对接好婚庆公司合作协议及协助现场的管理。

责任人：张贵辉

6.负责新闻发布会礼品、宣传材料准备及现场发放。

责任人：朱卫民、董　杰、朱双进

7.负责与策划公司对接午宴现场安排等。

责任人：朱卫民

8.负责新闻发布会流程中各项材料准备及协助发布会现场LED播放、摄影。

责任人：董　杰

9.负责新闻发布会期间的新闻报道。

责任人：董　杰

10.负责新闻发布会车辆安排。

责任人：曹　杰

11.负责协助新闻发布会签到。

责任人：张素华、吕爱霞

12.负责新闻发布会旅行社嘉宾接待。

责任人：张贵辉

13.负责新闻发布会后勤保障,协助现场礼品发放。

责任人：张晓飞、程六女

第十三届中国黄山七夕情人节——"网红"秀场

责任人：阎　璐、翟瑾瑜、张泽林、张新彪、张贵辉、
朱卫民、张建立

一、活动时间：2019年7月27日

二、活动地点：翡翠谷景区及翡翠新村

三、活动筹备：

1.7月20日：具体确定各区域及布置,进行整体布局。

2.7月22日：做好宣传预热,进行统一推广,制作倒计时海报、创意小视频,确定网络大咖、自媒体达人创意玩法。

3.7月23日：布置现场,做活动主题喷绘、拍照打卡美陈。

4.7月24日：做前期宣传,倒计时开始。

5.7月26日下午：所有网络大咖、自媒体达人抵达景区,准备拍摄。

四、网红玩法

(一)"技术流式"展示景区。"技术流"是指在视频制作中利用天马行空的剪辑,呈现神奇效果的一群人,或构思奇妙、或节奏感很强,通过"技术流",利用各种运镜,展现一个不一样的翡翠谷,欢迎广大游客朋友前来制作自己的"技术流视频"打卡。

地点:视频贯穿整个景区标志性景点

(二)网红"百爱"教学。邀请网络红人亲临翡翠谷景区,在百爱碑教写"爱"字的写法,并全程直播。

地点:百爱碑

(三)cp最佳拍照姿势教学。"爱"有一百种写法,和你相爱却有千万个样子,网络大咖实力教学"最佳情侣拍照姿势",拍出青春最靓丽的样子,网络征集"情人桥"最佳cp照,评选,并送出旅游大礼包,鼓励更多人跟着网红来打卡。地点:百爱碑。单人"打卡"翡翠谷拍照姿势教学。

地点:情人桥、爱字石、百爱碑等(CP最佳拍照姿势教学)瀑布+代表性的池子+标志性景点(单人"打卡"翡翠谷拍照姿势教学)

(四)网红打卡"明星同款"。邀请网红,拍摄《卧虎藏龙》剧照同款,并制作抖音视频。

地点:《卧虎藏龙》取景点

(五)热舞。美女和美景始终密不可分,邀请美女在翡翠谷各个标志性景点跳当下流行的热舞,后期剪辑成一镜到底的效果,最终呈现一曲连贯的舞蹈在翡翠谷不同地点跳的效果。

地点:景区门口+行知长廊+情人桥+爱亭+挑选2个瀑布和池子

(六)古装穿越视频。直播主持变身古装美人,穿梭在爱亭和情人桥之间,拍摄照片+视频,通过后期剪辑,形成一段精美、精致、惊艳的视频+照片,作为宣传分享。

地点:情人桥+爱亭

五、网络红人

序号	平台	ID	粉丝(W)	类别	地区
1	微博	小冰儿blinger	80	时尚、吃喝玩乐	安徽
2	花椒	港岛妹妹	32	达人	安徽
3	微博	椿姑娘在路上01	20	旅行	浙江
4	一直播	牛奶妹妹	105	颜值、分享	安徽
5	抖音	霸都航拍	4.4	时尚、娱乐	安徽
6	抖音	媛媛小仙女	2.1	舞蹈、时尚	安徽
7	抖音	铁血柔情菜哥哥	21.1	技术流	安徽
8	抖音	话不多的小纯洁	16.6	唱歌	安徽
9	火山	小拖累	359	网红	安徽
10	火山	灵美人在杭州	167	网红	杭州

七、工作职责及责任人(细化方案见附件分工表)

1.负责活动的全面协调。

责任人:阎 璐、张贵军

2.负责活动的整体对接及监督活动现场各项筹备工作的落实。

责任人:阎　璐、翟瑾瑜、张泽林、张贵辉、朱卫民

3.负责活动期间的安全管理工作。

责任人:张新彪、张建立、张小斤

4.负责后勤保障及协助现场秩序管理。

责任人:曹　杰、办公室人员

5.负责协助执行公司人员、直播主持住宿、餐饮安排。

责任人:张晓飞、张亚光、程六女

第十三届中国黄山七夕情人节活动

安全应急预案

为了迅速、有效地应对自然灾害、突发公共事件的发生,确保本届中国黄山七夕情人节活动安全、文明、有序,特制订本预案。

一、适用范围和救援机制

本预案适用于第十三届中国黄山七夕情人节活动期间发生的自然灾害、事故灾难、突发公共卫生事件和突发社会安全事件。

1.自然灾害、事故灾难,包括高温、暴雨等气象灾害;山体滑坡和泥石流等地质灾害;其他各类重大安全事故等。

2.突发公共卫生事件,包括突发性重大传染性疾病疫情、群体性不明原因疾病、食物中毒,以及其他严重影响公众健康的事件等。

3.突发社会安全事件,包括人群过度拥挤、火灾、建筑物倒塌等造成人员伤亡的突发事件。

二、组织机构和工作职责

(一)组织机构

在镇党委、政府领导下,成立突发事件应急处置工作领导小组,由公安、消防、旅游、医疗、社会事务办等有关单位和部门组成。

组　长:胡　炜

成　员:王正好　王义云　宋玉勇　刘霞光　阎　璐　孙春富　蒋品龙　周　伟谢东恩　张贵军

(二)工作职责

1.按照各单位、部门职能开展应急救援工作,并在特殊情况下采取紧急救援处理措施;

2.受理突发事件的报告、投诉,并及时上报有关部门;

3.跟踪、协调、督促突发事件的处置工作;

4.协助有关部门做好稳定社会秩序和伤亡人员家属的善后安抚工作;

5.收集、整理、汇总、分析所处置的突发事件信息资料,提出预防和减少活动突发事件发生、保障旅游者人身财产安全的措施。

三、各种类型突发事故的处理程序

(一)突发自然灾害和事故灾难事件应急救援处置程序

1.主题日活动前,对易滑坡、垮塌的地段进行全面检查,进行加固处理;加强易受高

温、雨水损害和影响的大型娱乐设备、设施的检修维护工作;

2.密切注意观察天象,要密切关注当地气象部门的预报预警,当出现气温骤变、降雨等天气时,要做好预案实施的准备工作。

3.活动当天,如遇高温、暴雨等自然灾害和事故灾难影响到游客的人身安全时,突发事件应急处置工作领导小组应做好其他游客安全警示工作,并立即组织为游客提供紧急救援,保障游客生命财产安全。

(二)重大食物中毒事件应急救援处置程序

1.活动当天发生重大食物中毒事件时,应立即采取紧急医疗救治措施,并与卫生医疗部门取得联系;

2.积极协助卫生、检验检疫等部门认真检查团队用餐场所,查找毒源,并采取相应措施。

3.及时向上级旅游行政管理部门报告,并积极协助处理有关事宜,及时协调相关地区和部门做好应急救援工作,适时上报事发动态。

(三)突发社会安全事件的应急救援处置程序

1.活动当天如遇突发事件发生时,由应急处置工作领导小组统一指挥协调有关部门维持现场秩序,疏导人群,提供救援。

2.当发生港澳台和外国旅游者伤亡事件时,除积极采取救援外,要注意核查伤亡人员的团队名称、国籍、性别、护照号码以及在国内外的保险情况,并及时上报。由上级外事联络处或通过有关渠道,及时通知港澳台地区的相关急救组织或有关国家的急救组织,请求配合处理。

四、现场处置程序

(一)情况报告

安全应急领导小组到达现场后,迅速全面掌握了解情况,包括发生的时间和地点、人员伤亡损失、救援处置进展以及是否需要后继人员和装备支持等情况,并向安全应急领导小组领导报告。

责任领导:阎　璐

责任单位:旅游分局

(二)抢救伤员

应急队员利用携带的担架、急救箱,尽快将伤员(患者)抬(搀扶)至安全地段,由受过医疗救护专业人员进行基本情况检查并进行精神安抚。根据伤员(患者)情况,或送管区医疗点休息康复,或就近送汤口镇卫生院检查治疗,对重伤员(患者)直接送至黄山市人民医院诊治。

责任领导:阎　璐

责任单位:汤口卫生院

(三)保护现场

设立警戒范围,安排人员在现场警戒、守候(在搜救伤员和紧急排险时,对现场原始状态应作好标记标号),等待有关部门来勘查现场,并做好现场游客的疏导。

责任领导:阎　璐

责任单位:翡翠谷旅游有限责任公司、旅游分局

（四）对事故原因进行调查

责任领导：宋玉勇、阎　璐

责任单位：南大门派出所、旅游分局

（五）事故善后工作

责任领导：刘霞光

责任单位：社会事务办

（资料来源：黄山市黄山区人民政府官网）

思　考：

1. 结合以上案例，谈谈你对活动策划的新认识。

2. 思考一份完整的活动策划案包含哪几大部分？

模块 5
奖励旅游

【教学目标】

能力目标	知识目标	素质目标
■ 具备奖励旅游市场发展现状的分析能力 ■ 具备奖励旅游流程操作与策划的能力 ■ 具备奖励旅游营销能力 ■ 具备奖励旅游管理能力	◆ 掌握奖励旅游的概念、类型、特点、作用等系统知识 ◆ 了解奖励旅游的发展现状,把握奖励旅游的发展趋势 ◆ 掌握奖励旅游的策划流程和内容 ◆ 掌握奖励旅游营销与管理知识	▲ 团队合作精神好、协调性高、管理能力强,具备较高的分析与策划能力 ▲ 具备主动学习的精神,积极参与课堂教学活动,按要求完成教学准备 ▲ 具备严谨、勤奋、求实创新的学习精神

【重点与难点】

本模块内容学习的重点在于掌握奖励旅游的概念、类型、特点、作用等系统知识,掌握奖励旅游的策划,并掌握奖励旅游的管理,了解奖励旅游的发展现状,把握奖励旅游的发展趋势。

项目1 奖励旅游的现状

5.1.1 奖励旅游的概念、类型、特点和作用

奖励旅游是会展英文缩写 MICE(图 5.1)中的 I,全称是 Incentive Travel 或者是 Incentive Tour,中文也可翻译为"激励旅游"。在西方经济发达国家,奖励旅游被视为现代管理手段中的佼佼者。奖励旅游诞生于 20 世纪初的美国,发展到现在已经历了一个世纪。实践证实了奖励旅游用作延续工作激情的效果非常显著,而且是一把双刃剑,既利于提高员工或工作伙伴的工作激情,也利于企业的发展——两面俱锋。随着国门打开,外资企业(包括独资企业、合资企业和三资企业)进驻中国,这种管理手段也被带进中国。

1)奖励旅游的概念

《中国旅游百科全书》中把奖励旅游概括为:一些组织单位为调动员工的积极性、增强凝聚力而举办的免费旅游。《香港大词典》中对奖励旅游的定义为:工商企业及其他行业为刺激工作人员的积极性、增强归属感以及搞好与有关部门、团体和个人的公共关系而组织的免费旅游。世界奖励旅游协会对奖励旅游的定义为:一种现代化的管理工具。目的在于协助企业达到特定的企业目标。并对于达到该目标的参与人员给予一个非同寻常的旅游假期作为奖励,同时也为各大公司安排以旅游为诱因,以开发市场作为最终目的的客户邀请团。

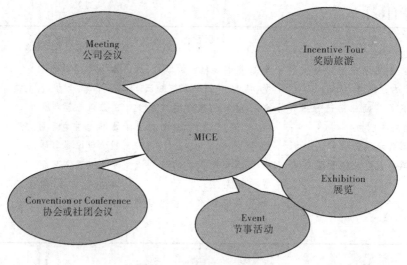

图5.1 会展英文缩写解说

从这3种奖励旅游定义中可看出：

①奖励旅游的参加者是公司员工、经销商、商业伙伴、客户。

②奖励旅游的提供者是企业或者行业组织。

③奖励旅游具有非同寻常的特点，以及刺激相关人员积极性和开发市场的作用。

而世界奖励旅游协会对奖励旅游的定义更能体现奖励旅游的实际内涵及意义。

【知识拓展】

国际奖励旅游管理者协会

国际奖励旅游管理者协会，英文全称：Society of Incentive & Travel Executives，英文缩写为Site。成立于1973年，总部在美国芝加哥，全世界会员人数2 200人，其中中国会员人数为70人。多为奖励旅游公司、旅游管理部门、目的地管理公司、研究机构、餐饮、酒店等奖励旅游相关的专业人士以及高级管理人员。此协会被视为奖励旅游界的"奥林匹克运动会"。协会性质是国际奖励旅游唯一的非营利性专业协会，向会员提供奖励旅游行业的信息服务和举办教育性研讨会。

2006年，此协会在北京成立了分会。2012年，此协会全球年会首次在中国举行。这表明中国的商务、会议、奖励旅游活动已经得到国际社会的认可，意味着中国拿到了奖励旅游的国际通行证。

2)奖励旅游的类型

奖励旅游的类型从不同角度出发分为多种不同的类型。

(1)按活动内容划分的奖励旅游类型

①惯用型。

这类型的奖励旅游有一整套程式化和有组织的活动项目，如在活动内容中安排主题宴会、颁奖典礼，企业首脑作陪、与知名人士面对面交流、赠送赋予象征意义的礼物等。惯用型奖励旅游注重通过豪华、高档和大规模来体现受奖者的身价，通过制造惊喜，给受奖者留下终生难忘的美好回忆。美国是世界上最大的奖励旅游市场，这种类型深受美国受奖者和企业管理人员的喜爱并广泛使用,让这类型的活动内容成为惯用的活动项目。

②参与型。

随着人们对生活的要求和习惯的变化,受奖者已不再满足于惯用型偏向静态的活动内容了,追求参与型动感强的富有竞争性、冒险性的探险类活动,趣味性的体育活动的活动内容。如漂流、划艇、爬山、热气球等。参与型奖励旅游通过受奖者与自然界接触,参与各种新鲜刺激的活动项目,有助于唤起他们的责任感以及让受奖者产生难忘的经历。

但参与型奖励旅游带有一定危险性,需要组织者根据受奖者实际情况进行合理安排,确保活动的安全性,做到确有把握。

(2)按活动目的划分的奖励旅游类型

①慰劳型。

作为一种纯粹的奖励,奖励旅游的目的主要是慰劳和感谢对公司业绩增长有功的人员,缓解其紧张的工作压力。旅游活动安排以高档次的休闲、娱乐等消遣性活动项目为主。

②团队建设型。

奖励旅游的目的主要是促进企业员工之间,企业与供应商、经销商、客户等之间的感情交流,增强团队氛围和协作能力,提高员工和相关利益人员对企业的认同度和忠诚度,旅游过程中注重安排参与性强的集体活动项目。

③商务型。

奖励旅游的目的与实现企业特定的业务或管理目标紧密联系,如推介新产品、增加产品销售量、支持经销商促销、改善服务质量、增强士气,提高员工工作效率等,这类奖励旅游活动几乎与企业业务融为一体,公司会议、展销会、业务考察等项目在旅游过程占据主导地位。

④培训型。

奖励旅游的目的主要是对员工、经销商、客户等进行培训,最常见的为销售培训。旅游活动与培训的结合,可以达到"寓教于乐",更好地实现培训的功效。

3)奖励旅游的特点

奖励旅游的特点如图5.2所示。

(1)具有高端性

①级别高。

在吃、行、住、游、娱、接待等各个方面都要体现出高级别,如豪华宾馆、头等机舱、专属服务、高级别人员接待等。每个环节都是VIP的待遇,第一流的服务。曾在美国某大型直销公司工作的王小姐回忆:她曾经作为公司接待奖励旅游团的工作人员,专门在美国洛杉矶逗留了40多天。尽管他们那次奖励旅游的行程只有短短的一周,但是为了保证旅游的顺利、圆满,让参加奖励旅游的供应商、分销商们体验到尊贵的感觉,她所在的接待小组倾尽全力,在每个环节上追求尽善尽美,期望呈现出最丰盛的奖励旅游大餐。

②消费高。

从两方面因素决定其消费水平:第一个方面是奖励旅游参加者身份,从前面提到的奖励旅游参加者可看出其整体消费水平较高;第二个方面是旅游费用的支付方式,其支付方式是企业支付的,这样让奖励旅游参加者有更多的闲钱去购物消费。据国际奖励旅游协会的研究报告显示,一个奖励旅游团的平均规模(人数)是110人,而每一个客人的平均消费(仅指地面消费,不包括国际旅行费用)是3 000美元。新加坡旅游局经过分析也发现,到新加坡的中国奖励旅游团的消费能力比普通旅游团要高出1.4倍。

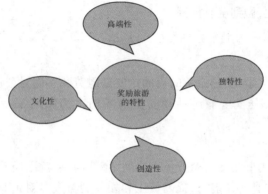

图5.2　奖励旅游的特点

根据国际奖励旅游协会(SITE)、奖励机制研究基金会(IRF)、金融保险会议组织(FICP)对80多个国家的1 000多名受访者进行的2018年全球奖励旅游行业联合调查显示,54%受访买家的预算支出呈现年度同比增长,人均预算中位数稳定在4 000美元左右。企业用户预算中位数(4 550美元)高于奖励机构(3 500美元)。

(2)具有独特性

国际奖励旅游协会对奖励旅游的定义中提到"给予一个非同寻常的旅游假期"。奖励旅游在活动内容安排上应具有独特性,无论在旅游线路、景点、接待服务等。如主题宴会、企业高层作陪等,为受奖者量身定制的旅游线路。

(3)具有创造性

奖励旅游是非同寻常、一生难忘的旅游,为此需要在整个旅游行程中不断加插各种创意。英国一家大型保险公司企业人力资源部主管回忆起几年前在泰国的奖励旅游经历,至今仍历历在目。当时,最令在场员工深深为之震撼的是他们的颁奖晚宴——狂野之夜。承接这次奖励旅游晚宴的是一家新加坡旅行公司,他们和泰国旅游局一起协调安排,甚至把鳄鱼、蟒蛇、狮子都带进了现场。而颁奖酒店的过道被设计、包装成很乡野、幽深的山洞,完全没有原来酒店环境的痕迹。穿着兽皮、描画着文身的泰国表演者活跃在现场,充当酒店路线指引。他们甚至把公司最高业绩得主化妆成妖艳的泰国王公和王妃,每人由4名轿夫抬进场内,场面极尽绚烂、狂野。在场每个人的情绪也随着晚宴的一个个高潮,达到了沸腾的顶点。通过各种主题活动的巧妙策划和精心安排,给予各受奖者心灵的触动和难忘的经历。让受奖者感到一生难忘,回味无穷。

(4)具有文化性

奖励旅游是企业彰显企业形象,传播企业文化的大好机会,将企业文化和经营理念与目标结合在活动内容中。每项活动都能体现出来,如飞机、酒店房间、餐厅、用具等都标有公司的标志,与企业高层共同探讨企业发展方向等,让受奖者记住企业,并感到无比荣幸。

【案例1】

到访法兰克福及慕尼黑企业的奖励旅游团

目 的 地:法兰克福及慕尼黑

人　　　数:2 700人

停留时间:法兰克福和慕尼黑分别停留3晚

项目情况:

IMEX法兰克福国际会议和奖励旅游展刚刚降下帷幕,一个来自中国的2 700人奖励旅游团即于5月19日飞抵法兰克福,成为德国业内媒体追踪报道的热点。

行程亮点:

在法兰克福观光购物。

在田园诗般的吕德斯海姆开启莱茵河游船之旅。

拜访浪漫之城——海德堡。

在奔驰博物馆的闭馆日独家参观并受到高层接待。

游览迷人的童话城堡——新天鹅堡。

在慕尼黑老城漫步。

活动高潮:

在德国巴伐利亚州的Kaltenberg城堡里举办的盛大啤酒节晚宴,GCB会员单位TAO欧洲之路成功策划和实施了这一盛大晚间活动。

德国会议促进局(GCB)为活动总实施方,来自中国台湾地区的美最时旅行社,提供了倾力协助。GCB积极协调德国各地地方会议局和各类德国供应商,局长马蒂亚斯·舒尔茨先生还亲临Kaltenberg城堡,在啤酒帐篷里和巴伐利亚王子Heinrich von Bayern先生以及该直销公司管理层共同以传统的方式为啤酒节晚宴揭幕。

(资料来源:搜狐网)

分析:奖励旅游的级别、体验与其独特性、创新性是传统旅游无可比拟的,在奔驰博物馆的闭馆日独家参观并受到高层接待、在德国巴伐利亚州的Kaltenberg城堡里举办的盛大啤酒节晚宴、局长马蒂亚斯·舒尔茨先生亲临Kaltenberg城堡的活动安排都让受奖人员感受到其尊贵感、独特性、量身定做,铭记一生的旅游体验。

4)奖励旅游的作用

(1)延续相关合作伙伴或员工的工作激情

随着生活水平的提高,人们开始要求较高层次的激励。那么,金钱的激励效果就有所弱化,但奖励旅游是一种物质与精神结合的奖励方式,它对提高工作激情有着比金钱或物品奖励更强大的刺激作用。奖励旅游是对受奖者的认可、奖励和鼓励。没有受到奖励的员工也同样受到激励,当受奖者享受着带薪并且免费的旅游时,没有受到奖励的员工却仍需在工作岗位上继续工作。受奖者旅游回来后跟其他员工分享快乐旅程的非一般的经历和相片时,仍在刺激着没奖励的员工。奖励旅游的激励作用是全面的、长久的。

（2）增强与合作伙伴的默契和增进同事间的交流

在旅游过程能让管理者、员工、合作伙伴、客户摆脱工作环境中的严肃气氛,彼此平等轻松地畅所欲言,增进感情,加强团队建设及对企业的认同与向心力。

（3）宣传企业

奖励旅游在某种意义上来讲是一次低成本高回报的企业宣传活动。在整个奖励旅游活动安排中,尽可能地加入企业文化和理念以及独特创新的活动内容,能起到传播企业文化,宣传企业的作用。

【案例2】

2018 康宝莱（中国）明星服务商海外研讨会

背景:

康宝莱是一家全球营养和体重管理公司,公司英文名字 Herbalife（英文的意思是"草本生活"）,总部设在美国洛杉矶。它已在全球90多个国家和地区设立分公司,中国总部设立在上海,产品销往世界各地。康宝莱公司成立于1980年,是纽约证券交易所上市公司。

为激励服务商,提高销售量,康宝莱在新年伊始发布了奖励旅游计划,图文并茂、明星服务商们的现身说法视频,刺激着众服务商的每一根神经,让众服务商有了明确的奋斗目标,很好地推高了他们的工作激情,更好地为企业打开双赢局面。

目的地:

荷兰阿姆斯特丹

美国塞班岛

奖励旅游宣传:

2017 年转瞬即逝

是一段奋斗时光的结束

又是另一场逐梦的开启

在 2018 年的伊始,这个肆意挥洒汗水的时节康宝莱将带你再度踏上梦幻旅途

逐梦正当时

康宝莱"2018 明星服务商海外研讨会"

即将盛大开启!

（奖励旅游宣传视频）

感受人文与自然，升华心灵之旅

2018 康宝莱（中国）菁英明星服务商海外研讨会

目的地：荷兰阿姆斯特丹

繁荣欧洲门户，在文化与历史中沉淀

穿越过去

和凡·高的近距离对话

说起荷兰，凡·高是大部分人的第一印象，后印象主义的先驱，深深地影响了20世纪艺术。康宝莱将会带你来到这座位于荷兰首都阿姆斯特丹的文化瑰宝，建于1973年的凡·高美术馆。馆藏凡·高黄金时期最珍贵的200幅画作，占其作品的1/4。备受世界瞩目的美术馆，在这里，你将会感受到艺术的力量！

退去疲惫

沿河道感受阿姆斯特丹慢生活

习惯了快节奏的生活与奋斗，在荷兰你会不由自主地慢下来，感受人文与自然。康宝莱将带你坐上私家运河游船，慢摇轻摆的船舶游淌于阿姆斯特丹总长超过100千米的运河上，穿过无数岛屿和桥梁，一览两旁无数人与景。习惯了繁华的你，在这里会习惯自然，退去身上的疲惫，感受一场完美的心灵之旅！

肆意驰骋

感受欧洲的典雅悠长

有"荷兰威尼斯"之称的荷兰自然保护区"羊角村"，是受世界众多旅游爱好者追捧的度假胜地。在这里，除了欣赏最自然的美景外，能深刻地感受荷兰的文化。每一栋房子，都有自己独特的一段故事。在湖面上感受宁谧，一段文化的篆刻之旅！

一场自然与冒险的碰撞，你的梦想此刻起航。

2018 康宝莱(中国)绩优明星服务商海外研讨会

目的地:美国塞班岛

远离尘世的世外桃源,一半海水一半天堂

海天一色

绝美度假天堂

在这个绝美的度假天堂,军舰岛是必去的景点。清澈无瑕的海水,在这里浮潜是场无与伦比的体验。饱览美景的同时,感受沙滩的人文。眺望远方,你的梦想,将从此地开始起航!

与鱼共舞

美景与历史并存

塞班岛一年四季风景如画,享有"身在塞班就如置身天堂"的美名。当所有人都倾心于它的美时,你可能不知道,这里还有一段饱经战火的坎坷历史,这里曾是世界上最大的航空母舰对决战场,烽火连天,硝烟四起。乘坐塞班知名的海底潜水艇,在探索瑰丽的海底世界的同时,你会看到无数战争残骸,与海上的美貌形成反差。奋斗的每一段艰辛与坎坷,才锻造出了绚烂无比的成就。

乘风破浪

下一站是浩瀚天空

漂洋过海到了塞班,自驾小飞机是绝对不能错过的一场破风之旅。和超帅的机长一同飞上天空,在自己的操控下盘旋,所有风光都被收入眼底。鸟瞰塞班,宛如一个风华绝代的绝世佳人,而你也正在和它进行一场超近距离的交流,一场无与伦比的绝妙体验!

人文与自然

美景与冒险

美不胜收的绝妙之旅

2018 康宝莱明星服务商海外研讨会

你,准备好了吗?

（资料来源：搜狐网）

5.1.2 奖励旅游的发展现状

奖励旅游起源于美国，其后在欧美国家迅速发展，近年在我国也得到快速发展。虽然奖励旅游从萌芽之初至今，经历了第二次世界大战、经济衰退、2008 年经济泡沫爆破的影响，但 CWT 2019 会议与活动预测报告指出，鉴于活动被视为促进面对面交流、沟通、讨论及建立联系的关键渠道之一，全球会奖需求有望增长 5 ~ 10 个百分点。

1）国外奖励旅游的发展现状

（1）美国的奖励旅游现状

奖励旅游起源地——美国，是个人主义观念和竞争意识强的地方，奖励旅游彰显个人业绩、个人荣誉,正符合美国人的价值观。美国的企业越来越认识到奖励旅游作为一项有效管理手段能对员工产生很大的激励性,伴随着航空运输工具的发展,越来越多企业加入了实施奖励旅游的行列,这种管理手段随之在美国迅速发展起来,大约有85%的企业使用奖励旅游这种管理手段来激发员工的工作热情,调动起员工的工作积极性,所涉及的企业涵盖保险、直销、汽车、电器业、化妆品业等众多行业。

美国是世界奖励旅游最大客源国之一,也是最受欢迎目的地之一。美国国际会议及奖励旅游展(IMEX America)是美洲地区规模最大、规格最高的商务会议和奖励旅游专业展会之一。美国之所以一直高居全球奖励旅游需求与供应最前列,与其独立成熟的行业组织有很大的关系,如1973年成立的SITE(国际奖励旅游经理人协会)目前已是全球性的组织,2100名成员中来自美国的占多数,在发布行业信息交流等方面起到了重要作用;另有奖励行为协会（IncentiveFederation）和奖励行为研究基金会（Incentive Research Foundation）,前者主要来游说美国相关政府部门为奖励行为争取更多的政策和政府支持;后者主要赞助和支持有关企业奖励手段的应用、投资回报率等的专项调研,独立的行业组织在促进交流与培训、反映前瞻信息与引导行业健康良性发展方面起到了重要作用。

(2)德国的奖励旅游现状

德国是世界上非常成功的商务会议目的地之一,根据2017年的ICCA数据显示,德国已连续13年位列欧洲会议目的地第一名,全球排名仅次于美国。同时也是全球最大的展会国家。每年在德国举办的活动超过100万个。由于大型展会需要提前规划,让奖励旅游活动可以利用展会的空档期举行,有效降低住宿及举办成本,为奖励旅游策划者提供了高性价比的优势。相比于商务会议市场的巨大成功,德国在奖励旅游市场的活跃程度要相对弱一些。为了更好推进德国商务会奖旅游,德国会议促进局于近年推出德国会奖专家项目,并强调德国诸多MICE优势,如直航往返的数量和便捷性、独特活动场地等。做这些的目的就在于达到这样一个宣传效果:在奖励旅游市场,德国也是魅力非凡。

德国国家旅游局与德国会展局携手合作推出一个全新的国际性网站,以介绍有关德国会展、会议与奖励旅游方面的详细信息。针对全球重要的客源市场:欧洲境内的瑞士、奥地利、西班牙、意大利、英国、捷克、俄罗斯、波兰、比利时、丹麦和法国,以及美国、中国、巴西和日本等非欧洲市场。积极参与行业相关的主题展会,即德国和美国举行的国际会展、会议及奖励旅游展(IMEX)以及西班牙欧洲会议与奖励旅游展(EIBTM),呈现德国丰富的商务旅游资源。

(3)澳大利亚的奖励旅游现状

澳大利亚拥有一流的基础设施、高科技会议设施和会议中心,还有顶级的户外会议场所和豪华的五星级饭店。这里不仅有激情饱满的城市,还有天然雕琢的雨林、堡礁、主题公园、农场和沙漠。无论是何种规格的公司会议或奖励旅游团,都能在澳大利亚找到合适的举办场所和旅游产品。特别是随着各跨国企业和国际知名品牌纷纷选择澳大利亚作为大型奖励旅游的目的地和公司重要会议的举办地,澳大利亚迅速成为备受青睐、新颖独特的商务旅游胜地。LG电子有限公司、安利公司(韩国)、安利公司(中国台湾地区)、英雄本田公司、友邦保险公司、康宝莱公司等来自亚洲和北美洲的国际知名企业纷纷选择澳大利亚作为奖励旅游目的地。在2012年由悉尼会议奖励旅游局赢得的来自中国的奖励旅游活动已经超过了这个城市企业奖励旅游市场份额的50%。近年来,澳大利亚的奖励旅游市场保持了20%的速度增长,为亚太地区的会奖活动策划者创造大量的商机(图5.3)。

友邦中国精英团队澳大利亚游　　澳大利亚引领完美(中国)迈向会奖新高度

康宝莱中国千人代表团"壮游"黄金海岸　　IT行业奖励活动将家庭带到悉尼

图5.3　奖励旅游案例图

(图片来源:澳大利亚商务会展官方网站)

(4)新加坡的奖励旅游现状

新加坡处于亚洲中心地带,东北亚、东南亚和印度都在新加坡樟宜机场的7小时飞行半径内。7 000家跨国公司选择新加坡作为营运中心,其中4 000家将管理全球和区域业务的总部设在新加坡。新加坡是国际顶级的会议展览之都,拥有良好的软件、硬件设施以承办各类型的会议、展览及奖励旅游。2018年全年,新加坡迎来了超过290万商务会奖游客,较2017年同比增长12.1%。同期旅游收益达到46.8亿新币(约合人民币241.5亿元),同比增长7.2%。新加坡旅游局总部不仅在旅游资讯与服务平台(Tourism Information and Service Hub)、STAN方面做了更新,而且还针对大中华区会奖业界开发了"新加坡商务会奖旅游"小程序。该小程序中的"独特体验"栏目包括欢乐时光、团队建设、特色之旅等类别,其中"团建活动"类别又包括探索、健康、音乐、文化、冒险和美食等内容。这些内容为策划人了解新加坡体验项目提供了极大的便利。

新加坡继而又面向全球市场重磅推出新版"惠聚狮城"奖励计划(下称"惠聚狮城"),与29家新加坡企业合作,面向符合标准的商务会奖旅游团队甄选并提供60余种专享狮城游览体验。所提供的63种独特体验覆盖了四大种类,包括新加坡美食,娱乐及夜生活,主题游览及学习体验,从景点展开的定制体验及独特团建活动。如奖励旅游团队可以在联合国教科文组织名录的世界文化遗产——新加坡植物园,体验使用草药和香料创造专属鸡尾酒的活动。对新加坡硅谷感兴趣的团队则可以在内部人士的引导下游览纬壹科技城(One-North)周边,并参加创始人或成功初创企业的炉边分享会等量身定制的各种令人难忘的团建体验在内的多种精选团队体验,让奖励旅游团队享受独特而难忘的花园之行。

新加坡推出的一系列举措旨在让新加坡打造成为独特而富有吸引力的目的地形象。

2）国内奖励旅游的发展现状

随着中国的改革开放吸引了大量外资企业涌入，把奖励旅游这种管理手段引进中国。中国进入世贸组织后，企业的国际化程度也在加速，以及近年来中国在高速公路、高铁等发达的交通建设和签证、航班、汇率等便利因素影响下，奖励旅游也在诸多企业应用起来。现在，奖励旅游这种激励方式在中国各种规模的企业中反复使用，其效果令企业满意。为此，有些长期组织奖励旅游的企业，还在企业内部增设专门的部门或岗位专门负责奖励旅游组织工作。以往奖励旅游的企业往往都是以销售为导向的企业，但合益（Hay）高管薪酬事业部总监刘明指出，并非只有销售导向型企业才适合奖励旅游，这种激励形式几乎是全行业适合的，以往销售类企业参与得多主要是由于其绩效结果可量化，并且企业对销售业绩非常重视的缘故。然而随着企业人事管理人员对此种激励形式的认可，奖励旅游拓展到了其他部门及行业中。激励最重要的是公平，人们都有攀比心理，如果在企业内部激励不能做到公平，会让一部分员工有挫败感。企业的成长不仅是靠销售人员，也包括市场、研发以及支持部门共同努力的结果。因此在激励方面，不能只针对销售业绩优秀的人员，而是一切对企业做有突出贡献的优秀员工。

根据旅行社的统计，在中国，奖励旅游的应用者主要是外资企业，比例高达60%，民营企业和股份制企业大约占到35%。奖励旅游的参与者基本上是企业员工，针对经销商和客户的奖励旅游比例也在增长。在中国会奖旅游行业市场现状分析及投资前景预测报告中显示，2018年中国的奖励类旅游市场规模约2 043亿元。奖励类旅游市场呈逐年上升势态，如图5.4所示。

2013–2018年中国会奖旅游细分市场规模情况

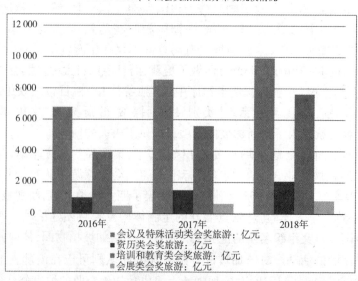

图5.4　规模情况图

（资料来源：2019—2025年中国会奖旅游行业市场现状分析及投资前景预测报告）

中国是全球增长最快的会奖旅游市场之一。据新加坡旅游局统计,2017年,新加坡旅游局在中国市场深耕的16个二线城市中到新加坡旅游人数比2016年增长22%。2018年第一季度,中国到新加坡的旅客为93万人次,较2017年同期提升9.7%。随着中国对奖励旅游的关注和重视,现已成为全球重要客源国。各国纷纷通过会奖旅游展会、奖励旅游说明会等手段向中国推介其资源和优势,以吸引中国客源。与此同时,中国各大城市也发挥各自优势、特色,向世界展现中国丰富的旅游资源、良好的经济优势、完备的会奖设施、便捷的交通、多元化的文化节庆活动、打造理想的商务及奖励旅游目的地品牌。目前,国内奖励旅游发展较快的是北京、上海、广州。

(1)北京的奖励旅游现状

北京于2000年接待了第一个国际奖励旅游团,并开始积极拓展奖励旅游这一高端市场。2000年9月9—14日中国和平国际旅游公司成功组织了美国大都会保险公司(METIJFE)在北京举行的总裁会议。此次活动的成功举办,有利于迅速打开美国奖励旅游市场,使北京成为世界奖励旅游的中心城市。

北京会展业在2010年发展迅速,全市规模以上会展单位的会展收入达172.5亿元,比上年增长31.8%,创历史新高,其中奖励旅游收入增长46.3%。北京奖励旅游业发展迅速,在国际国内的地位显著提升,发展前景广阔。北京是我国的政治、文化和国际交往中心,也是我国举办各类会议最为集中的地区。与国内其他城市相比,最明显的优势就是资源。首先,北京拥有丰富的会议组织者资源。举办国际性、全国性会议的社团机构的总部大多都在北京,如中华医学会等;北京又是大型国际、国内企业的总部所在地,他们举办的会议与奖励活动在我国奖励旅游市场上占有重要份额。随着中国商务会奖旅游市场的日渐繁荣,北京国际商务及会奖旅游展览会(IBTM China)作为中国和亚太区域内一流的商务活动和奖励旅游展览会,其国际影响力日渐扩大,进一步提升其作为行业风向标的地位。此外,北京同时也是中央政府所在地,因而拥有明显的政府会议资源优势。在目的地的旅游吸引力方面,北京又具有优势。拥有众多世界文化遗产,如天坛、故宫、长城,还有如什刹海、三里屯等极具风情的休闲场所,以及大批高端商业设施。为了更好地提升北京会奖旅游行业的国际竞争力,加大奖励旅游目的地的发展,北京市文化和旅游局面向社会公开征集北京市会奖旅游奖励资金支持项目。如2019年度北京市会奖旅游奖励资金支持项目文件列出,承接来京境外奖励旅游团项目,奖励旅游团规模须在100人(含)以上,在京停留2天以上,且入住四星标准(含)以上酒店。按照入境客人入住酒店总间夜数实行5万~20万元定额资金奖励。目前,国内知名会奖旅游公司的总部大多也都在北京,如中青旅(北京)国际会议展览有限公司、信诺传播等。北京市旅游发展委员会于2012年初正式启动北京高端会奖旅游服务机构(Beijing Convention & Visitors Bureau,简称BCVB),作为政府服务于会奖励旅游的一个重要平台,是一个非营利机构,致力于为北京赢得更多承办大型国际会议及奖励旅游机构的机会,大力促进北京高端会奖旅游业的全面发展并获得行业及从业者的肯定。

（2）上海的奖励旅游现状

在成功举办99财富论坛和2001年APEC会议后，上海发展会展业的优势已经凸现出来。2002年7月，上海市旅游行业会奖市场开发工作小组正式组建。此后，上海相继承接了一批国际奖励旅游团：如2000年，接待了日本大型奖励旅游团；2001年，接待了西班牙波利CRV322奖励旅游团；2002年，锦江旅游有限公司接待了一个大型豪华的奖励旅游团等。据上海某知名旅行社的统计，2003年春节长假期间，企业奖励旅游的组团量甚至已达到其组团总量的30%。上海还以2010年世博会为契机，充分发挥国际大都市的优势，全力打造具有国际影响的奖励旅游目的地，并且积极举办中国（上海）国际奖励旅游及大会博览会，现已成为中国首屈一指的国际性专业会议、奖励旅游、大会和展览行业的商务、教育暨交流平台。

国际会议、展览及奖励旅游业务已是上海重点开发的业务。奖励旅游的高档次，丰厚利润，巨大市场潜力，显著经济效益的驱使下，使得越来越多的旅游目的地和旅游企业加入到这一市场的竞争中来，主动与各企业联系，积极推销奖励旅游产品。上海众多旅行社都已经成立了奖励旅游部，与各类会展公司抢占该市场份额。

（3）广州的奖励旅游现状

广州是广东省的省会，是我国华南地区最大的城市。广州的城市经济发展十分迅速，商业非常发达。广州既有滨海旅游资源，又有温泉、乡村旅游资源；广州长隆系列主题公园，并且排在全球主题公园前列；深厚的广府文化、美食文化、中医养生文化等共同构成了独特的人文旅游资源。在基础设施方面，广州酒店、交通和服务业一直走在全国前列，广州还是重要的交通枢纽和出入境口岸，交通四通八达，出行十分便利。针对境外客源，广州还为53个国家人员提供144小时过境免签政策，且对外国游客实行离境退税优惠政策。随着粤港澳大湾区建设国家级发展战略的推进，广州也在积极打造世界级旅游目的地。奖励旅游在广州已给各旅行社、会展公司带来显著的效益。"广之旅"是广州地区最具规模的综合性大型旅游企业，全国百强国际旅行社之一，其奖励旅游的接待人数现占到旅行社业务总量的5%以上。1996年，广东"广之旅"开始涉足奖励旅游市场，目前奖励旅游收入已经占到该社总收入的一半。近年来，广州还积极牵头举办"广东国际会奖旅游交流大会"，整合全国会奖旅游主办机构、目的地、服务商等会奖旅游全产业链资源，搭建会奖旅游供需交流合作平台，已成为广东乃至全国会奖旅游业界首屈一指的专业行业活动之一。

项目 2　奖励旅游的策划

5.2.1　奖励旅游的策划内容

1)企业背景分析

通过对企业背景进行分析,了解企业发展历史、形象、地位、经营理念、企业文化等信息,可以更好地为企业制订奖励标准及适合企业文化的活动方案,并且能基本了解奖励对象对奖励的需求。

2)制订绩效标准

绩效标准是用来确定奖励旅游对象是否具备参加奖励旅游活动资格的指标,是根据企业目标的预订完成情况和奖励旅游对象为实现这一目标应作的贡献来拟订的,在企业中最常见的是制订生产和销售定额。在制订绩效标准时,应注意标准不宜过高,并保证公平性,尽量使奖励旅游的激励面和受益面更宽、更广。

3)精心选择旅游时间

奖励旅游活动的旅游时间安排不应使客户的正常经营活动感到过分的紧张。另外,时间的选择既要利用淡季价格,又要顾及奖励旅游参加者的愿望。当然,这样的要求有时会有冲突,因此奖励旅游机构必须有足够的灵活性并善于作出妥协。

此外,在策划旅游时间时,还必须要预留充足的准备时间,团队越大,所需的准备时间就越长,如订包机,就要考虑航空公司调配额外班次的时间,在旅游目的地机场已达饱和的市场上,谈判包机至少需要 1 年时间,团队再小也应有不少于两个月的准备时间。

4)严格选择旅游目的地

奖励旅游对目的地的选择总体要求很高,在考虑的重要因素上与会议、展览目的地有所不同。奖励旅游目的地不仅要具有方便的交通条件和高档次的旅游接待设施,而且还要有上乘的服务水准和优美的自然环境,尤其是必须拥有特色鲜明的旅游资源或旅游吸引物。奖励旅游活动所选择的目的地必须令人兴奋,要有广泛的吸引力和某种自我促销性。据旅游目的地管理公司——香港百事活公司统计,2018 年上半年 MICE 项目出行地排行榜如表 5.1 所示。

当然,不同奖励旅游市场在选择目的地时考虑的主要因素有所差别。目的地的选择必须迎合奖励旅游参加者的兴趣。参加者对奖励旅游目的地的选择已开始不满足于一线目的地,非常规、非热门的目的地成为新的趋势。奖励旅游策划者不能凭自身好恶决定旅游目的地,而应首先尊重奖励旅游者的意见。此外,为了保持奖励旅游对象的兴趣,奖励旅游目的地还必须不时更换。美国奖励旅游市场重视地理方面的因素,如气候、娱乐设施、自然及文化景观,具体情况如表 5.2 所示。

表 5.1　最受欢迎的会奖目的地

区域	排名	目的地
亚洲地区	1	中国香港
	2	泰国
	3	越南
	4	韩国
	5	新加坡
欧洲、中东和非洲地区	1	英国
	2	西班牙(巴塞罗那)
	3	法国
	4	希腊
	5	阿联酋(迪拜)

(资料来源:《中国会展》2018 年 第 24 期 刘慧慧《2018 奖励旅游报告》)

表 5.2　美国奖励旅游策划者选择目的地的重要考虑因素

非常重要的考虑因素	占策划者百分比/%
娱乐设施,如高尔夫、游泳池、网球场等	72
气候	67
观光游览文化和其他娱乐消遣景点	62
位置的魅力和大众形象	60
适合举行会议的饭店或其他设施	49
交通费用	47
往返目的地交通难易程度	44
奖励旅游者到目的地的距离	22
因考虑多种因素,总数大于100	

　　欧洲奖励旅游市场通常是选择与企业有业务联系或有业务兴趣的地区,并会安排半天到工厂或办公室参观访问,经常组织奖励旅游的34%的欧洲企业认为,预算和成本是影响选择奖励旅游目的地的首要因素,异国情调是第二位的影响因素,接下来是体育与娱乐设施、气候和交通的可进入性。亚洲奖励旅游市场考虑的因素中,总成本通常是第一位的,交通便利性、交通费用、文化观光及其他活动、目的地形象等因素紧随其后。

5) 奖励旅游活动方案及具体日程安排

（1）制订明确的工作进度表

活动方案和日程设计必须周密,应该制订一个明确的准备工作进度表。活动方案和日程的设计应该考虑以下6个因素。

①客户开展奖励旅游活动的目的。

②客户的特性和背景,特别是企业文化特征。

③客户和奖励旅游参加者对活动行程及内容的特殊要求。

④依据绩效标准确定的每次奖励旅游活动的团队人数。

⑤客户的奖励旅游预算。

⑥突发事件处理方案。

（2）活动方案制订中应注意的细节

①奖励旅游的旅游主体的双重性,既包括受奖励的员工或企业客户,也包括组织奖励旅游的企业本身。因此,奖励旅游机构在策划奖励旅游活动时除了针对受奖员工或客户开发个性化的旅游项目外,还必须针对企业需求进行活动策划,实现增强企业凝聚力,塑造企业文化,激励员工与客户为旅游目的。完成与公司领导层的座谈会,紧扣企业文化主题的晚会,别具一格的颁奖典礼,主题晚宴等活动策划。

②要体验个性化。普通的观光和购物是无法达到激励效果的,只有通过不同经历的体验和心灵的触动,使每天的生活过得与众不同,让参与者有一生难忘、值得回味的经历。为了让受奖者获得这些与众不同的享受,奖励旅游行程中应加入参与性较强的活动。如潜水、野外拓展等活动项目。

③企业文化的融入。奖励旅游无论是行程设计还是宣传标语的悬挂,都需要体现整个企业的企业文化,奖励旅游也是对企业的一次整体宣传活动。

④家属对受奖者的影响。由于受奖者取得的成绩与家庭的支持是分不开的,因此可以考虑带家属出游。而且受奖者也与家人一起被奖励,会增强受奖者的荣誉感,加大了激励效果。据美国一项调查显示,受奖者大部分为已婚男性,他们在外出旅游时90%以上携带妻子,25%的人携带孩子。采用此种奖励旅游方式,可使受奖者得到更多来自家庭的支持;又可以使受奖者更加热爱自己的公司,对工作投入更多的热情;还可以增加未受奖员工对其的渴望,从而更加努力工作。

【案例3】

宝健(中国)5 000 人大型马来西亚奖励旅游团

背景:

宝健(中国)有限公司在1998、2001、2004年曾组织优秀经销商三次到马来西亚旅游学习。此次时隔13年带领5 000人大型奖励旅游团重返马来西亚,源于在前期考察中看到马来西亚多年来一直保持良好的发展态势,多民族同发展共繁荣,成为更具成功经验,现代化魅力的马来西亚。这与宝健集团十余年来在中国的飞速发展和锐意进取精神不谋而合。就旅游资源来说,马来西亚地处热带,环境优美,历史文化底蕴丰厚,非常值得游览。这些都是宝健选择第四次到访马来西亚学习的主要原因。

行程安排:

除了参观马来西亚最具代表性的文化景观和体验真正亚洲魅力之外,最重要的安排是包下位于彭亨州珍拉丁湾的 Club Med,让参加者度过最为惬意的度假时光。

晚宴现场精彩纷呈的马来文化传统演出和宝健人乐观向上的团队表演,将宝健"战在一起"Fighting! 的精神与热闹非凡的宝健村紧紧联系在了一起,共同组合成了令人难忘的夜晚。

马来西亚会展局代表 Premala 女士对宝健人的到来表示热烈欢迎,她表示:"马来西亚会展局长期致力推动中国企业奖励旅游团赴马,为此已与酒店、场地、航空公司等多家业内伙伴展开紧密合作,为像宝健这样的优秀中国企业提供最好的旅游服务,在感受丰富多元的马来文化的同时,倍感舒适。"

参加者感受:

此次宝健 5 000 人荣耀"战"放马来西亚之行再次印证了马来西亚商务会奖接待的雄厚实力。对于此次马来西亚的行程,每位参加者均表示非常满意与惊喜。马来西亚地广人稀、热带风光、人与自然和谐相处的发展理念都深深感染着宝健人,他们表示,马来西亚还有许多值得深入了解的风土民情,珍奇景观,还会再次带着家人、朋友到马来西亚观光。

评价:

宝健总经理李道先生肯定了 MyCEB 一直以来为企业奖励旅游做出的贡献,他认为马来西亚在场地与景点的选择、基础设施建设、旅游接待服务等方面都堪称完美,特别是此次下榻"宝健村",G.O 全程贴心服务,让宝健人充满了宾至如归的感受。李总对马来西亚会展局代表一行的到来以及马方对于此次大团到访给予的多方面支持,表示真诚地感谢,并预祝中马双方友谊长存。

项目挑战:

此次会奖活动,不仅人数多(5 000 人超大规模),而且在马来西亚的停留时间长达 18 天,每隔两天就需要面临 1 600 人的转运工作。并且 Club Med 度假村入住人数限制问题。都需要得到圆满解决。

解决方案:

华远会奖因此投入近百人的专业团队,成员们相互配合协同合作(工作人员 18 人,领队 73 人),并且将参与客户分为 9 个批次用同一家航空公司的航班分 4~5 个抵离境口岸进行运作,每隔两天通过北京、上海、广州、深圳口岸将 550 人配号航班,几乎同一时段将客户送抵马来西亚吉隆坡。此举成功、高效地化解了活动中的一个个挑战。

（资料来源：网络）

5.2.2 奖励旅游的策划流程

一个完整的奖励旅游策划是要与企业紧密的配合才能完成的。企业的配合主要是奖励旅游策划的前半部分，后半部分则是以奖励旅游公司为主进行策划。一般而言，奖励旅游公司在前期策划需要 1～2 名策划人员。奖励旅游的策划流程如图 5.5 所示。

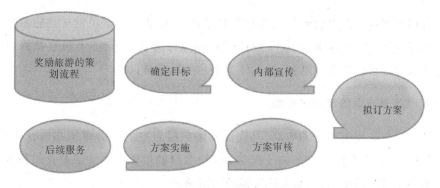

图 5.5 奖励旅游策划流程

1）确定实现奖励旅游的工作目标

完整的策划奖励旅游活动，第一步便是帮助开展奖励旅游的企业制订实现奖励旅游的工作目标。要根据企业提出的要求及其实际的经营情况来拟订一个合适的目标，这一目标将是今后选择奖励旅游参加对象的基础，并且是奖励旅游对象努力奋斗的催化剂。目标的制订应该既富有挑战性，又具有可行性，能让奖励旅游对象达到甚至超过。而且目标要量化，奖励旅游举办者要有清晰的财务预算。还要明确达到的时间限制，这一期限不宜过长，绝大多数为 3～6 个月，不超出 1 年。对于奖励旅游对象来说，奖励旅游活动的持续期限不是指旅游时长，而是从奖励旅游计划宣布就开始了，包括他们为争取参加奖励旅游所需的达标时间。因此，如果工作目标的时限太长，人们容易遗忘、失去兴趣，或者变得心烦意乱，从而降低奖励旅游的效用。但在中国，工作目标的制订往往是由企业的相关部门完成的。

2）进行内部沟通与宣传

专业性的内部沟通与宣传对于奖励旅游活动的成功实施十分必要。因此，应该选择恰当的时机以隆重的形式（如召开动员大会）宣布奖励旅游计划，并鼓励企业全体成员积极投入争取奖励旅游资格的活动中。奖励旅游策划者还要与奖励旅游对象保持经常性的沟通，随时把奖励旅游计划的最新进展告诉他们，并与其进行充分、热烈的商讨，从而赢得他们的热情支持与配合。

3）拟订奖励旅游活动方案

能否成功达到激励效果是奖励旅游活动策划的重要部分之一。学习和掌握新的思维方式，避开传统思维方式的限制，创新思维，形成更新更具创意的活动方案，有助提升激励效果。一个好的活动策划需要一份可执行性强的详细策划书展示给企业，得到企业的信任及支持，通过企业的审核，并且奖励旅游活动的准备工作及实施都是按照策划书来进行的。

但有些大型企业在奖励旅游活动方案拟订时，会邀请几个认可的奖励旅游公司进行投标。有些企业设定旅游地点，让奖励旅游机构拟订活动方案，或者设定预算后再让奖励旅游机构拟订活动方案，然后通过 PPT 来展示奖励旅游计划。

4）奖励旅游方案的审核与批准

通过与客户的反复讨论和协商，并完成奖励旅游方案的预算审核和可行性论证，最终达成共识，奖励旅游活动方案和日程安排获得客户的批准。奖励旅游公司和客户双方还应根据实际情况的变化，及时对原方案进行调整。

5）奖励旅游活动计划方案的实施

奖励旅游执行阶段的成功关键取决于周密、细致的旅游接待服务工作，做好各方面的协调也很重要。奖励旅游公司在整个旅游活动期间，应派专业代理人员随团工作，负责指导当地接待企业搞好服务，并充当接待企业与奖励旅游团的联络人。随团工作人员人数要根据团队人数和需求来制订。一般而言，100 人的团队需要 1～2 名随团工作人员。

6）提供完善的奖励旅游后续服务

奖励旅游机构在奖励旅游活动结束后，要进一步做好后续服务工作，如企业物品回收、礼品的运送、按客户要求提交评估报告等，并及时收集客户和奖励旅游者的反馈信息，改进产品和服务质量，争取下一次合作机会。

调查问卷是较常用的收集方式，如图 5.6 所示。

某教育机构重庆奖励旅游调查问卷

1. 您的年龄

○ 20--30
○ 31—40
○ 40以上

2. 您的性别

○ 男
○ 女

3. 您的国籍为

[　　　　　　　　]

4. 您更喜欢此处那种就餐形式

□ 晚宴
□ 自助
□ 餐厅
□ 小吃
□ 火锅
□ 酒吧

5. 您认为此次奖励旅游的路线规划的满意度为

○ 满意
○ 一般
○ 不满意

6. 您对于此次当地特色活动是否满意

○ 满意
○ 一般
○ 不满意

7. 您对于此次奖励旅游中安排的游戏环节是否满意

○ 满意
○ 一般
○ 不满意

8. 您对于此次奖励旅游安排的景区满意度为

○ 满意
○ 一般
○ 不满意

9. 您对于此次活动的交通服务是否满意

○ 满意
○ 一般
○ 不满意

10. 您觉得此次奖励旅游安排的团队活动丰富性如何

○ 差
○ 较差
○ 一般
○ 较好
○ 很好

11. 您觉得此次活动中的参与度如何

○ 不高
○ 一般
○ 较高
○ 很高

12. 您觉得此次奖励旅游起到了增强团队凝聚力的作用

○ 没有
○ 一点
○ 很大

13. 请为这次奖励旅游打分

○ 5
○ 4
○ 3
○ 2
○ 1

14. 您对于这次奖励旅游的意见或建议

[　　　　　　　　]

图 5.6　某教育机构重庆奖励旅游调查问卷

（图片来源：网络）

5.2.3　奖励旅游的营销策划

奖励旅游有别于常规旅游团,也有别于会议旅游、展览旅游、节事旅游,常规旅游团的消费对象是大众,遍布各阶层。虽然会议旅游、展览旅游与奖励旅游的消费对象类似,但会议旅游、展览旅游、节事旅游都由另一主体承载或拉动,像是树上长成的花,一枯俱枯、一荣俱荣;而奖励旅游是拔地而起的个体。因此,有些常规旅游团及会议旅游、展览旅游、节事旅游的营销手段不适用奖励旅游营销。

1)客户获得渠道

奖励旅游比较少对外做宣传,主要以品牌效应吸收客户,还有参加各地旅游局举办的活动或专业旅游展作为平台来开发客户;其次是人员一对一推广。

(1)品牌效应吸收客户

美国市场营销协会对品牌的定义是:品牌是一种名称、术语、标记、符号或设计,或是它们的组合运用,其目的是以此辨认某个销售者或某群销售者的产品及服务,并使之与竞争对手的产品和服务区分开来。

品牌是符号,是浓缩着企业各种重要信息的符号。把企业的信誉、文化、产品、质量、科技、潜力等重要信息凝练成一个品牌符号,着力塑造其广泛的社会知名度和美誉度,烙印到公众心里,使产品随其品牌符号走进消费者心里。这个过程就是打造品牌。品牌附加值不是按照其投资额推算的。品牌是衡量企业及其产品社会公信度的尺度。品牌竞争力是企业的核心竞争力。经济全球一体化,市场竞争,取决于品牌竞争。品牌的形成并非一朝一夕完成,品牌的打造只有经过日积月累,才能走向成功。

奖励旅游是无形产品,无法实现展示,主要借助一系列有形要素,如品牌载体、社会上的口碑、影响力、员工形象等才能向客户传递相关信息,让客户相信好的公司一定有优质的产品。品牌可以给消费者明晰的指引。例如,中青旅、中旅、广之旅、天马、春秋、康辉等。

树立品牌的步骤:

第一步:分析行业环境,寻找区别。从市场中的竞争者开始,弄清竞争者在消费者心中的大概位置,以及竞争者的优势和弱点。寻找能让自身发展的卖点,使自己与竞争者区别开来。

第二步:卓越品质的支持。必须以质量为根本树立形象。这里所指的质量,包括服务质量、创新意识等。

第三步:持续的传播与应用。品牌应有能体现企业经营理念、服务宗旨的精神标语或宣传口号。例如,广之旅——无限风光带给您;游遍天下——旅游以人为本,悦人、悦己;新景界——一起放眼新景界。奖励旅游公司要靠传播才能将品牌植入消费者心里,并在应用中建立自己。奖励旅游公司要在每一个传播活动中,都尽力体现出品牌的概念。

旅游产品和一般商品一样,售出后也要做好售后服务,如及时反馈客户的投诉;征询客户对整个行程的建议、意见,以便更好地改进;做好客户档案,在重要纪念日向客户邮寄印有公司品牌标识的贺卡或纪念物等。这一切都是为了能在客户心中树立品牌形象，赢得回头客，提高客户的品牌忠诚度。

（2）参加各地旅游局举办的活动或专业旅游展作为平台来开发客户

积极参加各地旅游局举办的活动或国际性大型专业旅游展。不仅能开发客户，而且还是推广我国奖励旅游市场的一次大好时机，还能达到扩大我国旅游业影响力，提升知名度的目的。

欧洲会议奖励旅游展（EIBTM）是世界上最重要，专业水平高，交易实效最好的会议、奖励和公务旅游展之一。只对专业人士开放，采取买家卖家、展商预约的方式进行。

美国芝加哥会议奖励旅游展（IT&ME）也是世界上较为重要的会议与奖励旅游展，芝加哥会议奖励旅游展创办于1929年，也是北美地区专业水平最高、规模最大的会奖专业展。参展商主要为会奖旅游目的地、会奖旅游销售商等，买家主要为各类机构负责会议及奖励旅游的市场、人力资源管理人员。

（3）人员一对一推广

奖励旅游的人员一对一推广是奖励旅游公司委派自己的营销人员直接向奖励旅游潜在购买者推销奖励旅游公司的服务及成功案例介绍。奖励旅游人员推广的核心是说服用户，使其认可本公司的服务和商品。与其他沟通形式相比，奖励旅游的人员推广是一种双向的信息交流，使奖励旅游公司能够灵活选择宣传目标，针对性较强。推广人员与奖励旅游主要目标企业之间进行信息沟通和人际交流，这是一种直接的营销手段。

2）奖励旅游对外宣传

奖励旅游对外宣传的方式大致是行业杂志刊登广告和奖励旅游公司网站或社交软件发布的奖励旅游案例宣传。

（1）在行业杂志刊登广告

由于奖励旅游的营销对象是企业，更易被企业决策者接触到的是各种行业杂志、期刊，因此选择行业杂志、期刊刊登广告是奖励旅游的宣传方式之一。行业杂志包括奖励旅游行业的杂志以及主要奖励旅游客户所在的行业的主流杂志。高档杂志编辑十分精美，还能够运用一些设计技巧，如折页、插页、连页和变形等来做图文并茂的宣传，更好地吸引读者的注意力。

（2）奖励旅游公司网站宣传

奖励旅游公司通过自家网站展示各种成功奖励旅游案例，图文并茂，还可以配上动态表现效果，让目标客户在这些案例中大致了解奖励旅游公司及其奖励旅游产品质量。而且时间限制少，可以随时随地点击。同时，网络广告传播的信息量丰富，容易储存，可重复读取。

3）奖励旅游的公共关系

公共关系是另一个重要的营销工具。关系营销是奖励旅游公司的核心，是所有营销行为中主要的目标。旅游公共关系是指以社会公众为对象，以信息沟通为手段，树立、维护、改善或改变旅游企业或旅游产品的形象,发展旅游企业与社会公众之间良好的关系,营造有利于旅游企业的经营环境而采取的一系列措施和行动。

由于奖励旅游的对象与旅游形式都有它的独特性,对外宣传力度不大,因此奖励旅游公司更注重老客户的保留,培养客户的忠诚度。客户是否忠诚奖励旅游公司主要取决于产品、服务这两个方面。

(1)产品

奖励旅游的产品是无形的,客户衡量的标准主要是为其设计的旅游活动是否有创新和有创意,是否有非比寻常的感觉,是否能体现企业文化,是否能激励受奖者等。有些客户已合作多次,在每次奖励旅游中可能都有重复受奖的人员,如果没有创新就无法给重复受奖的人员有非比寻常的感觉,不能起到激励作用。因此,创新和创意是奖励旅游产品的核心。

(2)服务

奖励旅游是高品质旅游项目,是专属旅游的体现。这些都离不开高质量的服务。客户会以服务人员的态度、服务内容等因素来衡量服务的满意度。奖励旅游在不同阶段、面对不同服务对象所要注意的服务要点见表5.3。

表5.3　奖励旅游服务要点

奖励旅游阶段	服务人员	服务对象	服务要点
奖励旅游前	奖励旅游公司—策划人员	企业决策者	1. 为服务对象提供专业性意见 2. 多与服务对象沟通,了解客户需求 3. 认真聆听服务对象的要求并及时作出反应 4. 真诚无欺诈
奖励旅游中	奖励旅游公司—随团人员	受奖者	1. 服务要主动、热情、礼貌、耐心、周到 2. 面对服务对象保持微笑 3. 时刻关注服务对象需求并及时满足需求 4. 高效、快捷地为服务对象解决奖励旅游中发生的各种问题
奖励旅游后	奖励旅游公司—随团人员	企业决策者	1. 按服务对象要求提交评估报告 2. 主动征询服务对象的感想、建议 3. 建立该企业服务档案 4. 保持恰当的联系,建立长期合作关系
		受奖者	1. 做好礼品赠送工作 2. 主动征询服务对象的感想、建议 3. 建立服务对象档案,以便下次提供更周到的服务

【案例4】

安利(中国)领导力研讨会 2017

活动亮点

- 超过 10 000 名与会代表
- 展开为期 5 天 4 夜的体验行程
- 研讨会在最新的、世界一流及现代化的悉尼国际会议中心(ICC Sydney)举办
- 是近年来在悉尼举办过的最大规模的亚洲商业活动之一

活动包括

- 参观世界最美建筑之一的悉尼歌剧院,欣赏专场音乐会
- 攀登悉尼海港大桥,陶醉于悉尼港最高点的风光
- 在南半球最大面积的沙丘上体验滑沙
- 在悉尼野生动物园里,探索澳大利亚特有动物的生存之秘
- 蓝山徒步,挑战极限,与自然亲近
- 三天潜水课程,感受海洋之美
- 游玩特色主题游乐园—悉尼月神公园,享受专属于安利(中国)的晚宴

为何选择悉尼

安利(中国)原活动运营副总监曹奕铭说:"我们希望安利(中国)团队精英,在得知对他们的奖励是在美丽且激动人心的悉尼举行精彩之旅后,能激励他们达到甚至超过销售目标。我们的参会代表将在最新开幕、世界一流的现代化悉尼国际会议中心体验多姿多彩的项目活动。安利(中国)参会代表对之前的悉尼之行,投以 93% 的满意度,我们期待在 2017 年再次在悉尼激励和鼓舞我们的精英员工。"

活动成果

超过 10 000 名安利(中国)的与会代表在悉尼展开为期 5 天的体验之旅。这是近年在悉尼举办的最大规模亚洲商业活动之一。激励和鼓舞吸引安利与会代表重返悉尼。

悉尼会奖局首席执行官 Lyn Lewis-Smith 女士表示,与其他类似规模的活动一样,我们完善的供应商网络,确保了如安利(中国)等尊贵客户,能够继续感受最佳的悉尼体验。

悉尼会奖局协助安利(中国):

- 联系海关、移民局、检疫机构和悉尼机场,协助团体签证申请和机场登机手续。
- 与十多位悉尼会奖局合作伙伴及会员协同合作,确保活动的顺利进行,其中包括悉尼大桥攀登公司、悉尼歌剧院、悉尼塔旋转餐厅及库克船长游轮等。

(资料来源:网络)

思 考:

1. 奖励旅游策划的内容包括哪些方面?

2. 奖励旅游营销员策划中有哪些注意事项?

项目 3　奖励旅游的管理

5.3.1　奖励旅游的市场组织

1) 奖励旅游的操作机构

奖励旅游刚问世时,由公司自己策划并实施。随着奖励旅游的迅速发展,专业的奖励旅游机构随之诞生。在美国,这些机构不仅是策划奖励旅游活动,而且还为购买奖励旅游产品的企业组织安排好活动的全过程,它们既当导游,又当特色活动的导演。许多组织奖励旅游的企业,都加入了"国际奖励旅游协会(SITE)"。

奖励旅游机构其实是一个旅游批发商,为奖励旅游的购买者办事,与航空公司、游船公司、饭店、汽车出租公司等这样的供应商谈判,取得每次旅行活动的总成本,通常再加15% ~20%的费用和利润,最后给奖励旅游的购买者一个综合报价。因此奖励旅游的费用取决于奖励旅游机构跟饭店、航空公司这样的供应商谈判所获得的价格。

在国际上,专业的奖励旅游机构可分为三大类,如图 5.7 所示。

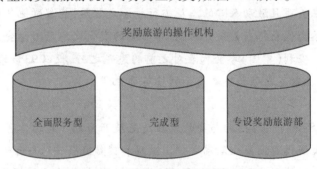

图 5.7　奖励旅游操作机构类型

(1)全面服务型奖励旅游机构

全面服务型奖励旅游机构即提供全方位服务的奖励旅游公司(Full Service Incentive Tour Company),这类机构服务于奖励旅游活动的各个阶段,再到导游导演旅行中一些特色活动等。这些工作需要耗费数百个工时,再加上访问不同厂商和销售办事处所花的营销费用,这类全方位服务机构的工作报酬包括专业服务费支出以及销售交通和旅馆这样的旅游服务的佣金。

(2)完成型奖励旅游机构

单纯安排旅游的奖励旅游公司(Fulfillment Type of Incentive Tour Company),这类机构通常规模要小些,它们的业务专门集中于奖励活动的旅游部分,而不提供奖励活动中需要付费的策划帮助。因此,它们的收益就来自旅游佣金。如果一个公司曾经开展过奖励旅游活动,积累了相当的经验,拥有了合格的人才,也可自行策划安排特色活动,只将旅游部分委托给这类单纯安排旅游的奖励旅游机构。因此,这类机构的市场还是不小的。

(3)设有奖励旅游部的旅行社和航空公司

奖励旅游部是设在一些旅行社里从事奖励旅游的专门业务部门。它们可以提供某些专业性服务,如奖励旅游活动的策划等。如果它们能提供,也常常按照全方位服务公司的收费标准来收费。这类机构的优势在于能直接利用旅行社累积的旅游资源。

航空公司会展奖励旅游部(简称会奖部)严格来说不能算是奖励旅游操作机构,但如果客户自己找上门,航空公司都会给予热情的服务和周到的安排。由于越来越多的公司将旅游作为一种激励工具,因而许多航空公司也把奖励旅游作为一项重要业务。尤其在今天的亚洲,许多航空公司都设立会展部或相关部门来操作奖励旅游业务。

在中国,以此类奖励旅游机构为主为企业操作奖励旅游活动。

2)奖励旅游使用者

企业为那些杰出贡献者提供旅游机会作为奖励,希望购买的奖励旅游能达到增加企业凝聚力的目的。奖励旅游的参与者,则因为他们的杰出贡献而希望得到特别的待遇,备受重视的感觉。

在国外,奖励旅游使用者主要集中于高利润、具有挑战性的行业。在世界上,美国是最大的奖励旅游使用者。表5.4显示了奖励旅游在美国的前十位使用者。

表5.4 美国奖励旅游前十位使用者

位次	行业	年支出额/百万美元
1	保险业	342.9
2	汽车零配件业	203.2
3	电器、电视机业	189.5
4	汽车和卡车业	149.8
5	取暖器和空调机业	123.3
6	农场设备业	108.6
7	办公设备业	101.6
8	器具器材业	78.0
9	建筑业	75.5
10	化妆用品业	66.7

(资料来源:奖励旅游经理人协会)

在中国,奖励旅游使用者主要是外企与民营企业。国有企业所占比例很有限,且主要集中在IT、学校与研究所等部门。根据旅行社的统计,在中国,奖励旅游的应用者主要是外资企业,比例高达60%以上,民营企业和股份制企业大约占到35%,而国有企业仅占5%。奖励旅游的参与者基本上是企业员工,针对经销商和客户的奖励旅游比例很小。在奖励旅游客源市场的行业构成方面,以IT为代表的技术企业,位居奖励旅游十大使用者的首位,学校与科研院所位居第二,然后依次为电信/通信、房地产/建筑、医疗/医药、家用电器、汽车、街道办事处。这和西方国家的保险业和汽车业雄居榜首的情况有所不同。

5.3.2 奖励旅游的运营管理

奖励旅游运营管理是否到位直接影响奖励旅游活动的成败,是活动成功举办的前提条件;对于任何一个奖励旅游企业来讲,奖励旅游管理则是一门科学。奖励旅游运营管理主要包括6个方面。

1) 人力资源管理

奖励旅游是高级旅游市场重要的组成部分,对奖励旅游从业人员的要求要高于常规旅游的从业人员,他们必须有很高的团队合作能力及统筹运作能力,能真正、深入地考虑到客户的需求。但我国这方面的专业人才非常缺乏,这成为制约我国奖励旅游发展的一大问题。

因此,在人力资源管理中对奖励旅游人才的培训和发展尤为迫切。培训活动的具体组织与企业的规模和结构关系很大,一般来说,培训活动的实施可采取以下方式:

(1) 企业自己培训

大型企业往往设置专门的教育与培训职能机构与人员,从个别或少数负责培训工作的职员或经理,到专门的科、处,有的还建有专门的培训中心或培训学院乃至职工大学,配有整套专职教师或教学行政管理人员。当然,目前这种培训活动的实施在奖励旅游领域中还比较少。

(2) 企校合作

奖励旅游在院校中除了会展专业培训相关从业人员外,旅游专业也在有意识地增加相关学科来培养相关从业人员。奖励旅游机构可以与相关院校合作,对职工进行培训。

(3) 专业培训机构

近年来,我国各地出现了大量的专业培训机构,以满足企业日益膨胀和日新月异的培训需要。这些机构常常注册为××培训中心或××管理顾问公司,通常有固定的办公地点,但没有正规学校所具备的教学场所和教学设施。它们通常只有少数固定的工作人员,并无专职的教学培训人员,仅以合同方式聘请为数不少的兼职专业培训师。

2) 奖励旅游的服务质量管理

作为具有高端、独特性的奖励旅游而言,服务质量管理就显得特别重要。其服务质量直接关系到旅游机构的生存和发展。从以下两方面来看：

（1）奖励旅游机构

奖励旅游产品除了由设施设备等"硬件"因素组成外，还包括服务信息的可靠性，服务体系设计的合理性，工作人员的服务态度、服务水平等"软件"因素。因此，在服务质量的控制和管理中对奖励旅游产品口碑、游客感觉中的整体服务质量产生极大的影响，甚至是关乎生死存亡的重要内容。奖励旅游机构的最高管理层要对服务质量有足够的认识和重视，把提高服务质量看作是企业发展的一项重要目标，建立一套完整的"服务质量标准体系"，用制度来进行管理，形成一种规范化的工作程序。

（2）旅游服务人员

旅游服务人员是直接跟客户接触的一线人员，对整个服务过程的质量的影响极大。在规范化、程序化服务的基础上提倡"超值服务"。"超值服务"，就是旅游业开展的一项对客户进行感情投资的活动。它指的是热爱本职工作的服务人员在按照岗位规范和程序进行操作的同时，为客户提供超出其所付价值的服务。这种服务在许多时候是一种无形的、精神的东西，但又是收效极好的感情投资，它倾注着服务人员对客户的尊重、对客户利益的关心和对本职工作的自豪，常给客户出乎意料的满足和愉快。熟记客户生日、特殊生活习惯、特殊要求，并为之提供服务，如主动介绍服务项目、安排符合企业文化特色和需要的奖励旅游内容，主动提醒客户采取措施防止意外等，都是"超值服务"的具体化。一般来说，规范化、程序化的服务可以满足一般客户的一般要求。但是，单纯的或者说机械的规范化、程序化服务并不能适应和满足客户的特殊要求，甚至招来客户的投诉。因此，在开展"超值服务"的过程中，在提倡规范化、程序化服务的基础上，奖励旅游从活动的策划到实施，包括后期跟踪都必须要对客户察言观色、体贴入微，"服务在客户提出要求之前"。

3）奖励旅游的顾客管理

在多变的市场环境中，奖励旅游机构要想长期保持竞争优势、不断提高经济效益，就必须强调整体观点、协作精神、不断改进、顾客向导等原则。顾客导向已被许多服务企业提到最重要的位置，通常人们认为顾客导向即是企业尽力提供满足顾客需要的产品和服务。

特别是对于奖励旅游而言，顾客是一个长期的、持续的、稳定的奖励旅游需求者，旅游机构更应该把握好与顾客之间长期互相依存的关系。这就要求旅游机构与顾客直接接触，向顾客收集信息，深入了解顾客的需要，并使用顾客提供的信息，设计、提供顾客需要的产品和服务。

4）奖励旅游活动中的保健管理

旅游活动中不可忽视的一点是游客的健康、安全，举办奖励旅游的目的是嘉奖这些参与者,游客不管是企业的员工还是企业长久合作客户,都应该处理好健康安全问题。不要把奖励变为对游客的惩罚。旅游保健服务管理是根据过程管理和预防管理的思想,从奖励旅游产品的设计到实施的全过程中,围绕着旅游活动的三个阶段把保健因素贯穿其中,对奖励旅游活动实施全过程进行综合保障,实现全过程游客的保健服务管理。游客保健服务管理的管理模式如下:

(1)旅游活动准备阶段的游客保健服务管理

新闻媒体向全社会做广泛的宣传引导,形成全社会都来关心游客保健的舆论氛围,并大力宣传在旅游活动中的游客保健知识。游客要作个人预防准备,注意线路的选择要与自身的身体状况相符。奖励旅游机构在活动策划时要掌握游客的身体健康状况,策划合适的活动,把危害游客个体的因素降到最少。保险公司通过向游客提供保险服务来应对疾病和意外事故的发生。

(2)旅游活动进行阶段游客保健服务的控制和引导

旅游主管部门对旅行社、交通客运部门、酒店饭馆、旅游景区和购物娱乐场所贯彻落实游客保健政策进行指导、监督和管理。卫生部门要对饮水卫生、食品卫生和环境卫生进行有效的监督,防止这类社会因素危害游客的身体健康。当旅游活动中游客发生意外时,卫生部门要能提供快速、及时的急救服务。公安部门要搞好社会治安,预防社会危害事件发生。游客自身要注意自我保护,有一定的自我防范意识。

(3)旅游活动后续阶段的游客保健服务管理

如游客在旅游活动中发生疾病或意外,回到居住地后,旅游企业要帮助游客处理一些相关事宜;游客要到卫生机构去检查诊治;游客要及时向保险公司申请理赔。如游客与旅游企业发生纠纷,旅游主管部门要积极处理投诉等。

5)危机管理

奖励旅游企业应该制订一系列的危机管理方法和处理程序,使突发事件得到高效控制,最大限度地保证奖励旅游活动的正常运行。

奖励旅游危机处理的方式一般可以分为以下几种方式:

(1)回避危机

回避危机是指当危机发生可能性很大,不利后果也很严重,又无其他策略可用时,主动放弃或改变奖励旅游项目或行动方案,从而规避风险的一种策略,比如,在发现有鲨鱼踪迹后取消相关的海滨游玩活动。在采取回避策略之前,必须对危机有充分的认识,对威胁出现的可能性和后果的严重性有足够的把握。采取回避策略,最好在奖励旅游活动项目尚未实施时进行,放弃或变更正在进行的项目,一般要付出相对较高的代价。

(2)预防危机

预防危机与回避危机相比更为主动,它并不是完全的避开,而是管理人员采取一系列的措施从而预防某一危机的发生。比如,奖励旅游期间安排了观看球赛,组织管理者可以事先要求不得携带瓶罐进场,以免发生丢砸事件。

（3）减轻危机

减轻危机主要是为了降低危机发生的可能性或减少后果的不利影响。比如奖励旅游期间有户外活动的安排,那么组织管理方考虑到天气的影响,可以携带一定数量的雨具以防下雨。在减轻危机中,要集中力量专攻威胁最大的那几个危机。有些时候,高风险是由于风险的耦合作用而引起的,一个危机减轻了,其他一系列危机也会随之减轻。

（4）分担或转移危机

分担或转移危机其目的不是降低危机发生的概率和不利后果的影响,而是借用合同或协议,在危机事故一旦发生时将损失的全部或一部分转移分担到第三方身上。采取这种策略所付出的代价大小取决于风险大小。当资源有限,不能实行减轻和预防策略或危机发生频率不高,但潜在的损失或者损害可能很大时,可采用此策略。

（5）危机自留

有些时候,可以把危机事件的不利后果自愿接受下来。自愿接受可以是主动的,也可以是被动的。由于在危机管理中对一些风险已经有了准备,因此当事件发生时可以马上执行应急计划,这是主动接受。被动接受危机是指在危机事件造成的损失数额不大,不影响大局时,将损失列为费用的一种。危机自留是最省事的危机规避方法,在许多情况下也最省钱。当采取其他危险规避方法的费用超过风险事件造成的损失数额时,可采取危机自留。

【案例5】

某工业设备行业37位业绩出色的销售代表的泰国奖励旅游（一）

行　　业：　工业设备

项　　目：　举办为期一周的奖励计划,奖励37位业绩出色的销售代表

目的地：　泰国

CWT会议与活动部为客户打造了一个以当地文化为重点的精彩行程,并根据客户的要求在概要中增加了在曼谷的一天行程。体验包括以下内容:在当地餐厅用餐,参观庙宇,骑象,在瀑布下游泳,皮划艇,泰式按摩、烹饪课、拳击课,传统歌舞表演,以及盛大的庆祝晚宴和海滩派对。Sarah希望客人充分利用其行程安排,并有充足的空闲时间让客人自己探索、放松休息并享受美丽的海滩风光。

Chris补充道:"我们对当地有所了解,因此能够选择始终为客户提供优质服务的餐厅,而且这些餐厅所处的环境通常比较僻静。我们提供了独特的礼遇服务,如饮品供应、冷水和冷毛巾,另外还有一些独特时刻,如在机场用花环以传统方式欢迎客人。"

在酒店花园,客户在为活动准备的晚宴上庆祝了此次活动的成功,其间参加者还观看了精彩的泰国传统表演。

晚宴后,客人们移步到海滩,坐在豆袋上,观看火舞表演者伴随着喧闹的俱乐部音乐进行表演。接着,大家放飞孔明灯,最后所有客人回到酒店参加一个盛大的派对,跟随DJ节拍跳舞,在游乐场玩游戏,游览传统工艺品摊位。

策划好的活动被天气的急剧突变打乱,但Sarah对此反应迅速。该团体乘坐4×4车队在山地探险时遇到大雨道路封闭时,行程能很快得到调整。在前往当地一家餐厅之

前,为每位客人分发了一件雨衣,他们在车顶摆好姿势拍照留念。参加者说,被困在泥里的风险更让我们的旅行充满冒险!

（资料来源：网络）

分析：天有不测风云,非人为地引起的危机较容易得到大众谅解。组织者应具有能够危机的能力。做到讲明实情请求原谅；及时作出调整,做好补救措施,稳定客人的情绪；让气氛活跃起来,去除客们不愉快的心情,做好服务,造成的影响也就消除了。

6) 成本管理

成本管理关系到奖励旅游产品的质量和销售价格,在高度竞争的奖励旅游行业中价格是获得市场主导地位的有力武器,成本的高低直接影响其售价,因此搞好成本管理与控制具有十分重要的意义。

成本管理也有利于满足客户需要,并维护客户的利益。客户选择某一奖励旅游策划机构为其策划活动和提供服务,不仅希望能够享受到优质的活动安排和热情的款待,更希望奖励旅游产品能够有高的性价比,而为保证这一点,就必须进行成本管理控制。

奖励机制研究基金会(IRF)总裁 Melissa Van Dyke 表示："奖励旅游规模正在增长,但运营成本升高等不利因素也可能会抑制其发展速度。超过三分之二的奖励旅游策划方都在控制旅游成本,比如选择花销较少的旅游目的地(占比30%),或者费用适中的服务设施。奖励旅游具有极大的灵活性,企业可以在预设的成本范围内选择相应的旅游服务。"

【案例6】
某工业设备行业37位业绩出色的销售代表的泰国奖励旅游(二)

项目目标：

该客户是工业设备行业的全球领导者,每年向销售其设备和车辆的经销商网络提供奖励。客户委托 CWT 会议与活动设计并举办为期一周的独特奖励计划,奖励出色的销售代表。

主要目标：

1. 为37位客人设计并提供为期一周的奖励,从启动合同到活动结束,为期三周。

2. 设计令人难忘的精彩活动方案。

项目挑战：

紧跟工业设备行业对活动进行短期交付的趋势,CWT 会议与活动部从合同到交付只有仅仅三周时间。尽管如此,我们还是迎接了挑战,为37位不同级别的与会人士打造了激动人心的奖励计划。该客户想为客人提供泰国七日游的奖励,客人们每日将享受五星级的住宿、品尝传统美食并开展精彩活动。

零件和服务销售经理 Joseph 专注于确保员工能有信心在不同的国家享受文化体验。

解决方案：

CWT 会议与活动部确定了将参加者从英国和爱尔兰各地送往曼谷、苏梅岛的最佳航班选择。如果机票价格在预订最终敲定前的短时间内上涨,CWT 会议与活动部客户经理 Chris 与他的团队将通过其他供应商的渠道节省开支,以确保总开支保持在预算之内,同时不影响奖励计划的质量。

　　Chris解释说:"随着机票价格的上涨,我们重新考虑了住宿问题,利用我们的全球知识和供应商关系来选择不同的酒店,最终我们确定了一家酒店,它们可提供同样优质水平的服务和体验,同时我们也可以谈判获得更好的价格。"

　　该奖励计划需要两家酒店,一家需要位于曼谷,用于旅行开始和结束时的住宿;另一家位于热带岛屿苏梅岛,用于旅行期间的住宿。客户经理Sarah与两家酒店的谈判帮助我们的总开支节省了大约25%。

（资料来源:网络）

　　分析:因机票价格变化快,该公司及时作出调整,在不降低原有体验质量的前提下,从其他开支中把机票上涨的差价补回来,得以平衡奖励旅游产品的价格。做好成本管理,提升产品的性价比,有利于增强产品的竞争力,让企业的经济效益得到保障。

思 考:

1.简述奖励旅游的策划流程。

2.结合案例进行讨论,说说奖励旅游在企业管理中发挥的作用。

参考文献

[1]王首程.会议管理[M].2版.北京:高等教育出版社,2008.

[2]沈祖祥.世界著名旅游策划实战案例[M].郑州:河南人民出版社,2004.

[3]卡林·韦伯,田桂成.会展旅游管理与案例分析[M].杨洋,杨颖,张洁新,王薇,译.沈阳:辽宁科学技术出版社,2005.

[4]周彬.会展旅游管理[M].上海:华东理工大学出版社,2003.

[5]张显春.会展旅游[M].重庆:重庆大学出版社,2007.

[6]贾晓龙.会展旅游实务[M].北京:清华大学出版社,2012.

[7]赵春霞.会展旅游管理实务[M].北京:对外经济贸易大学出版社,2007.

[8]胡平.会展旅游概论[M].上海:立信会计出版社,2003.

[9]王保伦.会展旅游[M].北京:中国商务出版社,2004.

[10]徐红罡.Alan A. Lew 事件旅游及旅游目的地建设管理[M].北京:中国旅游出版社,2005.

[11]傅广海.会展与节事旅游管理概论[M].2版.北京:北京大学出版社,2015.

[12]张河清.会展旅游[M].2版.广州:中山大学出版社,2016.

[13]马勇,梁圣蓉.会展概论[M].2版.重庆:重庆大学出版社,2014.

[14]来逢波.会展概论[M].北京:北京大学出版社,2012.

[15]徐静.会展概论[M].北京:北京大学出版社,2013.

[16]樊国敬.会展旅游[M].武汉:华中科技大学出版社,2011.

[17]崔益红.会展概论[M].北京:北京大学出版社,2011.

[18]钟茗.中外节事旅游现状的比较研究[J].现代企业教育,2008(12):147-149.

[19]王霞.我国节事旅游发展历程及深层次原因分析[J].中国商贸,2010(2):130-131.

[20]张培茵,张珂.节事旅游研究[J].黑龙江对外经贸,2010(7):120-122.

[21]熊继红.关于我国发展奖励旅游的几点思考[J].江汉大学学报(社会科学版)2008,(2):51-53.